北京教育科学研究院学术著作出版资助基金项目

分类选择 自主发展
普通高中发展模式新探索

殷桂金 著

知识产权出版社
全国百佳图书出版单位

图书在版编目（CIP）数据

分类选择　自主发展：普通高中发展模式新探索/殷桂金著. —北京：知识产权出版社，2018.6
ISBN 978-7-5130-5621-2

Ⅰ.①分… Ⅱ.①殷… Ⅲ.①高中—发展模式—研究—中国　Ⅳ.①G632.0

中国版本图书馆CIP数据核字（2018）第124766号

责任编辑：高　超　　　　　　　　　责任校对：王　岩
封面设计：张革立　　　　　　　　　责任印制：刘译文

分类选择　自主发展
普通高中发展模式新探索
殷桂金　著

出版发行：知识产权出版社有限责任公司	网　　址：http://www.ipph.cn
社　　址：北京市海淀区气象路50号院	邮　　编：100081
责编电话：010-82000860转8383	责编邮箱：morninghere@126.com
发行电话：010-82000860转8101/8102	发行传真：010-82000893/82005070/82000270
印　　刷：三河市国英印务有限公司	经　　销：各大网上书店、新华书店及相关专业书店
开　　本：720mm×1000mm　1/16	印　　张：18
版　　次：2018年6月第1版	印　　次：2018年6月第1次印刷
字　　数：300千字	定　　价：58.00元

ISBN 978-7-5130-5621-2

出版权专有　侵权必究
如有印装质量问题，本社负责调换。

从示范引领到多样发展

（代　序）

　　《国家中长期教育改革和发展规划纲要（2010—2020年）》明确提出，"高中阶段教育是学生个性形成、自主发展的关键时期，对提高国民素质和培养创新人才具有特殊意义。"因此，如何推动普通高中发展，满足不同潜质学生的需要成为众多研究者和实践者的热议话题。该研究就是在这样的一个背景下，对北京市这样一个率先普及了高中阶段教育的大城市如何发展高中教育的思考。

　　从个人观察而言，普通高中教育是教育现代化的重要组成部分，却始终是教育现代化政策设计中的薄弱环节。1987—2014年《教育部工作要点》中，普通高中教育的词频明显低于高等教育和义务教育，尤其是义务教育的强制性投入对普通高中教育经费已经形成了"挤占"态势，导致很多地区普高经费不足，出现了地方筹措基金，举全县（地区）之力办一所高中的现象。可以说，普通高中教育始终淹没在义务教育普及巩固和高等教育大众化浪潮中，在义务教育和高等教育裹挟中被动前行。因此，在全国范围内普通高中出现了"千校一面"的现象，普通高中教育的单一模式与学生的个性化发展及社会的多样化需求之间形成了尖锐的矛盾。这样的普通高中教育既与社会发展相背离，难以培养出社会所需要的多样化人才，更有违学生身心发展规律，不利于学生健全人格的形成。就北京而言，"九五"期间率先在全国普及了高中阶段教育，"示范引领"实际上是北京市教育现代化过程中的基本手段和制度，示范校在不同时期有不同的名称，如样本校、特色校等。

　　造成上述现象的原因很多，对教育现代化的理解是一个很重要方面。"现代化"这一概念，自20世纪五六十年代进入西方主流学术视野至70年代淡出，并没有形成一个完整的逻辑体系，其内部充满着多样性和各种纷争。"现代化"概念引入我国后，同时带来的还有急迫和追赶心态，发展路径上的"执拗"：强调标杆化（以西方为准绳）、指标化（更重硬件达标）和计划性（规定时间完成任务，集中精力办大事）。由于国际可比的相关高中教育指标较少（比如毛入学率）、不直接（比如受教育年限），因此普通高中发展在整个教育现代化设计中缺乏专门的、针对性的政策，更多表现出临时性、顺应性，在制度安排上表现出路径的单一性，即示范校引领。

随着对现代化研究的日益加深，人们逐渐认识到，所谓现代化从浅至深至少包括三个层面：硬件层、制度层以及思想层。从实现角度讲，深层次目标相比浅层次目标更难以实现。要想逼近深层次目标，就必须在制度上下足功夫。从世界范围看，各国因发展制度不同而呈现高中多样化的形态。比如，美国采取的是市场管理取向制度，于是出现了特许学校、磁石学校、考试学校以及传统的综合高中；英国则采取政府介入制度，出现了基金学校、拨款学校、自助学校、专门化学校、独立学校和自由学校等。"示范引领"实际上反映的是"效率优先、兼顾公平"的发展思路。而今我们已经进入到加强国家治理体系和治理能力现代化建设的新阶段，效率和公平在国家发展战略中已处于同等重要的地位，"促进公平作为国家基本教育政策"的观念实际上已经动摇了"示范引领"的基石。因此，提及普通高中现代化就不应该只是条件反射式地想着哪些数量和指标，而更应是制度的复合集合，从一种单一的"示范引领"逐渐走向"多样化"战略，形成由外在的发展形式到内在的发展机制、价值体系构成的统一体，是合规律性与合目的性的辩证统一体，因此，我们不仅要分析存在的问题，借鉴他国经验，更要找到适合自己发展的解决问题的密钥。

作者在学习借鉴部分发达国家高中教育经验的基础上，对高中教育面临的瓶颈性问题进行了系统梳理，提出了"分类选择，自主发展"的北京普通高中发展模式的构想，对其必要性、可行性进行了分析，对理论基础、实践基础进行了论证，概括出普通高中分类发展的主要特点，在对大量鲜活的学校实践案例进行分析提炼的基础上，构建出校内培养模式多样化的模型，探索出具有一定操作性的区域分类发展的推进策略和学校发展、学生指导的具体实施策略，对北京市普通高中未来发展模式进行了系统探索。窃以为是对《规划纲要》要求的上佳回应，是对北京高中教育现代化之路的有益探索。

当然，本书涉及的问题无论是在国内还是国际，都有不同视角的讨论，这本小书只是一个起点，对于普通高中教育发展之路的探索还将不断深入，作者和我对此都深信不疑。

我赞赏作者几年如一日地带领团队深挖细查的求实精神，更佩服作者敢于面对高中教育这样一个复杂和变化性问题迎难而上的勇气，本书付梓之前作者很希望我写点什么，忝当大任，不甚惶恐，仅以此祝愿作者成果愈丰，祝愿更多的学者像作者那样求实、奋进！

张熙

2018 年 4 月

目录

第一章　多样化：世界高中教育发展的共同趋势　　1
  第一节　培养目标的多样化 …… 3
  第二节　学校制度的多样化 …… 13
  第三节　学校类型的多样化 …… 19
  第四节　课程设置的多样化 …… 30
  第五节　招考制度的多样化 …… 46

第二章　同质化：我国高中教育的发展困境　　64
  第一节　同质化的政策溯源 …… 65
  第二节　同质化的形成机制 …… 68
  第三节　同质化的主要困境 …… 71
  第四节　同质化的突围策略 …… 80

第三章　分类发展：普通高中教育发展的必由之路　　85
  第一节　普通高中分类发展的必要性 …… 87
  第二节　普通高中分类发展的可行性 …… 97

第四章　普通高中分类发展的设计基础　　103
  第一节　普通高中分类发展的理论依据 …… 104
  第二节　普通高中分类发展的现实基础 …… 117

第五章　普通高中分类发展的基本特点　　121

第一节　从"单一"走向"多元" …… 121

第二节　从"同质"走向"特色" …… 123

第三节　从"分层"走向"分类" …… 124

第四节　从"选拔"走向"选择" …… 126

第五节　从"控制"走向"指导" …… 130

第六节　从"对抗"走向"共生" …… 133

第六章　普通高中分类发展的实现路径　　137

第一节　高中多样化发展的维度分析 …… 139

第二节　普通高中分类发展的影响因素 …… 146

第七章　普通高中分类发展的模式构建　　154

第一节　普通高中分类发展的内涵阐释 …… 156

第二节　普通高中分类发展的理论模型 …… 158

第三节　以育人目标为统领的学校培养模式 …… 161

第四节　以学校类型多样化为特征的区域培养模式 …… 183

第五节　普通高中分类发展的实施策略 …… 190

第八章　普通高中学生发展指导的实施策略　　197

第一节　高中学生发展指导的基本原则 …… 198

第二节　以健全人格培养为根本目标 …… 200

第三节　以系统化设计为基本策略 …… 204

第四节　以"对话式指导"为基本手段 …… 211

第五节　以生涯规划指导为主要内容 …… 219

第九章　普通高中分类发展的推进策略　　233

第一节　区域推进策略：项目推动　层类结盟 …… 233

第二节　学校实施策略：系统设计　传承创新 …… 243

第十章 普通高中分类发展的管理评估　　252

第一节　传统评估的主要局限 253

第二节　分类评估的基本理念 255

第三节　分类评估的实施策略 258

第四节　分类评估的指标体系 263

参考文献　　271

后　　记　　277

第一章

多样化：世界高中教育发展的共同趋势

高中教育是世界上所有国家、民族和地区学校教育的重要阶段，由于它与初中教育和高等教育相衔接，处于学校教育的枢纽位置，起着承上启下、承前启后的关键性作用，是一个国家、民族和地区教育中十分重要的教育环节。高中阶段青少年是否受到良好的教育与培养，直接关系到一个国家和地区的未来发展与国际竞争力。因此，世界各国政府和地区都十分重视高中教育，甚至有"谁赢得高中，谁就赢得人才"之说。高中教育在历史上曾经是选择性极强的、封闭的教育体系，是一种起着高等教育预科作用的英才教育。随着社会的进步、生产的发展、人类文明的提高，高中教育与社会的联系越来越直接，成为整个教育体系中一个具有重要战略意义的、最复杂的开放的部分，发挥着越来越重要的作用。高中教育的重要性主要表现在以下几个方面：①高中教育是联结教育链条中的基础教育和高等教育的一个中间环节，在国民教育系统中起着承上启下的作用；②高中教育是一个过渡阶段，它是人人都应该达到的最低水平的基础教育与只有部分人才能获得的第三级水平上的专业教育之间的过渡阶段，也是教育与就业之间的过渡阶段，又是从童年向成年的过渡阶段，高中阶段是每个人成长的关键时期；③在发展中国家高中教育是中等熟练水平劳动力的主要提供者，为适应经济发展对此类劳动力的需要，这一阶段的教育强调根据现有职业对学生进行技能训练，而忽略了防止毕业生加入失业大军的重要性，因此这一阶段的教育对社会安定影响极大。高中教育的重要性导致了它的复杂性，一是它所承担的升学和就业的双重任务之间，存在着难以调和的矛盾，需要合理的学校结构和课程结构；二是它受社会各方面的影响比较直接，容易受社会问题和高校招生政策、劳动就业政策的冲击[1]。

由于各国政治、社会和经济发展的不平衡，其教育发展历程也各不相同。随着社会发展，各国教育发展一般要经历精英教育阶段、普及初等教育阶段、普及中等教育阶段、普及高等教育阶段和高等教育普及后阶段。就高中教育发展规模而言，各国高中教育基本都经历了一个由少数特权阶层接受教育到逐步面向大众进行普及的过程，依据美国学者马丁·特罗（Matin Trow）提出的高等教育大众化理论，日本学者藤田英典、我国学者李其龙等纷纷借用马丁·特罗的理论来确定高中教育数量扩大和性质变化的历程，把各国与地区的高中教育发展区分为精英化、大众化、普及化三个阶段，即适龄人口高中教育入学率大约在15%以内的为英才（即精英）教育阶段；大约在15%~50%的为大众化教育阶段；在50%以上为普及教育阶段。19世纪下半叶，欧美国家陆续通过立法普及初等义务教育，21世纪初，全球192个国家或地区中，已有170个宣布实施中等义务教育，其中有许多国家把免费义务教育的年限发展到10~12年，有的国家还从学前1~2年开始直到高中毕业，都实行免费义务教育。

当前，世界很多国家和地区的普通高中培养模式都已经实现了多样化，各国在制定教育政策时抛弃了以往高中教育单纯为升学、就业服务的工具化取向，更多的是从学生自身发展的角度来设计高中教育目标，强调人在高中教育中的首要地位，以便尽可能让学生选择自己感兴趣的、擅长的、适合自己发展方向的知识进行学习。选择，是个体基本的生存权和发展权。高中阶段的教育选择，既包括教育类型的选择、教育服务的选择、教育体制的选择，教育成本的选择等，也包括学校文化的选择、教育内容的选择、学习方式的选择、教育资源的选择等。教育选择是一种基于利益而产生的行为，是允许教育主体选择教育的行为，教育选择的主体既有学生，也有学校。当前，世界发达国家和地区的普通高中培养模式都已经实现了多样化，各国在制定高中教育政策时都摒弃了以往单纯为升学、就业服务的工具化取向，更多地从学生发展的角度来设计高中教育目标，强调人在高中教育中的首要地位，尽可能满足不同个体、不同人群的发展需要。为全面了解世界各国高中教育发展情况，本研究结合各国的文化背景，以各国高中阶段教育的发展历程为线索，从各国高中教育的培养目标、学校类型、课程设置、招考制度等多个角度分析部分发达国家高中教育的多样化发展情况，为我国高中教育

---

[1] 李其龙，张德伟. 普通高中教育发展国际比较研究［M］. 北京：教育科学出版社，2008：43.

发展提供借鉴。

第一节 培养目标的多样化

我国普通高中学校的同质化主要体现为培养模式的趋同。培养模式涉及培养目标、培养规格、课程设置、教学设计和教学方法、评价方式、管理制度等要素。学校培养目标是培养模式的根本，是培养模式其他要素运行的基石和指导，是学校组织发展的方向和归宿，对于学校的发展起着引领性的作用。由于每所学校所处的地区不同，办学历史、文化传统、师资队伍、生源特点也各不相同，决定了普通高中学校培养目标的独特性与多样性。

培养目标是教育目的在各级各类学校教育机构的具体化。它是由特定社会领域和特定社会层次的需要所决定的，随着受教育对象所处的学校类型、级别而变化。为了满足各行各业、各个社会层次的人才需求和不同年龄层次受教育者的学习需求，才有了各级各类学校的建立。各级各类学校要完成各自的任务，培养社会需要的合格人才，就要制定各自的培养目标。纵观世界高中课程改革，许多国家与地区对普通高中的任务与培养目标做了重新定位，普遍倾向于强调对高中学生的公民责任感、个性发展与适应时代要求的基本能力，创造力与批判性思维，交流、合作与团队精神，以及信息素养的培养，并力求使学生具有国际视野。例如，德国完全中学高级阶段的培养目标强调"要帮助学生发展成熟的人格和对社会负责的人格，传授基础知识和技能，发现和发展学生的天赋，培养学生认识自己天赋和发展倾向以及对自己未来发展做出正确选择的能力，培养学生独立做出判断和行动的能力，促进学生对世界的理解和判断的能力，发展学生参与社会民主建设的意识和对社会负责的态度"。日本则强调培养"学生具有作为对国家和社会有作为的成员所必备的素质，使学生能够基于对必须履行的社会使命的认识，结合自己的个性选择未来的出路，提高一般教养，掌握专门技能，培养学生具有对社会广泛而深刻的理解和健全的判断能力，努力形成自己的个性"。芬兰规定高中要培养"学生成为综合素质高、个性健康全面发展、有创造力和合作精神、能够独立探求知识、热爱和平的社会成员"。韩国高中的培养目标是"使学生身心健康、形成和谐的性格，具有自我意识，具有在学习和生活上必需的逻辑性、批判性、创造性的思考能力和态度，熟练掌握多个领域的知识和技能，具有符合其能力倾向和素质的开创未来的能力,把本国传统和文化在世界范围内发扬光大的态度,以及世界公民意识和态度"。本研究重点围绕美国、英国、德国、法国、日本、韩国等欧美及亚洲发达国家的高中教育发展背景、培养目标及任务等进行分析。

一、美国

美国的高中教育是以公立教育为主流的大众教育,任何学生都可以在所属学区的任何一所学校根据自己的年龄和学习能力选择班级就读,如果对所在的公立学校不满意,还可以转到选择性学校就读,政府把相应的教育经费随之拨到选定的学校。在美国的历史上由于没有经历封建等级制教育的传统,历来就把民主与平等观念作为立国之本。早在1787年,美国的建国者们就把"人生而平等""人人都享有受教育的权利"这些民主进步的思想写进了美国宪法,所以高中教育一直实行单轨制,综合中学是美国当今中学系统中最主流的模式,学生可以在很大程度上自由地建构知识和获得能力,学校里普遍存在着分组教学(grouping instruction)的传统,即把一个年级的学生分成不同的小组,在此基础上分别给予不同学科、不同程度的区别培养,学生"在同一屋檐下"分别接受学术性、职业性和普通证书教育。

在美国,对高中阶段教育目标的定位经历了一段曲折的继承、批判与超越的过程。美国早期的拉丁文法学校以升学为目的,教育服务的对象局限于少数富豪子弟。1918年,隶属于全美教育协会(National Education Association, NEA)的中等教育改组委员会提出了《中等教育的基本原则》(Cardinal Principles of Secondary Education)报告。该报告从对民主制度的教育目的,教育对个人发展的重要作用出发,论证了实现中等教育机会均等的必要性,并提出了美国的中等教育目标。报告首先指出:"民主制度里的教育,无论校内还是校外的,都应该发展每个人的知识、兴趣、理想、习惯和能力,凭借这些他将找到自己的位置,并利用这种位置使自己和社会向着更崇高的目的发展。""个人的发展在大多数方面是一个连续的过程,所以在初等学校和中等学校之间或在任何两个连续的较高阶段之间突然或生硬的中断是不可取的"❶。报告还强调:"美国的中等教育必须完全以所有青年的完满而有价值的生活为目的"❷。1918年,美国研究中等教育的

---

❶ 瞿葆奎. 教育学文集:美国教育改革[M]. 北京:人民教育出版社,1992:23-24.
❷ 瞿葆奎. 教育学文集:美国教育改革[M]. 北京:人民教育出版社,1992:37.

专家英格利斯在其《中等教育原理》（Principles of Secondary Education）中论述了美国中等教育的三大目标：①社会公民目标，使学生将来成为民主社会的一个良好成员；②经济职业目标，使学生成为未来社会的一个良好生产者；③个人修养目标，使学生充分发展自己健全的人格❶。同年，中等教育改组委员会吸收并扩展了英格里斯的目标思想，提出了中等教育的七项基本目标：①培养学生成为优秀家庭成员；②养成职业技能；③胜任公民责任；④善于利用闲暇；⑤保持身心健康；⑥掌握学习和生活的基本方法；⑦具有优良道德品质❷。1944年，美国教育政策委员会（Educational Policies Commission）对1918年确立的中等教育七项目标赋予了新的解释，精辟地论述道，教育就是要满足全体学生的各种需要，并把这些需要概括为十个方面，即：①所有学生都要培养具有市场价值的技能以及正确的理解力与态度，以确保他们成为有智慧的、富有贡献的劳动者，从而积极参与到经济生活中来，为此，他们需要工作的经验和在职业知识与技能方面接受教育；②所有学生都要发展和保持健康的体魄；③所有学生都要理解民主社会里每一个公民的责任与义务，并且作为社区的成员和州与国家的公民在履行义务方面表现得积极和有能力；④所有学生都要理解家庭对个人和社会的重要性，以及有益于成功的家庭生活的条件；⑤所有学生都要知道如何聪明地购买和使用商品和服务，理解消费者得到的价值和他们经济行为的后果；⑥所有学生都要理解科学的方法、科学对人们生活的影响以及有关个人和世界本质的主要的科学的事实；⑦所有学生都要有机会发展在文学、艺术、音乐和自然方面鉴赏美的能力；⑧所有学生都要有能力利用好闲暇的时间，合理地进行预算，把握好让个人产生满足感的活动与对社会有益的活动之间的平衡；⑨所有学生都要培养起对他人的尊重，对道德价值观念和原则的理解，以及与他人共事、共处的品质；⑩所有学生都要培养理性思考、清楚表达和理解性地读与听的能力❸。这一主张一经提出，批评家们的发难也接踵而至，认为这种万能的生活教育的理念不切实际。20世纪60年代，詹姆斯·柯南特根据中等教育改组委员会提出的中等教育的七大原则进一步构想并肯定了高级中学学术教育、职业教育和普通教育三科分流而又集中于"同一屋檐下"的实践模式，从而使中等教育的三维导向目标得到具体的体现。从20世纪美国主要的教育运动来看，从二三十年代开始一直持续到"二战"

---

❶ 陈易文，冯帮，周艳华. 从美国高中教育制度看我国中学教育改革［J］. 教学与管理，2014（10）.
❷ 徐辉，任钢建. 六国普及高中教育政策与改革的国际比较［M］. 北京：教育科学出版社，2010：45.
❸ 杨孔炽，等. 美国公立中学发展研究［M］. 武汉：湖北人民出版社，1996：168.

前后的"进步主义教育运动"（Progressive Educational Movement）、三四十年代的"生活适应教育"（Life Adjustment Education）运动、五六十年代的"英才教育"（Gifted Education）运动、70年代的"生计教育"（Career Education）运动以及80年代"回归基础"的教育运动，都是在上述三个维度（升学、就业和全人）之间做侧重性的位移。可以说，几乎每一次的教育改革都是力图在三个维度间找到恰当的平衡点[1]。1978年，理查德·格罗斯（Richard Gross）为美国80年代的中等教育重新确立了七大原则，即：①个人的能力与发展；②家庭的凝聚力；③熟练的决断能力；④道德责任感和符合伦理的行为；⑤公民的利益与参与；⑥尊重环境；⑦全球人类关心的问题。

综上所述，美国高中培养目标的核心是强调"升学、就业和全人"三个维度，要求学生能为以后的深造、就业和自身发展奠定坚实的基础，真正学有所用。注重教育对人的身心发展和成长的作用，强调每个高中青年都能够在今后成为独立的社会"良民"，同时也强调他们能成为国家的有用之才，成为行业里的精英。这不仅符合学生身心发展的规律，也考虑到了学生作为"社会人"的需求，该培养目标对于高中教育整体发展及学生个体发展都发挥了重要的导向作用。

二、英国

英国高中作为教育的一个中间阶段，有两个明显的培养目标：一是为各类大学输送合格人才，二是为社会培养具有一定知识、技能的劳动者。但英国的培养目标与课程设置之间存在着明显的矛盾，即培养目标的不断提高与课程设置、评价等方面的陈旧形成了明显对比。为此，2000年9月，英国政府正式在义务教育以及高中阶段推行新课程，即"课程2000"。资格与课程局在《课程2000指导书》中提出了高中课程改革四个目标：①使学生在课程方面有更多的选择机会；②将学生的学术课程学习与职业课程学习有机结合起来；③注重发展学生的关键技能；④使学生能够参与数量众多、内容丰富的活动。新课程注重了选择性，考虑到学生的个体差异，让每一个学生追求适合于自身的成功[2]。英国政府委托资格与课程局（QCA）特别提出高中阶段的关键技能目标：一是问题解决，能积极而有效地运用一系列策略发现问题；提出解决问题的路径；围绕问题及解决路径

---

[1] 李其龙, 张德伟. 普通高中教育发展国际比较研究 [M]. 北京：教育科学出版社，2008：49.
[2] 李其龙, 张德伟. 普通高中教育发展国际比较研究 [M]. 北京：教育科学出版社，2008：82.

合理安排时间、合理利用有关资源；能针对解决问题过程中出现的新问题做合理思考；能视进度而改变方法。二是交流，能合理解释和评价获得的信息；选择有效的方法将获得的信息加以条理化；运用想象，清晰地阐述复杂的观点；能利用准确、简练而流利的语言向别人呈现自己所获得的信息。三是合作，明了自己在某一合作领域的作用和位置；在与他人合作中讲求奉献；能保证他人明了在合作中各自所扮演的角色及承担的责任；能使合作有利于预先设定目标的实现；在合作中能对将要发生的事情做出预测；保持合作的信心与动机。英国政府之所以在教育目标中突出关键技能，一是为使教育目标与正在进行的课程改革相呼应；二是为改变部分学生16岁即就业的现状，为实施14~19岁一贯制教育铺平道路。

三、德国

德国从20世纪60年代以来对完全中学做了多次改革，这些改革主要是通过起决定性影响的各州文化教育部长会议所签订的两个协议来实现的：一是1960年签订的《萨克布吕肯总纲协定》，二是1972年签订的《关于改组中等教育第二阶段上完全中学高级阶段的波恩协定》（简称《波恩协定》）。其中《波恩协定》明确提出了完全中学高级阶段的主要目标，即在课程结构上，在确保学生获得共同基础教育的同时，为个人的专门化教育提供可能性，并使教学的内容与形式适合高等学校的要求，这为普通教育和职业教育之间的合作试验提供了可能性。

各州分别在20世纪90年代初期和中期进行了课程改革，重新确定了完全中学高级阶段的培养目标，这一阶段的培养目标在各州有关文件中通常并没有明确作为高级阶段培养目标提出，而是作为完全中学的总体目标，即作为最终目标提出的。进入21世纪后，德国各州又进行了新一轮的高中课程改革。巴伐利亚州在网上公布了完全中学的任务和培养目标，主要包括如下内容：①帮助学生发展成熟和对社会负责的人格；②传授基础知识和技能；③发现和发展学生的天赋；④培养学生认识自己天赋和发展倾向以及对自己未来发展作出正确选择的能力；⑤培养学生独立作出判断和行动的能力；⑥促进学生对世界的理解和批判的能力；⑦发展学生参与社会民主建设的意识和对社会负责的态度。巴登—符腾堡州在完全中学高级阶段的《教育纲要》中确定的完全中学高级阶段的任务和目标是：给予学生在德语、数学和外语等核心学科方面广博而深入的普通教育，使他们得到具有个性倾向的发展；组织他们跨学科的、自主的和研究性学习（项目学习），以培养他们具有胜任未来工作和任务的能力；发展他们理解和应用现代信息技术的能力；使完全中学毕业生为进入大学或职业界获得扎实而适应未来发展的基础；使他们形成理解他人与他人合作的意愿等[1]。

四、法国

长期以来，法国社会对教育的论争集中在两对表面上相互冲突的教育价值观上，即教学还是教育，是传统还是现代。崇尚"教育"的价值观认为教育体制应该致力于个体人格的绽放，强调每个人都应该成为他自己，寻求一种"个体的真实性"，认为人人有保持"差异的权利"；而崇尚"教学"的价值观则推崇教育体制的存在是为了传授知识和能力，强调统一。传统与现代这一对矛盾至少从18世纪以来就影响着法国学校教育。"传统"派提倡重视文化遗产，传递"记忆性知识"，而"现代"派则反对权威，注重自治文化，提倡促进个体自治，发展其针对任何传统形式的批判能力。法国国家教学大纲委员会认为，应该在尊重各个学科逻辑的前提下，考虑到学生作为一个人，这些学科应该在其身上获得统一，共同基石应该尽可能集中在各学科间的和谐。

法国国民教育部1998年发布的《为了21世纪的高中》中指出："高中的任务就是让所有的学生，不论其社会出身，不论其获得成功的领域如何，在其教育专业中获得基本知识，并掌握进入国家和欧洲生活，更广义地说，进入人类历史所需要的评判能力和文化形式。至于高中教育内容，在促进向某一学科或职业方向逐步专业化的同时，应该为学生获得基本的知识和概念整体出力，没有这些知识和概念，学生们在成人以后，将会无力胜任其负责的、批判的和警醒的、具有洞察力的公民角色"。该文件还强调了对学生正确的学习态度的培养，主张"任何学科知识的获取都应该培养学生努力的观念、纯粹追求知识获得的态度、对真理的忠贞追求和对他人观点的尊重。任何教育都应该促进学生独立获取知识的能力，激发其想象力，培养其学习的兴趣和好奇心"。1998年，由教育学家梅里厄（Meiriru，P.）领导的委员会在题为《在高中教授什么》的调查报告中，提出了"共同文化"的概念，共同文化包括"理解世界、具备公民资格、获得面对社会生活一般要求的技术能力、可以进行高等教育的方法能力和民主社会所需要的基本素质。共同文化体现在高中所传授的所有学科中，是学生必须具备的技能和文

---

[1] 李其龙，张德伟. 普通高中教育发展国际比较研究［M］. 北京：教育科学出版社，2008：122-123.

化知识。其工具性和文化遗产性维度在每一个获取步骤中都应该系统地结合在一起。……共同文化就这样成为一种真正的公民资格的构成因素"❶。这种"共同文化"可视作是法国高中阶段教育的培养目标。

五、日本

1947年3月颁布的《教育基本法》明确规定："教育要以人格完成为目标"，培养"和平国家级社会的建设者"，"培养热爱真理和正义、尊重个人的价值、尊重勤劳和责任、充满自主精神、身心健康的国民"❷。关于高中的目的，《学校教育法》第41条规定："高级中学的目的是，在初级中学教育的基础上，实施适应学生身心发展的高级普通教育和专门教育"。关于高中的目标，《学校教育法》第42条规定"必须努力达到以下各项所列目标：①进一步发展和扩大初级中学教育的成果，培养学生具有作为对国家和社会有作为的成员所必备的素质；②使学生能够基于对必须履行的社会使命的认识，结合自己的个性选择未来发展的出路，提高一般教养，掌握专门技能；③培养学生具有对社会的广泛而深刻的理解和健全的批评能力，努力形成自己的个性"❸。关于高中的地位，日本把高中定位于"处在义务教育之后""处在初级中学之上"的中等教育机构，是国民教育的完成阶段，是"大众化国民教育机构"。关于高中的任务，文部省的教育课程审议会作了如下阐述："使学生思考自己的生存方式和行为方式，培养选择未来出路的能力和态度"，"加深对社会的认识，通过适应学生的兴趣和爱好等以及对未来学术和职业各专门领域的基础的基本学习，谋求个性的进一步发展和自立"❹。

六、韩国

按照《韩国教育法》的规定，高中应努力达到以下各项目标："进一步发展和扩大初中教育的成果，培养作为中坚力量国民所必备的品性和技能；培养对国家、社会的理解和健全的批判能力；培养学生自觉的民族使命感和决定符合个性

---

❶ 李其龙、张德伟. 普通高中教育发展国际比较研究［M］. 北京：教育科学出版社，2008：151.
❷ 转引自：文部省. 高中学习指导要领解说（总则编）［M］. 京都：东山书房株式会社，1999：284.
❸ 转引自：文部省. 高中学习指导要领解说（总则编）［M］. 京都：东山书房株式会社，1999：286-287.
❹ 转引自：教育课程审议会. 关于幼儿园、小学、初中、高中、盲学习、聋学习及养护学校教育课程基准的改善（咨询报告）［R］.（1998-07-29）. 学校运营研究，1998（9月号临时增刊）：9-10.

的未来出路的能力,增强体质,提高学生的一般素养,培养专门技能"❶。为了完成这一目标,韩国高中教育确立的重点是培养具有健全精神和健壮身体的人才,能自觉地决定并承担个人和社会的工作的自主性人才,熟练地掌握知识和技能并能合理有效地解决问题的创造性人才,尊重他人、热爱自然、能正确判断并行动的有道德的人才。❷

"二战"后,韩国政府大力投资于教育,国民也极为热情,教育得以迅速恢复和发展。1949年韩国制定了《教育法》,规定普通教育学制为"六三三"制,同时开始实施初等义务教育。为了满足工业发展对技术劳动力的急需,同时也为了缓解由于初中实施免试制后,对普通高中造成的入学压力,韩国政府于1968年制定了新的《国民教育法》,确定了新的教育目标:①建立当代国民的哲学思想支柱;②建立一种韩国人的新形象;③强化思想教育,同时强调努力发挥每个人的积极性、创造性和合作精神,自觉参与国家发展。同时把高中明确划分为普通高中和职业高中,大力发展职业技术教育。政府采取一系列优惠政策吸引学生报考实业高中,把学生吸引到职业教育领域中来,以达到对初中毕业生实行普通教育和职业教育分流的目的,同时也为经济振兴和工业建设提供急需的技术人才。

七、中国

我国教育方针从宏观层面明确了我国教育的整体培养目标,即"培养德智体美劳全面发展的社会主义建设者和接班人"。1985年5月,《中共中央关于教育体制改革的决定》中指出教育体制改革的根本目的是提高国民素质,多出人才,快出人才,教育必须为社会主义建设服务。具体培养目标是:"使学生具有爱国主义精神,培养共产主义道德品质,逐步树立无产阶级世界观和人生观,立志为人民服务,使学生学好文化科学基础知识和基本技能,培养能力,发展智力,使学生身心得到正常发展,具有健康体质,使学生具有一定的审美能力和初步掌握一些劳动技能。"为进一步深化普通高中教育改革,全面贯彻教育方针,面向全体学生,更好地适应社会主义现代化建设的需要,1996年3月,国家教委颁布普通高中教育目标,具体内容如下:①培养学生热爱祖国,热爱人民,热爱共产

---

❶ 转引自:韩国教育新闻社. 韩国教育年鉴 [M]. 首尔:韩国教育新闻社,2000:118.
❷ 李其龙,张德伟. 普通高中教育发展国际比较研究 [M]. 北京:教育科学出版社,2008:245.

党，热爱社会主义，具有正确的政治方向，初步树立正确的世界观、人生观和价值观，使学生具有社会责任感和事业心。树立为人民服务的思想，具有为祖国社会主义现代化建设甘于奉献的精神；具有良好的思想品德和文明礼貌行为；具有分辨是非和自立自律的能力。②培养学生掌握现代社会需要的普通文化科学基础知识和基本能力，具有自觉的学习态度和自学能力，掌握现代社会所需的学习方法，具有创新的精神和分析问题、解决问题的主要技能。③培养学生自觉锻炼身体和习惯，使他们具有健康的体魄和身心健康的能力，具有健康的审美观念和一定的审美能力，具有良好的意志品质和一定的应变能力。④培养学生树立正确的劳动观点，具有基本的技术意识和初步的择业能力，具有一定的劳动技能和现代生活技能。20世纪80年代及90年代的培养目标是根据高中生身心特点，把教育目的具体化，提出对学生在思想品德、文化科学、劳动技能、身心素质等方面的质量要求，具有全面性、基础性和时代性。这一培养目标基本上立足于为社会主义培养人才，充分体现普通高中教育的一般功能。随着教育国际化趋势的影响的扩大，在全世界范围内寻求基础教育内在价值的统一性已成为人们关注的课题，个性化教育则是这种统一性的表现形式。进入21世纪，我国顺应了教育民主化和大众化的潮流，重新确立了普通高中阶段的培养目标。《普通高中课程方案（实验）》中规定普通高中教育的培养目标是：①初步形成正确的世界观、人生观、价值观；②热爱社会主义祖国，热爱中国共产党，自觉维护国家尊严和利益，继承中华民族的优秀传统，弘扬民族精神，有为民族振兴和社会进步做贡献的志向和愿望；③具有民主与法制意识，遵守国家法律和社会公德，维护社会正义，自觉行使公民的权利，履行公民的义务，对自己的行为负责，具有社会责任感；④具有终身学习的愿望和能力，掌握适应时代发展需要的基础知识和基本技能，学会收集、判断和处理信息，具有初步的科学与人文素养、环境意识、创新精神与实践能力；⑤具有强健的体魄、顽强的意志，形成积极健康的生活方式和审美情趣，初步具有独立生活的能力、职业意识、创业精神和人生规划能力；⑥正确认识自己，尊重他人，学会交流与合作，具有团队精神，理解文化的多样性，初步具有面向世界的开放意识。新的培养目标重点突出了加强学生的基础学力，提高学生的素质，促进学生的个性化发展及增强其社会适应能力。从这六点具体培养目标来看，我国普通高中应该是定位于培养出有理想、有道德、有文化、有纪律的优秀公民，然而在实践中，我国普通高中的实然培养目标却与理论上的培养目标产生偏差，甚至在某种程度上与应然的培养目标背道而驰。

从我国高中教育所肩负的任务来看，20世纪50年代初，国家就明确提出普通中学的双重任务，即为升学做准备，为就业做准备。直到80年代初，中学教育双重任务的提法都没有变化。但由于受到片面追求升学率的影响，中学"双重任务"的定向在落实中困难重重，不断受到来自教育理论和实践界的质疑。1986年，义务教育法颁布后，初中教育定位为国民基础教育，关于中学教育任务的争论集中到普通高中教育阶段，到1989年，出现了普通高中教育的双重任务论、单一任务论、主次任务论、基础任务论、根本任务论等五种典型的观点。1995年召开的全国高中教育会上，在"双重任务"的基础上增加了"两个侧重"，即"有侧重地对学生实施升学预备教育或就业预备教育"。这一政策导向意味着普通高中可以根据自己的条件侧重于"双重任务"中的某一方面，但这种设计在当时的教育发展环境中遇到了重重阻力，从学校管理机制、课程结构乃至高考科目设置、学校质量评价等具体实践环节都缺乏相应的配套改革，几乎所有高中学校和学生都被升学教育所"绑架"，双重任务变成了单一任务。紧接着，高校扩招、示范校评选等，也进一步加剧了普通高中单一的升学模式，进而使家长和学生发生错觉，认为只要读入学就可以有就业保障，升学预备模式的普通高中受到了家长和学生的欢迎。2003年，教育部文件中首次在"双重任务"之外提出"为学生的终身发展奠定基础"，这可视为普通高中教育的"第三个任务"，是终身学习时代对"双重任务"的一个补充和扩展。2010年颁发的《教育规划纲要》中指出"高中阶段教育是学生个性形成、自主发展的关键时期，对提高国民素质和培养创新人才具有特殊意义"，尽管没有明确提及高中阶段的任务，但进一步明确了"国民素质提高和创新人才培养"的高中教育培养目标。党的十八大报告中提出"要坚持教育优先发展，全面贯彻党的教育方针，坚持教育为社会主义现代化建设服务、为人民服务，把立德树人作为教育的根本任务，培养德智体美全面发展的社会主义建设者和接班人"。党的十九大报告中进一步强调"要全面贯彻党的教育方针，落实立德树人根本任务，发展素质教育，推进教育公平，培养德智体美全面发展的社会主义建设者和接班人"。由此可见，现阶段，我国对于高中阶段的教育任务和培养目标已由"升学与就业"的双重任务转向了"育人、升学、就业"的多重任务，为学生接受高等教育乃至走向工作岗位奠定基础，同时还要为学生终身发展奠基、促进学生全面而有个性的发展成为高中阶段教育的基本目标。

在总体目标的引领下，我国普通高中学校普遍重视学校价值体系建设。调查显示：目前北京市分别有97%、99%的普通高中学校有明确的办学理念和育人目标，但存在着办学理念和育人目标缺少论证，理念、目标与办学行为脱节，办学理念不能统领学校整体工作，课程体系难以支撑育人目标等问题。就全国范围来看，理念层面的培养目标与实际办学行为之间不相一致，无论是课程还是教学、社团活动，与目标并不相干，或者说并不是基于学校培养目标而进行的课程与教学的设计，占学校发展主导地位的通常只有"升学"目标，无论是学校干部教师还是教育行政部门都非常清楚"升学"目标，而对于社会而言，更是简单化地将考上清华北大及985、211大学的学生数量作为衡量一所学校的直接标准。"升学"异化为学校真实的追求目标，"升学"目标下的学校培养模式近乎雷同，即所谓的"千校一面"。因此，改革高考招考制度的呼声一直很强烈，但改革高考制度是为了更有利于高校招录人才，还是促进高中教育健康发展，是历次高考制度改革的争论焦点。其实，在高中教育的性质认定上，也总是处于育人和选拔的两难之中，从教育的本质而言，育人肯定是高中教育的使命，但从教育的功能来讲，为高等学校选拔优秀生源，不仅是高中教育的任务，还是高中学校育人成果的集中表现。因此，从逻辑上讲，只有首先发挥了育人的功能，才可能为高等学校培育出真正优秀的学生。但在实践中，为了在选拔中取得好的成绩，高中教育的育人使命不得不屈服于选拔功能，甚至不惜牺牲育人使命，换来在选拔中的好成绩。把选拔建立在育人的基础之上，而不是让育人屈服于选拔，这是新一轮高考改革力求达到的目的。因此，现阶段，需要教育行政部门及高中学校深刻学习领会高考改革精神，明确高中阶段培养目标，在此基础上，重新审视学校的办学理念与育人目标，使其更加符合国家战略发展目标以及区情、校情与学情，以学校的价值追求和学生的个性发展为出发点，设计多样化的发展路径与实施策略。

第二节　学校制度的多样化

学校教育制度简称学制，是一个国家各级各类学校的系统，它规定各级各类学校的性质、任务、入学条件、学习年限以及它们之间的纵向和横向关系。学制的根本是各级各类学校的性质、具体任务，关键是入学条件和学习年限。学制受到社会生产力发展水平和科学技术发展水平，政治制度和意识形态，人口发展状况及其青少年心理特征等的制约，纵观世界各国的学制，一般可分为单轨制、双轨制、中间制三种基本类型，是各国根据自己不同国情做出的历史抉择，具有必然性和合理性。双轨制是指学校系统分别承担着学术教育和职业教育的职责，分工明确，有利于提高办学效益，但由于具有浓重的等级性严重损害了教育平等，背离了现代教育的民主化精神，久为世人诟病。单轨制恰恰反之，它最受称道之处在于其公平性，但在一定时期、一定程度也往往存在效益低下发展失衡、质量悬殊等问题。中间制试图融合两者之长，兼顾公平与效益，在义务教育阶段实行单轨，其上则学术教育与职业教育分轨，并保留适当的贯通性，构成类似"Y"型的学制。

一、部分发达国家基础教育学制概况

自1960年以来，西方主要发达国家的中小学学制基本稳定未变，"六三三"制占主流，各国的基础教育年限长短不一，大多在11~13年。随着知识社会的到来，为了提高人才素质，大多数国家的义务教育的范围有进一步扩大的趋势。这主要表现在义务教育的一端在逐渐向学前教育方向扩展，而另一端则向初中后教育阶段延伸。许多国家特别是发达国家的义务教育正继续向后延伸，不仅要普及高中，还要普及职业技术教育，甚至高等教育。日本义务教育的年限为九年，即小学六年、初中三年，高中虽然不在义务教育之列，但已经达到普及程度，1996年日本高中教育的入学率就已达到96.8%。法国的义务教育年限为十年，包括小学五年，初中四年和高中第一年，初中前两年称观察阶段，初中后两年称为方向指导阶段，设有选修课，少部分进入带有职业技术教育倾向的"技术班"，以便进入技术高中，法国从1983年起对所有结束义务教育而不继续升学的16~18岁青年提供社会和职业资格的培训。英国从1986年开始，对年龄为16岁的中学毕业生提供二年的职业培训。荷兰也规定所有16岁的就业青年每周都必须有两天接受义务职业教育的时间。德国大部分州实行九年义务教育，分基础学校和初级中学，基础学校与中学之间有一个为期两年的过渡阶段，称定向阶段或观察阶段，中学则有三种类型：普通中学（初级中学）、实科中学和文科中学，也有综合中学。美国中小学不分流，是典型的单轨制，义务教育是12年，美国把整个基础教育阶段称为K-12，是指从幼儿园到12年级的教育，"K"代表幼儿园（kindergarten），"12"代表12年级，初等教育（小学）和中等教育共12年（包括小学和中学），高等教育4年。

17世纪后期,英国高中教育的雏形——第六学级开始出现。第六学级最初设立于文法中学和公学中,是一个区别于中学其他所有年级的相对独立的、最高的学段,此时的学制为一年,学习3门课程:古典语文(拉丁语和希腊语)、外国语(主要是法语)、数学。它与文法中学或公学中的低年级构成中等教育的"5+2"学制。英国的职业高中和普通高中在其历史发展中,随着《1944年教育法》确定的中等教育三轨制而有所分离,后随改组综合中学而过渡到校内分轨,最后形成一种以综合中学校内分轨为主,以城市技术学院等继续教育机构的职业与普通高中制度为辅的格局。德国自洪堡改革学校教育以来,基本形成了双轨学制。一轨是与大学相衔接的学术性教育轨道,主要由实施普通高中教育的文科中学承担,"二战"后演变为完全中学;另一轨是与职业学校相衔接的培养熟练劳动者的轨道。德国一直非常重视普通高中教育,十分重视文科中学和完全中学,德国社会、经济、科学和工程技术等各行各业的绝大多数精英都出自完全中学。德国的完全中学以高质量著称,强调严格的学术教育。

当前,发达国家基础教育阶段学制改革的总趋势是缩短小学年限,延长初中年限。如法国小学由6年改为目前的5年,英国由6~8年统一为目前的6年,苏联的小学学制受赞柯夫"教学与发展"理论的影响,在1964—1984年间曾实行了长达20年的3年制,因学生负担加重,最后又改为4年。小学年限能够缩短,主要出于以下考虑:一是教材现代化了;二是教师的水平提高了;三是儿童的智力起点提高了。而延长初中年限,一是可减轻学生负担,为高中打下更扎实的基础;二是考虑初中毕业时普通教育与职业教育分流的需要。关于中学阶段初高中分离还是合并的问题,在国际上没有一个统一的模式,日本初高中原是分开的,但据日本文部科学省发布的对日本各地高中教育制度改革的最新调查结果显示[1]:初中高中一贯制教育在日本各地进一步发展,学校数量逐年增加,1999年日本全国仅有初中高中一贯制学校4所,目前其学校数量已扩展到420所,明年还将增加25所。大多数欧美国家则是"合一"的。苏联1984年的教育改革,实行的是十一年一贯制的基础教育。

就高中阶段学制而言,"二战"后,很多国家都根据本国具体情况进行了多次的学制改革,各国高中教育阶段的学制逐步实现了多样化。这种多样化不仅表现为不同国家之间高中教育阶段的学制存在差异性,而且有的国家,如美国、德

---

[1] 中国驻日本大使馆教育处. 日本高中教育制度改革的新进展[J]. 基础教育参考, 2013 (5).

国等在其内部不同地区高中教育阶段的学制也存在着一定的差异性。美国的学制从20世纪初的"六三三"制，逐渐发展为多种多样的类型，可以用"统一性"和"多样性"来概括，"统一性"是指从小学到高中共12年，"多样性"是指美国学制类型多样，没有统一的学制，六三三制（高中三年）、八四制（中学分为初级、高级阶段，实行四年一贯制）、六六制（中学分为初级、高级阶段，实行六年一贯制）、四四四制（高中四年）、五三四制（高中四年）并存。英国中等教育种类繁多，有文法学校（7年制，11~18岁）、技术中学（5~7年制，11~16岁或18岁）、综合中学（7年制，11~18岁；5年制，11~16岁），这类中学几乎都实行一贯制，很难从中区分高中阶段的教育，一般把文法学校的"分科阶段"和综合中学的"选修课程学习阶段"视为高中教育阶段，其高中教育阶段的学制一般为2年。在德国，由于历史传统的原因，不仅各州、旧州（原西德各州）和新州（统一后的东部各州）间高中教育机构有区别，而且其学制结构也有很大的不同，文科中学高中阶段的学制一般为3年（11~13年级），新联邦州一般为两年（11~12年级）。法国实行统一的学制，即小学五年、初中四年、高中三年。法国对6~16周岁公民实行10年义务教育，从小学一年级至高中第一学年为义务教育，高中阶段的后两年不属于义务教育范畴。

总之，各国学制年限的长短与其各自的历史、文化背景以及社会政治、经济基础等有密切联系。一般而言，在实行中央集权的国家，能够在全国范围内实行统一的学制，如法国的普通高中和技术高中的学制都是3年；而在地方分权的国家，其学制因地而异，这在美国、德国等国家表现得十分突出；另外，有的实行中央集权和地方分权相结合的国家，规定较为严格，如日本《学校教育法》规定，全日制高中的修业年限为3年，定时制和函授制的修业年限为3年以上。

二、我国学制的修业年限及其演进历程

我国近代学制始于清末，大致经历了三个阶段：即1902年到1904年的"壬寅·癸卯"学制、1912年到1913年的"壬子·癸丑"学制、1922年的"壬戌"学制，或称"六三三学制""新学制"，这种学制一直沿用到新中国，至今已整整走过了近一个世纪。三次学制改革的指导思想经历了从"中体西用"到"民主共和"再到"民主科学"的转变过程。在修业年限上，1904年的"癸卯学制"规定小学读9年，分初小5年和高小4年，中学读5年；1912年到1913年的"壬子·癸丑"学制学习年限有所缩短，小学读7年，中学读4年；1922年的"壬戌学制"改为小学读 6 年，中学读 6 年（其中初中 3 年，高中 3 年），即"六三三"学制。

民国学制经历了三次大的变动，最终依然坚持了中间制。第一次变动是袁世凯统治时期向双轨制的靠拢，未及实施便随着袁世凯的死亡而废止。第二次变动是 1922 年颁行的"六三三"学制，学习美国，注意"发挥平民教育精神"，大搞综合中学，兼顾升学与就业的双重需要，成为典型的单轨制。第三次变动发生在 1932 年，国联教育考察团应邀来华考察后，中国接受其建议，将美国式的综合中学改为欧洲式的单科中学，以期改变"六三三"学制所导致的某些混乱现象，一度中断的"Y"型学制重新确立。然而，分轨后的两轨之间仍保持一定的贯通性，单轨精神没有完全抹杀，并一直沿用到新中国成立以后。

中华人民共和国成立后，学制发展经历了三个阶段，整体趋势是"Y"制得到进一步加强。"文革"前十七年为第一阶段，学习苏联建立起典型的"Y"型学制，"文革"十年为第二阶段，彻底否定原有"Y"制，中等教育结构单一化，大学基本停止招生，成为一种只含初、中两级，缺少高等教育的独特单轨制。20世纪 80 年代以后为第三阶段，"Y"制得到恢复和巩固。我国于 1951 年颁布了《关于改革学制的决定》，这是我国学制发展的一个新阶段。这个学制规定，幼儿教育为 4 年，初等教育为 5 年，工农速成教育为 2~3 年，中等教育为 6 年，中等专业教育为 6~7 年，高等教育为 4~5 年，专科教育为 2~3 年。这就形成了我国普通教育、职业技术教育和业余教育的完整体系。20 世纪 50 年代末到 60 年代初，中国学制基本上形成了两种教育制度、三类主要学校、多种形式办学的系统：①全日制学校，学生全日在校学习，或者大部分时间从事学习，其任务是为国民经济各部门培养劳动后备力量和为高一级学校培养合格的新生。②半工（农）半读学校，包括半工半读的各种职业（技术）学校、农业中学、简易小学等，学生一边学习，一边在工厂或农村劳动，学习与生产并重。③业余学校，利用业余时间对在职成人，包括干部、工人、农民、战士等进行政治、文化和科学技术教育，教学形式有面授、函授、广播、电视等。"文革"十年中，我国的学制遭受严重破坏。十一届三中全会后，各级各类学校逐步得到整顿恢复。我国的学制形成于 50 年代，中间虽经过几次改革，但学制的指导思想和基本原则基本没有变化，其典型特征是充满着浓厚的计划经济体制色彩，不利于人才的脱颖而出。

"文革"后，鉴于高中阶段教育结构、课程单一，"普通高中毕业生除少数升入大学外，每年有数百万人需要劳动就业，但又没有任何专业知识和技能"，

"对四化建设和安定团结极为不利",分流问题成为燃眉之急。因此,1980年国务院批转教育部等部门《关于中等教育结构改革的报告》,要求各地"普通教育与职业、技术教育并举","将部分普通高中改办为职业(技术)学校、职业中学、农业中学",标志着"Y"制开始复苏。1983年,中共中央、国务院发出《关于加强和改革农村学校教育若干问题的通知》,教育部等四部委提出《关于改革城市中等教育结构发展职业技术教育的意见》,分别要求到1990年"农村各类职业技术学校在校学生数达到或略超过普通高中",城市则"比例大体相当"。1985年中共中央在《关于教育体制改革的决定》中,进一步贯穿了这种思想。从此,"Y"制逐步发展起来。到1990年,中等专业学校(包括中等技术学校、中等师范学校)、技工学校、职业中学和农业中学三种中等职业技术学校的在校生数占到高中阶段在校生总数的45.7%,虽然没有完成既定目标,但也是一次历史性突破。1991年国务院发出《关于大力发展职业技术教育的决定》以后,这个比例继续增长,至1994年达到56.1%,表明初中后教育对等分流基本完成,"Y"型学制真正确立。

就北京市基础教育而言,"文革"以后,许多专家主张实行义务教育五四学制。如,北师大附属实验小学和二附中开展了"五四"学制的试验,并编写了"五四"学制的教材。1986年以后扩大到山东、湖北、黑龙江等省的多个地区,经过当时国家教委审定的教材施用范围最多的时候达到上百万人,后因新课改而停止。上海市至今小学仍是五年制,义务教育阶段实行五四学制。因此,文献中关于"五四"学制、"六三"学制的比较及孰优孰劣的争论较多。北京景山学校在1960年建校之初就实行"十年一贯制",贯通小学直至高中,"文革"后实行小学、初中九年一贯制至今。

当前高中建制的国际趋势是朝向一贯制类型转变,把学生发展的连续性放在第一位,建立多样化的学段连接形式。如在招考环节上,当前国际上大部分国家没有"中考",而是通过提供多种多样的高中学校类型,促使初中毕业生根据自身的兴趣、爱好、特长及未来的发展志向等来选择适合自身发展的学校,即用"特色选择"替代"分数选择",如莫斯科高中招生时将口试作为一种检测学生综合能力的方法,并为学生提供补录机会。巴黎高中则是在初中四年级的第二学期,学生和家长在商议之后根据孩子的成绩评定和未来的职业兴趣提出定向要求,学生的高中升学志愿会递送到相应类别的高中,高中审查学生资料后,由学区督学根据学生志愿和学校容量决定所辖学校录取名单。调查显示:在学校建制上，北京市高中学校以完全中学为主。近年来，为扩大优质教育资源覆盖范围，发挥高中学校的引导作用，部分区域陆续建立了十二年一贯制学校，目前全市已达50所左右，其中，城市功能拓展区的十二年一贯制学校数量最多，首都功能核心区和生态涵养区则较少；城市发展新区和生态涵养区呈现出纯高中数量较多、高中数量较少，学校内年级规模偏大的特点。因此，有必要加大对十二年一贯制学校特点与优势的研究，从学校建制的角度优化高中学校布局。

第三节　学校类型的多样化

世界各国高中学校类型多种多样，由于各国的文化传统不同，在高中学校分类上有着不同的多样态类别，概括和归纳国际上林林总总的高中阶段教育机构，按照专业、职业或者产业类别等来确定高中的类型，主要体现为学科专业侧重（欧洲的文科高中、俄罗斯的利才学校、我国的科技高中），产业和职业预备侧重（欧洲的实科中学、各国的农业高中、各国的综合高中、英国的城市技术学校），特殊人群关注（各国的艺术高中、日本的进学高中），出资办学主体多元（民办高中、特许学校），时空安排和媒介利用多样（日本的定时制高中、函授高中、夜间高中、美国的在线高中），等等几个维度，这些维度交叉组合，形成了高中阶段教育机构多样化的局面[1]。西方主要国家普通高中发展情况，在保留班级授课制的前提下，为满足学生多样化发展需求通常采取两种做法：一是增加普通高中学校的类型，为学生提供不同的选择，如美国的"校中校""磁石学校""全年学校""特许学校""新型美国学校"等选择性学校，德国原来将完全中学分为古典语、现代语、数学自然科学、经济、社会和艺术等六种；二是通过普通高中学校课程的多样性和选择性，也就是"校内多样性"来满足学生不同的发展需求。如美国绝大多数学生在综合高中就读，只有极少数学生到选择性学校读书，而德国教育改革后也逐步在取消完全中学学校类型划分。

一、美国

美国高中阶段分为综合中学、普通中学、职业或技术中学以及选择性中学。

---

[1] 袁桂林. 论高中教育机构和培养模式多样化[J]. 湖南师范大学教育科学学报, 2015 (3).

美国高中绝大部分是综合中学，共有25000多所。其中，公立学校占81%，私立学校占19%。据美国联邦教育部2000年统计，1999—2000学年，98%的学生就读综合中学，1%左右的学生进入选择性中学，不到1%的学生就读职业或技术中学。美国5%的高中是职业高中，其余均为综合高中。综合高中将中等教育的普通教育、学术教育、职业教育等各种职能集于一体，在美国各类中等学校中占据了主流地位，担负着升学和就业的双重培养任务。

（1）综合中学。综合中学是当今美国中学的主流模式，兼施普通教育和职业教育，是美国实施中等教育的主渠道，承担着升学、就业和通识教育三项任务。具体地讲，也就是：①让所有学生接受通识教育；②让大多数学生接受职业技术教育，毕业以后直接进入就业市场；③让一部分具有深造前途的学生作好升入大学的准备。正如美国著名教育家科南特极力倡导的那样"将所有价值取向的课程包容在一个统一组织之中的综合中学应成为美国中等学校的标准类型"，换言之，综合中学就是要把普通教育、学术教育以及职业或技术教育这三种职能"集中于同一屋檐下"。在综合中学内部一般分为三个方向：一是学术科，修读学生占学生总数的43%，目标是为大学培养合格新生，其中普通课程占到总课程的92%，实践课程占8%；二是普通科，修读学生占学生总数的33%，目标是让学生掌握必备的文明素养，做社会良好的公民，其中普通课程占总课程的71%，实践课程占25%，技术课程占4%。该科学生分两种类型：一种是对未来学习没有明确的目标，对职业课程又不感兴趣的学生；另一种是学习能力属于中等或偏下的学生，他们希望读完中学，获得中学毕业证书；三是职业科，修读学生占学生总数的24%，目标是培养学生就业的知识与技能，其中普通课程占总课程的58%，技术课程占34%，实践课程占8%。该科的学生也分为两种类型：一种是具有明确就业倾向的学生；另一种是学习能力居于中等或偏下的学生，或者是学习困难学生。这种分科是一个动态的过程，是学生自由选择的结果，并且各科之间没有明确的界限，以致学生经常性地在其间流动。综合中学课程内容广泛，包括必修的核心课程和职业或技术方面的选修课程，这样学生在很大程度上可以自主建构个性化的知识结构和能力模式，从而在学校自然地创设了精英学术、职业技术以及普通学历这三种教育环境导向。

（2）普通中学。也称为学术性中学，主要为学生升大学做准备。这些学校一般在高中的11~12年级开设大学预科的课程，所修学分也被大学承认。

（3）职业或技术中学。美国的职业或技术中学主要是私人企业开办的，政府举办的很少，职业或技术中学又可细分为工业高中、农业高中、商业高中、机械高中、园艺高中等。

（4）选择性中学。为了弥补公立中学办学质量的不足，以及实现和实践自己的教育理念，20世纪六七十年代以来出现了一些选择性学校，比如"校中校""磁石学校""全年学校""特许学校""新型美国学校""特殊高中"（纽约9所）等，这些都为学生提供了另一种选择。从培养目标来看，这些学校往往比较复杂，各有侧重，有的偏重学术，有的偏重职业准备，有的则偏重技能技巧，也有的追求情操陶冶，以培养高雅的时代文明人为宗旨。

（5）虚拟高中（Virtual High School）和在线高中。这类学校出现在20世纪90年代中期。是高中阶段教育与信息技术相结合的产物。这类高中借助网络平台，推出优质高中课程，方便学生更多学习可能。

美国高中类型多样化体现了高中教育的公平性和国家的人才战略。值得注意的是，美国非常重视高中的精英教育使命，通过设立特殊高中使一批批最优秀的人才进入名牌大学，为美国经济社会的发展提供了后备力量。

二、英国

英国是典型的教育双轨制国家，有公学、文法中学、技术中学和现代中学等不同的学校类型。公学及文法中学的毕业生可以进入大学，这是资产阶级子女的教育特权，技术中学与现代中学是中下层人民的学校，学生一般不能升入大学接受教育。进入20世纪，特别是"二战"之后，科技与经济的发展引起社会对人才需求的转变，而此时民主化思潮进一步高涨，迫切需要教育面向每一位学生，实施无阶级差别的教育和教育多样化。1965年英国工党上台后，决定合并文法中学、技术中学与现代中学，大力发展综合中学，实施无阶级差别的教育，实现教育的多样化。对教育的关注逐渐转移到关注"学生"上——教育是为了更多的学生的发展。为了适应科技与学术的发展及高等学校中新学科的建立，这一时期一些第六学级增添了新的学术性课程，如商业科学、政治、计算机、地质学、电子系统、人类生物学、环境科学、心理学等。各个第六学级开设的课程门类不一，多则45门，少则不足20门，平均每所学校开设课程在27门左右。

第一次世界大战后，英国高中教育虽有所发展，但规模较小，而且分布也不均匀。《1944年教育法》把中学分为文法中学、技术中学和现代中学"三轨制"中等教育类型。文法中学以为高等学校输送学生为目标，学术性强；技术中学和现代中学以实施职业技术教育为主，现代中学提供满足国家未来劳动力综合性需要的全科教育，技术中学为学生在熟练技能和技术性职业方面做准备，这样划分中等教育的类型，以法律形式确立了职业教育在中等教育中的地位，由"11岁考试"来决定儿童上哪一类型的中学。英国的教育系统包括四个部分：学前教育、义务教育、继续教育和高等教育，其中义务教育11年，包括5～11岁的初等教育和11～16岁的中等教育。英国义务教育阶段中的中等教育截止到16岁，学生16岁义务教育结束时，参加全国统一考试：中等普通教育证书（General Certificate of Second Education，即 GCSE）考试（该证书分 A-G 不同等级），而后就业或升学。学生义务教育结束之后，直至18岁进入高等教育之前的教育阶段，英国称为"继续教育"（Further education 或 post-16 education 或 Upper secondary education），也被称为"第六学级"（the Sixth Form），它是英国较具特色的一个教育阶段，是英国中学与大学之间的一种过渡性阶段，它是从文法中学（Grammar Schools）为少数尖子学生提供大学预科教育发展而来，这一阶段不属于义务教育，学校主要向学生提供高级水平（A-Level）考试课程，以培养学生升入大学为主要目的，具有大学预科的性质。根据英国教育与技能部（DFES）以及资格与课程局（QCA）的相关资料，目前英国的高中教育机构主要包括：独立的第六学级、文法中学中的第六学级、综合中学（Comprehensive Schools）中的第六学级和第三级学院中的第六学级四个部分❶。

第二次世界大战后，随着文法中学的发展，要求进入第六学级的学生数量开始迅速增加，同时，一些现代中学（Modern Schools）为了提高自己的社会声望，也开设了普通教育证书（GCE）考试科目。从20世纪60年代初到70年代末，是英国高中教育的大发展阶段，主要表现在两个方面：一是实施开放入学政策，入学门槛低，入学人数激增；二是高中教育学校类型呈现多样化趋势❷。开放入学政策实施后，各类学生进入了第六级学习，使该阶段的学生学业水平和能力不再像以前那样划一，为了满足这一部分学生的实际需要，高中教育开始扩展课程：一是为那些未取得普通中等教育证书的学生准备的课程，先进行普通中等教育证书的相关课程补习，取得证书后，开始学习学术类高级水平普通教育证书课程，或者高级补充水平普通教育证书课程；二是为那些直接学习学术类高级水平普通教育证书课程的学生设置的课程，包括历史、数学、物理、化学、生物、英

---

❶ 徐辉，任钢建. 六国普及高中教育政策与改革的国际比较［M］. 北京：教育科学出版社，2010：2.
❷ 徐辉，任钢建. 六国普及高中教育政策与改革的国际比较［M］. 北京：教育科学出版社，2010：3.

语、地理、美术、法语、经济、德语、音乐、家政、工程制图和社会学等；三是为那些智力突出、打算进入名牌大学获得高额奖学金的学生开设的课程❶。由于要求进入第六学级的人数不断增加，加重了第六学级乃至整个学校的负担和压力，1964年9月，在西约克郡建立了第一所独立的第六学级学院——梅克斯伯勒学院（Mexborough College），作为一种专门提供高中教育的机构，以缓解当时的供需矛盾。1965年，教育大臣罗斯兰发布了题为《中等教育的组织》的第10号通告，提出在综合中学的基础上，加上第三级学院或第六级学院（sixth form college），由此，第六级学院迅速发展。进入21世纪后，英国对高中教育的改革力度逐步加大。2003年1月，英国教育与技能部颁布了《机会与卓越：14～19岁青少年教育》白皮书，确立了14～19岁教育阶段的概念，统筹了中等教育的两个阶段。英国政府认为，14～19岁是人生观及知识、技能形成的关键时期，作为承担这个年龄段教育的中等教育阶段，一头与小学阶段教育相连，一头与就业或升入高等学校相连。原来划分的中等教育两个阶段（14～16岁和16～19岁）应是连贯的、不可分割的一个阶段，必须予以高度重视并进行相应的改革。这个阶段的教育宗旨是满足所有青少年的需要和愿望，为他们提供适合其能力和兴趣的多样选择，提升所有青少年受教育年限，增加16岁后接受教育的人数，缩小各社会阶层及种族之间的差距；扩展所有青少年的技能训练，提高其就业范围，弥补技能的短缺；破除社会偏见，开辟更多的更广泛的职业教育成功之路。2005年2月新任教育和技能部部长鲁思·凯利发布了《14～19岁的教育和技能（14～19 Education and Skill White Paper）》白皮书，在白皮书中强调，在正式表述中，高中阶段的文凭（A-level）不再冠以职业的或学术的，并在课程中增加职业类课程的比重。鲁思·凯利认为14～19岁年轻人的教育质量事关整个国家的经济发展和综合国力的提升，今天的十几岁青少年是明天的父母、企业家、公务员和社区领导者，对他们的教育怎么投资也不为多❷。

三、德国

德国普通高中阶段的结构是比较单一的。这一阶段的教育几乎完全由完全中

---

❶ 王凯. 主导政治经济理论模式更迭下的英国高中教育百年嬗变［J］. 经济研究参考，2007（34）：34-42.

❷ 潘发勤，胡乐乐. 英国新部长第一份白皮书：提升高中生的教育和技能［N］. 中国教育报，2005-04-08（6）.

学高级阶段来承担。在20世纪70年代，完全中学高级阶段改革以前，联邦德国完全中学分为多种类型，各州至少设古典语、现代语和数学——自然科学3类完全中学，有的还设经济、社会、艺术和技术等20多种完全中学。这种学校类型的多样化为具有不同倾向的各种学生提供了多种选择的可能性，以使他们选择适合自己发展的学习机会。而改革以后，完全中学高级阶段以灵活的、可供多种选择的课程设置来满足学生多样化选择的需要，因此大多数州已在完全中学高级阶段不再分学校类型。但是，因德国在文化教育方面实行高度的各州自治政策，各州在学制方面存在不少差别，有少数州仍保留了完全中学高级阶段的学校类型，如巴伐利亚州目前还设古典语、现代语、数学——自然科学、经济、社会和艺术等6种完全中学；巴登—符腾堡州还有一种技术完全中学；柏林在有些完全中学里附设有某一种职业性的专业课程，比如学生可以在某些完全中学高级阶段中学习银行和保险，办公和管理、法律、贸易、交通和房管等经济管理专业，机械和加工等金工专业，能源技术和信息技术等电子技术专业、理化生专业、营养和家政专业以及社会学专业。❶

四、法国

法国1967年实现了延长义务教育的目标，这就意味着高中阶段教育（包括普通教育与职业教育）的普及化。法国高中阶段设有普通高中、技术高中和职业高中三类。普通高中和技术高中属于三年制的长期教育机构，具有同等价值；而职业高中为两年制的短期教育机构，比前两者略逊一筹。此后，普通高中和技术高中两者之间的界线越来越模糊，有的还是混合设立，以致有时通称普通和技术高中为高中，主要为高等院校输送人才。按照法国国民教育部发布的文件《为了21世纪的高中》（1998），法国的三类高中实际成了两类：一类为普通和技术高中；另一类为职业高中，由于1985年设立了相关的各类职业考试，合格通过此考试者也同样可升读高等院校，因此也有了为大学输送人才的职能。普通高中和技术高中分为普通教育和技术教育两大轨道，各轨道又分为若干个专业，如普通教育轨分为文学专业、理科专业和经济社会专业；技术教育轨包括理科和第三（产业）技术专业、理科和工业技术专业、社会医疗专业、理科和实验室技术专业、体育专业等。

---

❶ 李其龙，张德伟. 普通高中教育发展国际比较研究［M］. 北京：教育科学出版社，2008：110.

五、日本

日本在"二战"后很长一段时期内主要设有三种类型的高中，即普通高中、职业（专门）高中和综合高中。20世纪90年代后期以来，日本致力于特色高中和特色学科、特色课程建设，使得日本高中的结构更加多样化。根据日本高中结构改革的情况，可对日本高中做如下分类：①按学科设置区分，有普通高中、专门（职业）高中、综合高中、综合学科高中；②按设立主体区分，有日本国立高中、公立高中和私立高中；③按课程设置形态区分，有全日制高中、定时制高中和函授制高中；④按课程管理方式区分，有实行学分制加学年制的高中和学分制高中；⑤按学制区分，有独立高中（一般为3年制）和初高中一贯教育学校（一般为6年制，其后期课程相当于高中阶段）。

日本的现代中等教育制度是从明治维新初年开始建立的，其标志是1872年《学制》的颁布。日本的高中教育（"二战"前为"中等教育"）先后经历了精英化（1872—1920年）、大众化（1920—1954年）和普及化（1954年至今）三个大的发展阶段。"二战"前的中等教育实现了由精英化向大众化的过渡，"二战"后的高中教育实现了由大众化向普及化的过渡，并且在20世纪70年代中期进入了高度普及化阶段。从文部省的政策变化看，从20世纪50年代初起，高中教育改革的方针之一就是多样化。推进高中教育多样化的原因是多方面的，高中教育的大众化和普及化必然会带来高中生在兴趣、能力倾向、未来出路上的多样性，是多样化发展的主要原因之一。1966年，中央教育审议会发表《关于后期中等教育的扩充与整顿》的报告，时任文部省初中局中等教育课课长的石川二郎指出："由于高级中学入学率的上升，过去仅能使同龄者的二三成入学、仅能实施较高水平知识教育的高级中学，现在要收容同年龄层70%、不久将是80%的人入学，入学学生的能力差别将会拉开，所以必须实行适应多样化学生的教育。以这种入学率的提升为背景，高中教育多样化要求是当然的事情，面对具有个性、能力和出路以多样化为指向的学生群，高中教育已经不能像过去中等学校教育那样进行以知识教育为中心的划一教育了。……高中教育的多样化将是今后高中教育改善的关键"❶。1991年，中央教育审议会发表的《关于对应新时代的教育诸制度的改革》也指出："实现了大众化的今日高级中学，学生的能力、适应性、

---

❶ 转引自：石川二郎. 后期中等教育改革与初级中学教育 [M] //教育问题调查会. 后期中等教育最终咨询报告的解读. 东京：明治图书出版株式会社，1966：24-25.

出路、兴趣和爱好等是极其多样的，因此其教育的水准和内容不能一律地、固定地来思考，要对应学生的实际情况，尽量实施广泛、灵活的教育"❶。由此可见，高中教育的多样化是伴随其大众化、普及化的演进而不得不采取的改革策略。

"二战"后，日本对学校教育系统进行了全面的改革，高中教育的发展主要经历了如下几个阶段：第一阶段是1947年3月、1948年1月相继制定了《学校教育法》和《高级中学设置基准》，一项重大改革措施就是设立了新制高中，表现为大量设立综合高中，淡化普通高中和职业高中的分化倾向，以保证向所有青少年提供共同的教育，为更多的青少年进入初中后阶段学习提供了保证。第二阶段是20世纪五六十年代，开始谋求高中教育多样化，主要途径有两个：一是通过设置理数科等实现普通高中学科设置的多样化；二是通过新设多种职业学科谋求职业高中的多样化。理数科于1968年开始设置，其目的是培养理科和数学领域的英才，增设职业学科主要是为适应职业种类的细化。第三阶段是20世纪70年代的高中教育改革，既重视"双基"又重视多样化，普通教育方面是使基础的基本的学科及科目必修化，设置综合性、广域性的科目，职业教育方面是改变专业划分过细的状况，重新整合过于细化的学科及科目，让学生在低年级学习基础性科目，在中年级学习核心性科目，在高年级学习综合性、选择性和专业性科目。第四阶段是20世纪80年代，高中教育改革的一个主要特征是进行多样化改革，这一改革与五六十年代的学科、课程多样化不同，把视野扩大到了学制、学校类型方面，核心是建立新型的学校和学科。主要设立以下5种类型的高中：①学分制高中，该制度首先于1988年4月在定时制高中和函授制高中实行，1993年4月扩大到全日制高中；②综合学科高中，该制度从1994年4月开始实行；③6年制高中（实施初高中一贯制教育的完全中学）；④完全寄宿制高中；⑤向社区开放的高中；⑥设置特色学科、课程的高中，涉及农业、工业、商业、水产、家政、护理、福利、环境、信息、理数、国际（含语言学）、体育、艺术等各类职业科或专门科高中，同时也在普通科高中设置了特色课程。80年代后期的具体措施还有：①设立六年制中学；②设立学分制高中；③促进高中学习年限的弹性化；④使教育内容多样化和弹性化；⑤设立实施技能教育的新型高中；⑥采取多种多样的富有个性的高中招生办法和录取标准。设立特色高中，特别是新型高中，突破了此前的高中教育改革围绕寻求普通教育和职业教育的平衡而囿

---

❶ 转引自：中央教育审议会. 关于对应新时代的教育诸制度的改革（咨询报告）[N]. (1991-04-19). 日本教育新闻，1991-04-27（资料版）.

于学科、课程设置等方面的局限。第五阶段是20世纪90年代以来的高中教育改革，重点是谋求个性化和多样化，主要措施包括：①设置有特色的学校、学科，包括设置综合学科，整合普通科和专门（职业）科的新型学科；设立学分制高中，1993年开始在全日制高中实行；设立新型高中，如综合选修制高中、信息高中、外语高中等；设置有特色的学科，如动物科学科、福利信息科、烹调国际科、海洋技术运动科、绿色环境科、机械技术科、综合服务科和信息科学科等；②编制并实施多样化的课程；③促进学校间的联合，主要形式有：实行校外实习、认可学生在大学、高等专门学校或专修学校等所修的学分、认可与志愿服务活动等有关的学分、认可技能审查成果的学分等；④促进高中与大学的联合，主要形式有：让高中生作为旁听生等到大学学习一定的科目或听公开讲座、请大学教师到高中作大学介绍和举办讲座等；⑤推进初高中一贯制教育。❶

六、韩国

韩国的高中按设置主体可分为国立高中、公立高中和私立高中三类。在国立高中和公立高中内，可以附设广播函授高中，为过早参加工作的初中毕业生提供相当于高中水平的教育；在企业附近的高中，还可设置夜间制特别班级，以便对在企业中工作的青少年进行高中教育。韩国的高中按课程的类型大体分为普通高中（人文高中）、实业高中（职业技术高中）和综合高中三类，实行学分制，学生毕业后均可以升学或就业。普通高中的主要任务是向高等教育机构输送生源，进一步培养"具有高级头脑的人才"，三年学习期限里，学生学习国语、英语、数学、国史、政治、经济、伦理、世界史、地理、物理、化学、生物、地质学、产业常识、职业技术等课程，共须修满204学分才能毕业；实业高中以学习各科类专业技术为主，分为工业高中、农业高中、商业高中、水产海洋高中、综合实业高中（包农、工、商等综合性的生产和经济事业）等多科类，除了必修普通教育的主要文化基础课外，还需修规定的专业课程，一般来说，文化基础课与专业课的比例为三比七，第一年以文化课为主、随年级增高技术课程逐渐递增，毕业前，还要参加一至三个月的实习，三年内，共须获得260余学分才能毕业；综合高中即在同一所学校，既有人文教育，也有职业教育，综合高中的课程分为必修课和选修课，选修课又分为工业课程、农业课程和升学课程，学生可根据自己

---

❶ 李其龙，张德伟. 普通高中教育发展国际比较研究[M]. 北京：教育科学出版社，2008：195-196.

的意愿和需要选择课程，在学科运营管理上实行学分制，进入60年代有很大的发展。此外，韩国还设置了艺术高中、体育高中、科技高中及外国语高中等，他们一般采用职业高中中的课程。在办学体制上实施国立高中、公立高中和私立高中三种办学体制有机互补的发展策略。

除上述正规性的高中教育外，韩国还设有以下类型学校：①高级技术学校，学制一般为1~3年，招收未在正规学校学习的青少年，或为正规高中学校毕业生设一年以上的专业课程，均接受职业教育，学生毕业时可获得技术人员资格证书；②产业体附设高中或特别班级：在企业附近的高中，还设置了夜间制特别班级，以便对在企业中工作的青少年进行高中教育，学制与正规高中相同，招收在企业工作的青年，实施普通教育或职业教育；③广播函授学校：为过早参加工作的初中毕业生提供相当于高中水平的教育。韩国于1968年修改《教育法》时提出设立广播函授高中，1974年1月公布《广播函授高中设置基准令》，同年设立了11所公立广播函授高中，后来逐步扩展到全国，函授高中学制三年，凡未升入高中及其他学校的均可报考，修完三年课程经学历认定评价考试合格，可具有与正规高中毕业生同等的学历。

1974年，韩国在教育公平理念下颁布"高中平准化"政策，目的是缓解白热化的中考竞争、消除学校间差异，从而减少中小学生的升学压力，达到教育公平。韩国"高中平准化"政策，立足于谋求四个方面的均等，即学生安排均等、教育设施均等、教师配置均等、学校教育财政均等。"高中平准化"政策自诞生之日起就不断引发各种问题，其实施过程困难重重。20世纪90年代，韩国拉开教育改革大幕，设置了教育改革审议会，作为总统的直属机构，其主要想法是：①尊重自觉性和个性；②追求优越性；③提高教育环境的人性。按照这一方针，教育政策从以往的平等化、均等化转向多样化。同时发展了有关科学技术英才教育的科学高中，并且恢复了部分学校进行入学考试的制度等。逐渐放松对"平准化"地区高中设置的限制，备受关注的"特殊目的高中"如雨后春笋般建立起来。"特殊目的高中"以优越的教育环境，高水平的教师，相对灵活的课程设置，很高的一流大学入学率成为"平准化"制度外的"精英高中"。"特殊目的高中"分为四大类：第一类为科学高中，全国共有21所，全部为公立，主要以科学能力培养为主的教育；第二类为外语高中，全国共有30所，或公立或私立，主要以外语能力培养为主；第三类为国际高中，全国共有4所，或公立或私立，主要以培养全球化时代的国际精英为目的；第四类为自立型私立高中，全国共7

所，归属教育科学技术部管理，在财政自立的前提下享有自主办学的权利。2008年，新一届政府上台后启动了以创建300所新型高中为核心的"高中多样化300工程"，包括在农村地区创建150所寄宿制高中、在地方创建100所自律型私立高中、产学联合办职业教育的50所"达人高中"等。其中，"达人高中"的专业设置大多与新兴产业有关，如电子、机械、造船、半导体、钢铁、汽车、能源、港口物流、医疗器械、手机、机械自动化设备、新媒体技术等。"达人高中"的最大特点在于可与企业保持密切联系。对于未入选"高中多样化300工程"的高中，教育科学技术部计划实施了"特色学校建设项目"，目的在于改变"平准化"时代千篇一律的高中课程模式，使各学校课程尽量符合不同学生的不同需要，特色学校建设项目将"建设学生和家长都满足、自豪的学校"作为办学目标，以各学校的特点与条件为基础，设置和发展诸如"与紧邻校建立课程连带""培养领导能力""过敏与肥胖预防"等特色课程。

韩国政府于1968年制定了新的《国民教育法》，为了大力发展职业教育，吸引初中毕业生报考实业高中，政府采取了如下措施：①优先保障实业高中毕业生就业，就业后即能获得熟练工人证书；②就学实业高中的学生比人文高中的学生有更多的机会获得奖学金和其他补助；③免收10%~15%的学生学费；④参加高考，当普通高中和实业高中的学生成绩相同时，优先录取实业高中毕业生。20世纪70年代以后，随着初中就学人数的迅猛增加，高中入学竞争异常激烈，使得每年有大批的初中毕业生不能升入高中学习。为此，韩国政府于1974年在釜山和首尔建立了广播函授高中，以便使那些初中毕业后未升入高中的青年和成人能够继续接受高中教育。函授高中学制与正规高中一样均为三年，课程包括正规高中教学大纲规定的全部内容，毕业后享有正规高中毕业生的同等待遇，但函授高中的费用仅仅是正规高中所需费用的五分之一。

为大力发展适应个别化要求和发展特殊才能的高中教育。20世纪80年代以来，韩国在原有科技高中、艺术高中、体育高中等24所开发特殊才能高中的基础上，1986年开始兴办科技高中，专门对那些具有突出科学和数学才能的学生提供适当的教育，最大限度地开发他们的智力和能力，以培养成为优秀的科技人才，在各道、市开设一所科技高中，以集中培养适应科技发展和产业发展的高科技人才。1990年又开始设立外国语高中，以培养大量的外语人才，为韩国进一步跻身于世界舞台筹备人才。在普通高中，通过特别活动及课外活动向学生施以适应学生所需和学习进度的特殊教育。对于未能升入大学的高中生由劳动部负责委托职业训练所施以"一人一技"教育。至90年代初，韩国高中阶段教育已经由过去的结构单一、数量少、质量低走上了多样化发展、多科类并举、多渠道实施的发展轨道。

我国尽管从办学体制、办学模式、培养模式等维度可以将高中学校划分为多种类型，但多属于二分法，非此即彼，如公办高中与民办高中、普通高中与职业高中、示范高中与非示范高中等，在普通高中内部类型较为单一。有必要根据社会发展需要和学生个性差异，将普通高中进一步细化为学术性高中、科学高中、艺术高中、外国语高中、一贯制特色学校、一体化特色学校、普职融通高中等多种学校类型，实现高中多样化发展。

第四节 课程设置的多样化

班级授课制是现代教育的基本教学制度，其优点是教师可以根据课程标准对全班学生按一种要求授课，保证他们达到一个较高的水平，缺点是无法关注到每个学生的需要，难以实现因材施教，由于高中阶段是学生人生观和价值观形成、身心发展、志趣分化的关键时期，也是学生人生职业规划和分化发展的重要阶段，但大多数学生发展倾向是需要在高中阶段逐步清晰的，如果将普通高中学校进行分类，学生在入校前做了选择，但进入高中学校后的课程学习将会受到很大的限制。因此，发达国家主要通过在高中阶段开设多样化的选修课程、建立选修制度以及学段衔接课程等方式，将选择权交给学生，让学生在选择中逐步明确发展方向。

一、高中阶段课程的设置

（一）美国

美国是一个分权制国家，没有全国统一的学制，也没有全国统一的课程。通常的做法是由地方教育委员会组织一个专门的课程委员会，成员包括课程管理人员、指导专员、校长、教师以及家长，依据共同的认识确定课程标准和编制具体课程。在设计课程时，强调"四原则"：即以学生为本的原则、及时反映科技新发展的原则、适应周围环境变化的原则，以及多元文化的原则[1]。20 世纪 90 年代，由于缺少统一的标准，各州之间教育质量的参差不齐已经成为美国教育的一个突出问题。为了引导各州开展教育改革、提高教育质量，联邦政府授权一些主要的职业和学术团体编制不同学科的非强制性国家标准，逐步确定了英语、数学、科学、社会研究、艺术、外语等基础性课程在学校教育中的重要地位。2001 年 10 月，全美高中最后一年委员会正式发表了名为《放远我们的视野：不让一个高中生落后》的重要报告，该报告以"不让一个高中生落后"为目标，提出了以提高成绩（Raise Achievement）、加强衔接（Improve Alignment）、提供更多的选择（Provide More Alternatives）为主要措施的"三 A 计划"。

美国高中的课程结构，大致可以概括为核心基础的必修课程、丰富多样的选修课程以及各种怡情益智的教育计划等几种类型。

（1）必修课程。是要求学生必须掌握的基础知识和必备的技能，尽管各州的必修课程设置不尽相同，但对核心基础课程的认定渐趋统一，主要包括语言艺术、数学、科学、社会研究、体育与健康等。美国高中学术类必修课程对不同的学生而言也是各不相同的，学校大多把它们分成不同的水平来设置，如"基础""普通""先进"和"高级"四级，或"普通""先进"和"高级"三级。其中，高级也称为"大学先修课程"（Advanced Placement）。学生可以在指导教师、家长的帮助下，根据自己的学业水平和发展意向选择不同层次的课程内容。

（2）选修课程。各高中的选修课程可谓丰富多彩，既包括学生需要的为升大学做准备的高级课程，也包括各种时尚、趣味、实用的社会与生活课程。学生通过丰富多样的选修课程的选择与学习，自主设计知识结构和能力模式。选修课程涉及面广，并且不断推陈出新，以满足学生各方面的兴趣爱好，开拓他们的视野，发展其个性特长。丰富多样的选修课程不胜枚举，有的学校可提供的选修课程多达 200 余门。

（3）教育计划。美国中学开设的另一部分课程是以活动（activities）或项目（projects）的形式出现的教育计划，有的学者也把这样的活动或项目称为情意课程或活动课程，旨在关注和培养学生的情意性品质、促进和发展学生的个性化体验。这些计划或项目往往与学科知识密切联系，并且常常是跨学科的、综合性、实践性都很强。这一课程领域兼容学生们的探索发现、建构式认知、研究性学

---

[1] 李其龙，张德伟. 普通高中教育发展国际比较研究 [M]. 北京：教育科学出版社，2008：55.

习、综合实践活动、创造力的发挥和创新精神的培养等多种功能为一体。研究课题可以自己设定，也可以在教师提供的诸多选择项目中自主选择，全过程可以完全由学生独立探索，也可以由指导教师提供支架式帮助。学生的课外活动被看作美国教育内容的组成部分，美国中学生的课外活动多种多样，可分为学术性、娱乐性、体育活动和社区活动四类。学术性的包括自然科学、数学、电脑、写作、编辑、辩论等学生社团；娱乐性的有话剧社、合唱团、乐队、舞蹈队、摄影社、桥牌社、未来农民社、少年企业家社等；体育类的包括各种运动校队、体操队、啦啦队等。

美国学校依据课程的难易程度分为"基础""一般""荣誉""高级"四个等级，供不同年级和学习水平的学生选择。选修课的覆盖面则非常广泛，大部分中学开设百余种课程供学生选择，既有教授实用性知识、既能满足学生高中毕业后就业需要的课程，也有具有大学水平的大学先修课程和双学分课程❶。大学先修课程（简称AP）是由美国大学委员会（CEEB）在美国高中设立的一个教育项目，旨在为学有余力的高中生提供选修大学水平课程的机会。目前，美国许多高中在英语、科学、数学、社会学等重要科目方面均提供AP课程。学生需要参加由美国大学委员会每年5月组织的AP考试，达到相应大学所规定的分数才能折抵大学学分。联邦政府非常支持AP课程在各州的推广，通过"激励项目补助"将AP课程项目推广到低收入家庭的学生，"考试经费项目"则承担各州所有或部分低收入家庭的学生的AP考试❷。

与中国相比，美国的课程分类更加细化，学生可以根据自己的学习程度、兴趣、爱好选择相应层次的课程进行学习，在选择课程的同时，学生自然而然地进行了分流。

(二) 英国

英国高中课程结构的一个重要特征是强调高中课程的多样化和可选择性，第六学级设置了多样化的课程，使学生在课程方面享有尽可能多的选择机会，其菜单式的课程选择，更能满足学生多方面的能力、兴趣、爱好需求和发展倾向。保证课程具有可选择性的基本措施，就是合理调整必修课程与选修课程之间的比例关系，为高中生对课程的选择拓展空间。课程设置是高中教育的一个核心问题，

---

❶ 姚志敏, 谢利民. 美国高中教育：经验与启示 [J]. 天津市教科院学报, 2011 (2).
❷ 刘宝存, 罗媛. 面向21世纪的美国高中教育改革探析 [J]. 比较教育研究, 2010 (9).

课程集中体现了学校教育的内容、国家的教育方针和学校的培养目标，课程设置和教学内容如果有缺陷，学校教育就必然会有缺陷。英国最初的第六学级只有3门课程：古典语文（拉丁文、希腊文、地理、历史）、外国语（主要是法语）和数学。随着学校类型的增加，教育性质的调整，课程内容的变化，传统的3门课程已经不能适应社会对人才知识多样化的需求，逐步增设普通常识、课外活动以及高级补充水平课程等。经过一段时期的试行，英国政府于2000年9月正式在整个英国推行新的课程❶，主要有如下变化：一是设立了新的普通教育证书（高级水平与补充水平），新的A-Level课程由AS-Level课程和A2课程（第六学级第二年的高级水平课程）两部分组成。英国资格与课程局列出了可供第六学级学生选择的72门A-Level课程及其大纲。二是引入关键技能（Key Skills）课程，提出六种关键技能：①交流（能够积极有效地进行商谈、阅读、写作）；②数字的运用（在真实的生活情境中运用数学知识）；③信息技术（应用计算机与互联网）；④与他人共同工作（学会如何成为工作团队的一部分）；⑤提高自己的学习能力及成绩（能够在取得的成绩上设定新的目标继续前进）；⑥问题解决（意识到问题、找出问题并设置不同路径解决问题）。每一种关键技能分三种水平（基础水平、中等教育普通证书水平、高级水平）❷。三是设置高级拓展证书（AEA）课程，是为第六学级中能力强、对现有课程已有深入理解的优秀学生设计的，一般是每门学科排名在前10%的学生才有资格报考，2002年，在17门课程中实施了高级拓展证书，这17门课程是：批判性思维、生物学、化学、经济学、数学、物理、地理、历史、英语、法语、德语、爱尔兰语、拉丁语、西班牙语、威尔士语、威尔士第二语、宗教研究，学生可以根据自己的实际能力及兴趣选择报考，在证实自己实力的同时，也增加了成功申请所希望报考的大学及专业的机会。四是改革国家通用职业资格（GNVQ）证书课程，改革前的GNVQ课程由12个单元组成，另加3个单元的关键技能，1门GNVQ课相当于2门A-Level课的分量。新的GNVQ课程由5个单元组成，1门GNVQ课相当于1门A-Level，其目的在于提高两类课程体系之间的等价性，从而提高整个课程体系的灵活性，鼓励学生在A-Level和GNVQ之间选择多种多样的课程组合，打通学术教育与职业教育之间的藩篱。

---

❶ 王凯. 英国普通高中课程改革的进展、困惑与对策［J］. 世界教育信息，2005（3）：5-7.
❷ 王凯. 主导政治经济理论模式更迭下的英国高中教育百年嬗变［J］. 经济研究参考，2007（34）：34-42.

英国的高中教育课程改革是围绕考试改革（即其证书制改革）进行的，课程改革是以考试改革为航标引导的，课程适应考试，考试引领课程。普通高中和职业高中主体是一种校内的分轨制，是一种依据学生的选择而区分的课程分化制。选择学术类课程的学生可以一门心思地准备升入大学，而选择职业类课程的学生可以根据以后自己想从事的职业学习相关专业，通过各类考试，取得相应的职业资格证书。通过几次大刀阔斧的课程改革，英国政府把对教育的关注逐渐转移到对学生的关注上：从高中教育只是少数人的特权到开始把更多的人包含在教育关注之中，教育为更多的学生服务；从教育要促进学生多方面的发展，到教育促进每一位学生多方面的发展，并为每一位学生的未来作充分准备，其教育逐渐走向以"人"为本的发展之路❶。总之，英国高中阶段教育非常注重课程的多样化和选择性，使学生享有尽可能多的选择机会，满足学生多方面的能力、兴趣、爱好需求和发展倾向。同时，高中阶段的课程与教学既要为高等教育的发展服务，为高等教育输送合格新生，为资优学生提供挑战性课程，又要为学生的就业和生活做准备，接受必要的职业技能教育，培养必要的就业能力，从整体上促进了就业人员的技术水平和能力，具有坚实的关键技能基础，将有力地促进个人终身学习、工作和生活质量的提高。此外，英国非常注重高中学生外语能力的培养，所有高中都开设多种外语供学生选修，如西班牙语、法语、德语、拉丁语及希腊语等。

（三）德国

1972年，德国各州文化教育部长会议签订了《关于改组中等教育第二阶段上完全中学高级阶段的波恩协定》（简称《波恩协定》），规定了制定新教学大纲的方向，把全部学科划分为必修学科和选修学科两个部分，必修学科部分再划分为所有完全中学类型共同的学科和各类型完全中学特有的学科两类。《波恩协定》明确提出了完全中学高级阶段的主要目标，即在课程结构上，在确保学生获得共同基础教育的同时，为个人的专门化教育提供可能性，并使教学的内容与形式适合高等学校的要求。《波恩协定》为普通教育和职业教育之间的合作试验提供了可能性。在教学组织方面，《波恩协定》对传统的教学组织做出了两大改革：一是高级阶段不再按学校类型划分（即按古代语言、现代语言、数学——自然科学三种类型划分）；二是解散以前的年级组织，实行无班级制，代之以学程

---

❶ 徐辉，任钢建. 六国普及高中教育政策与改革的国际比较 [M]. 北京：教育科学出版社，2010：2.

制，同时开设基础学程和特长学程，让学生按学程上课。开设基础学程的目的在于使学生掌握有关科学的基础知识，开设特长学程是为了使学生加深对科学预备知识的理解和扩大专门知识，发展每个学生的特长。每个基础学程和特长学程一般持续半年，即一个学期。《波恩协定》把学程分为必修和选修两个领域，其目的是使学生一方面通过必修领域课程保证能够掌握必要的基本知识，另一方面通过选修领域课程又能够掌握自己有兴趣学习和适合自己学习的专门知识，并结合自己选择的特长学程形成自己的学习重点和发展方向，两个领域的各门学科都同时开设基础学程和特长学程两种课程。《波恩协定》还规定了完全中学毕业成绩的计算办法和毕业证书考试的办法，明确规定完全中学毕业成绩由学生平时成绩和毕业考试成绩两部分组成，特长学程成绩以 3 倍于基础学程的成绩计算，等等。《波恩协定》大力推进个别化课程与教学为学生提供了大量选修机会，有利于学生摆脱学校类型的束缚，使他们可以根据自己的发展倾向和爱好来确立个人的学习重点。同时，注重为学生提供多方面的选修，避免了因学习面面俱到而流于泛泛了解的弊病，在选定的重点上深化学习。

德国在完全中学学生成绩评定上既不采用学分制，也不采用分数制，而是采用近似学分制的积点制，在升学方面采取类似中学会考的制度。凡通过完全中学毕业证书考试者可以获得完全中学毕业证书，即大学入学资格，原则上有资格自由选择任何高校的任何专业就读。按照 1972 年《波恩协定》，完全中学高级阶段的最后一个学期通常是举行完全中学毕业证书考试的时间。准考条件是完成所规定的一定性质和数目的课程与课业，平时成绩达到一定积点数，起码为 180 点。毕业考试由笔试和口试两部分组成，考试学科共 4 门，其中 2 门是应考者按规定必修的 2 门特长学科，还有 2 门是基础学科，由应考者自由选择。普通高校入学资格是通过学生在第 12 学级和第 13 学级的基础学程和特长学程中取得的学业成绩和完全中学毕业证书考试成绩加以证明的。1988 年 4 月，文化教育部长会议协商后对完全中学毕业成绩计算方法进行了修改：总成绩由三个部分组成，第一部分是 22 门（以前是 20 门）基础课程的成绩；第二部分是 6 个特长学程的成绩和其中 1 个特长学程的书面作业（或称论文）成绩；第三部分是 4 门毕业考试学科最后一学期的平时成绩及在完全中学毕业证书考试中的笔试和口试成绩。每门基础课程最高成绩为 15 个积点，最低几个成绩为 30 个积点。每门特长学程相当于基础课程双倍（以前是 3 倍）的成绩，每门毕业考试学科成绩按原成绩 4 倍计，

1个特长学程书面作业的成绩最高为30个积点。❶

尽管德国是一个高度发达国家，科学技术水平很高，但其职业教育入学率比重还是高于普通教育入学率，在德国无论什么行业的员工都要求受过一定的专门培训，德国生产的产品之所以科学技术含量高，同其强调各行业员工都要受过专门培训是分不开的，正因为其员工受教育水平高，才能生产出高质量的产品，这也启发我们必须重视青少年的职业技能教育。

（四）法国

1998年，由教育学家梅里厄（Meirieu, P.）领导的委员会在题为《在高中教授什么》的调查报告中，提出了"共同文化"（la culture commune）的概念。报告指出：共同文化应该以高中毕业目标的形式表现出来，它是各类高中的唯一参照。共同文化体现在高中所教授的所有学科中，是学生必备的技能和文化知识。报告建议"共同文化"包括以下科目：法语，历史—地理，公民、法律和政治教育，体育，艺术表达等。法国高中的课程表是按照阶段和专业来设计的，高中三个年级的课程分为三大板块：高一年级分为面向所有学生的共同教育、有助于高二专业分化的决定教育和自由选修教育；高二年级分为必修教育、必选教育和自由选修教育；高三年级分为必修教育、专业选修教育和自由选修教育。法国21世纪高中课程改革的一个重要方面就是课表中设立了3门课，即高一年级面向部分学生的个体化帮助，普及整个高中的公民、法律和社会教育，以及高二年级和高三年级的框架性个人研究。改革还强调指出从高一年级开始对学生进行真正的环境教育，从多学科的角度把生物学、地球科学、化学和地理等学科结合起来。

进入21世纪以来，法国课程改革持续推进，并于2006年颁布"共同基础"法案，指导中小学教育改革。近几年，法国课程改革的力度和步伐逐渐加大，2009年在高一进行改革，2010年在高二进行改革，2011年在高三开始改革，此后法国教育部陆续出台新的法案，修正高中课程改革的具体措施。从法国在2000—2015年的PISA测试表现来看，虽然法国学生学业成绩一直处于测试国家平均线以上，但是排名从2012年的第25名下降为2015年的第27名，可以看出法国学生的总体水平还是有上升的空间。在这样的背景下，法国以"让每一个学

---

❶ 李其龙，张德伟. 普通高中教育发展国际比较研究[M]. 北京：教育科学出版社，2008：138.

生都成功"和"消除教育不平等"为宗旨实施教育改革❶。2015年3月,法国教育部正式颁布《知识、能力和文化等共同基础条例》,即"新共同基础"条例。从2016年开始,法国在中小学开始实施新的"共同知识和基础"。法国中小学课程结构主要有两个特点:一是在义务教育阶段,强调国家必修课程,为学生打好坚实的基础,使学生能够达到"新共同基础"的要求;二是在高中阶段适当给予学生选择课程的自由,以适应学生发展和社会发展的多样化需求,为学生的未来发展做更充足的准备。法国高中有三个取向:普通取向、技术取向和职业取向,其中普通取向的高考(Baccalauréat)分为ES(经济与社会学)、L(文学)、S(科学)三种类型。高中阶段开设必修课和选修课,学生可以在一定范围内选择选修课。高一学生的课程是公共基础课、探索课以及小组讨论课,其中探索课就是选修课。为了让学生按照各自的兴趣进行选择,一共设置2门探索性选择课程(enseignementd'exploration au choix),由于经费以及课时要求较高,由学生自己决定修1门还是2门。探索课学时为2×1.5小时/周,学生可从14门课程中进行选择,其中第一门课程有强制性规定,需要学生在"经济与管理基本原理"与"经济与社会科学"中进行选择。第二门课程由学生在其他可选课程或第一次未选的经济类课程中选择,备选课程涉及面较广。选择这些课程的目的是让学生在正式高考前检验自己的喜好和能力。高二和高三时期,学生已经选择了学科方向,必修课程由两部分组成:公共基础课和学科专业课。这一时期,三个方向的学生选修课的范围基本相似,主要从计算机与数字创意、第三外语、古代语言与文化(古拉丁语、古希腊语)、体育、艺术这6门课程中选择2门进行学习,此外S科的学生还可以从马术和社会文化实践中进行选择。❷

(五)日本

在"二战"后至今的60多年里,日本高中的课程标准(日本称为"学习指导要领"共有8个版本,进行了7次改革、修订),改革的主要原因是缘于日本社会经济发展和适应普及高中教育的需要。1999年第七次修订的《高中学习指导要领》明确规定:"普通高中要在考虑地区和学校的实际情况以及学生的特性、出路等的基础上,根据需要、确保适当的职业类学科及科目的修习机

---

❶ 平芳. 法国中小学结构课程的时代特点及其启示[J]. 课程教学研究,2017(12).
❷ 平芳. 法国中小学结构课程的时代特点及其启示[J]. 课程教学研究,2017(12).

会。"❶，表明普通高中的学生也应学习一定的职业类课程。以实施普通教育、教授普通学科为主的普通高中课程，包括学科课程、特别活动和综合学习时间三部分。为了有助于编制有特色的课程，各学校根据所在地区、学校自身和学生实际情况，针对学科特点等，可以在《要领》规定的学科中设置规定科目以外的科目，还可以设置《要领》没有规定的实施普通教育或专门教育的学科及相应科目，前者叫作学习设定科目，后者叫作学校设定学科，两者的具体名称由各学校自行决定。面向所有高中生开设的普通教育课程包含 10 门学科，每门学科都由若干科目构成，1999 年版纲要合计 59 门，2009 年版纲要合计 48 门，每门学科都包含了水平不同或者内容重点不同的多门科目。除教学纲要呈现的科目外，学校还可以自设科目。而教学纲要中的科目只有少部分被列为必修科目，其余都由学生自由选择。由于一门学科由难度和内容不同的多元科目构成，学生便可以根据自己的兴趣、能力倾向和发展方向等选择适合自己的学科，形成个性化课程。

新旧两版教学纲要都规定所有高中生毕业时修满 148 学分，其中必修科目的学分总计不低于 62 分，学校自设科目的学分不超过 40 学分。教学纲要呈现的是课程的最低标准，这一方面是为了保证部分学力水平不高的学生可以顺利完成高中学习，体现高中是"人人想进就可以进的学校"，另一方面也是为了保证所有学校能够针对学生不同个性和发展需求编制多样化课程和特色课程，更重要的是，保证所有学生能够在完成基本科目的学习之后，在某一学科领域开展更深入的自主探究学习和问题解决学习，实现 20 世纪末课程改革所谋求的培养"生存力"的目标。1999 年的教学纲要明确要求各所高中开设多种多样的学科和科目，以适应学生个性特点以及升学或就业的不同发展方向。而且，如果学校设计多种类型的学程，学生选择任何一种学程学习时，都要允许学生自由选择该学程之外的科目，可见课程的选择性受到了相当程度的重视。但是，不同高中的课程选择范围存在很大差异，大多数高中都会考虑到学生完全自主选课会带有很大的盲目性，且增加课程管理的难度，因此各校都为学生设计多种可称为"课程套餐"的学程。这些学程按照升学或就业的不同要求，将共同基础科目与各种选修科目进行多种组合，学生只要根据自己的兴趣和今后的升学或就业的去向选择任何一个学程，就可以免去完全由自己选择科目而产生的困惑和盲目性。为了保障每一

---

❶ 转引自：文部省. 高中学习指导要领（文部省告示，1999 年 3 月）[S]. 东京：财务省印刷局，1999：11.

个学生都得到符合其个性特点的发展，课程就必须多样化。日本高中每一门学科都由若干难度或内容重点不同的科目构成，让学生自由选修。课程标准对每一门科目的目标和内容都设定了一个标准，因此学校开设任何水平的科目都有据可依。此外，大学各专业的招生考试也可以依据各科目的标准设定不同水平的考试要求，使高考标准与高中课程标准建立密切联系❶。与中国的高中课程相比较，日本对高中生的共同必修科目的修读要求显得很低，尽管年教学纲要适当提高了必修科目的学习要求，但是日本依然维持教学纲要作为课程最低标准的性质，这是为了保证更多想上高中的学生能够坚持上学，并在学业上有所收获，最后能顺利毕业。设置一个课程学习的底线，更有利于课程目标的落实，尤其可以防止学困生因跟不上学习而辍学。与此同时，日本高中教学纲要明确指出，各校可以增加科目的课时和学分，并自主开设各种学科和科目。编制学生可自主选择的多样化课程，将增加课程编制的复杂程度，对于各科课程标准研制者和各所学校的课程编制能力将提出巨大的挑战，也将给课程实施和学业管理工作增加难度，给课程管理人员和教师增加不少工作量。日本为高中课程多样化所做的探索和经验值得我们借鉴。

（六）韩国

韩国的高中课程自 1954 年第一次改革以来，已进行了七次改革。第一次课程改革（1954—1963 年）旨在全面更新韩国的教育，实现全人教育的目标；第二次课程改革（1963—1973 年）是建立"以生活或经验为中心"的改革；第三次课程改革（1973—1981 年）强调道德思想教育和知识技术教育的有机结合，自我实现与国家发展的协调统一；第四次课程改革（1981—1987 年）是实施系统的国民精神教育，适当增加科学技术教育的内容，最终实现全人教育的目的；第五次课程改革（1987—1992 年）总的指导思想是："培养主导信息化、开放化和国际化的高度发达的 21 世纪社会的具有主题精神、创造精神和有道德的韩国人"；第六次课程改革（1992—1997 年）提出了分科制度，将高中分为职业高中（或专业高中）和普通高中两种类型，5 个系统，即普通高中的普通系统、职业高中的实业系统、专门高中的科学系统、体育系统和外语系统，普通高中分为 3 科——文科、理科、职业科，其中文科和理科属于升学性质，职业科主要为就业做准备，还提出了必修与选修相结合，统合课程内容，减少科目数量，设置属于

---

❶ 沈晓敏. 日本高中课程的多样化特征［J］. 外国中小学教育，2012（12）.

普通课程的教选修课,即把教育学、逻辑学、哲学、心理学、生活经济和宗教各设为2学分的科目作为教必选。其鲜明特色是突出了学生的主体精神和创造精神,实行多样化的课程结构,精简必修课,扩大选修课,要求通过特别活动对道德教育、环境教育、经济教育、涵养教育、保健教育、前途教育等给予重点指导;实行二元化、开放型的课程体系,大量增加和新设多种水平和不同特色的课程,使学生可以根据自己的状况来学习和掌握所需要的知识和技能。

韩国第七次课程改革(1998—2000年)要求将以往以教科书为中心、以"供给者"为中心的学校教育体制转变为以课程为中心、以教育需求为中心的教育体制;充分考虑地区及学校的特性、自主性和创造性,开展富有个性的多样化的教育,开设多种类型以选择为中心的满足学生个人需要的课程。明确规定了国语、道德、社会、数学、科学、体育、技术与家政、音乐、美术、军训、特别活动等各类课程的目标与内容。此外,还对计算机教育、前途教育、经济教育、安全与保健教育等专题性教育做出了明确规定。考虑到普通高中二、三年级学生的能力、兴趣和将来的出路,韩国建立了以选修科目为主的课程体系,废除了以前普通高中二、三年级所实行的五个系统的课程分类,开设多种类型的满足学生个人需要的课程。高中二、三年级的选修科目分为指定选修和自由选修两种类型。在指定选修科目中,由市、道教育厅指定的科目占高中二、三年级总授课时数的30%,由学校制定的科目占总授课时数的20%左右,学生在指定的领域内选择科目进行学习。自由选修约占总授课时数的50%,学生按照自己的能力、兴趣和将来出路自由地选择科目进行学习。[1] 韩国高中全部实行学分制,在三年学习时间内,学生必须修满204学分才能毕业。

总之,各国普通高中课程在强调保证共同基础的前提下,扩大高中学生自主选择的机会,从学生的经验出发组织课程,将知识技能的学习与能力的培养结合起来,以课程内容的更新和课程结构的优化为核心,致力于使每一所学校成功,使每一位学生成功,出现了促使教育与生活、理论与实践、升学与就业有机结合、兼顾学生个性发展和社会需要的多样性发展新趋势。各国课程改革在强调课程的多样性与选择性的同时又要保证课程的基础性,多数国家将课程的多样性与选择性以及课程的基础性统一于课程结构体系的一个整体之中,采用必修课程和选修课程相结合的方式来实现有效统一。有的是将必修课程与选修课程的完全结

---

[1] 李其龙,张德伟. 普通高中教育发展国际比较研究[M]. 北京:教育科学出版社,2008:266.

合，如美国、日本等；有的是按年级阶段实施必修课程与选修课程，如法国、德国等。课程改革强调对学生适应性能力的培养，许多国家为此积极谋求学术性课程和非学术性课程的结合，如美国高中开设的课程中包括各种时尚、趣味、实用的社会与生活课程，英国高中阶段普遍采用的课程的核心学习部分就包含有职业教育证书课程部分，日本普通高中的学生也应学习一定的职业类课程。新《指导要领》规定的"职业类学科及科目"要在农业科、工业科、商业科等13个实施专门教育的学科及每门学科所包括的多门科目中选择。此外，各国高中课程改革都是基于高中生学习兴趣的不同，以及能力的多样性，为了培养其个性和综合发展，各国课程改革也体现出了学科课程与活动课程相结合的特点。

二、学段衔接课程的设置

各国大学先修课程设置是全面而多样的，强调的是基础课程与通识课程的交融、人文精神与科学精神的交融，十分注重学生综合能力的培养，其中，以AP课程和IB课程最具代表性。AP课程（the Advanced Placement Courses）是由美国大学理事会推出的课程，译为"先修课程"，是在高中阶段开设的、供高中生选修且达到大学学术标准与学业水平的课程。IB（International Baccalaureate）是由国际文凭组织推出的课程和考试项目，它面向16~19岁高中生的"大学预科文凭项目课程"，被视为通向世界名牌大学的通行证。IB课程和AP课程都是很优秀的国际课程，被全球教育界认为是具有较高学业水准的教育项目，在全球范围内迅速发展壮大，成为国际学生考取国外大学的最理想选择。近年来，IB课程得到了越来越多学生、家长和学校的认可，本研究主要以IB课程为例进行剖析。

从理念层次看，美国在办学上更尊重教育规律，强调以学生为中心的培养模式，重在培养学生的分析和解决问题的能力，认为知识学习是每一个人一生的事情，学生必须要掌握如何学习的能力，这样才能在经济全球化时代具有竞争力。IBO组织对于IB课程有明确的宗旨：IB课程致力于帮助学校培养全面发展的学生；以乐观的态度和开放的心态迎接挑战；学生对自己的身份充满信心；能够进行道德判断；倡导人道主义；能够将所学知识运用到现实世界中，用以应对复杂的和不可预知的情况，为未来发展做准备。由此可见，IB课程体现的就是一种既能适应社会发展，又能最大限度地展示和发挥个人才华，拥有国际视野，在全球范围内成功地实现自己梦想的教育观念，在强调广泛涉猎知识打开学习视野的同时，全面培养学生的能力。

IB 课程是一个从幼儿园一直延续到高中的完整课程体系。小学课程（PYP，the Primary Years Programme）是为 3~10 岁年龄段的儿童提供的，中学课程（MYP, the Middle Years Programme）是为 11~16 岁年龄段的学生提供的，文凭项目课程（DP, the Diploma Programme）是为高中最后两年的学生提供的。根据学生的年龄特点提供相应的课程内容，且课程标准全球统一，科学而先进。

1. 小学课程（PYP）

小学项目提供了一个全面综合的教学和学习方法，有一个完整的课程模型（见图 1-1），由六大学科主题构成：我们是谁、我们处于什么时空、我们如何表达自己、世界怎样运作、我们如何自我组织和共享地球。在六大跨学科主题统领下有六组学科领域，分别为语言，社会科学，数学，艺术，科学与技术，自我教育、社会教育与体育，它们不仅仅强调知识和事实的获得，还特别强调对思想的整体理解。六个跨学科主题提供了探索知识的框架，教师和学生在这些主题的指导下设计探索和研究课程单元。学生通过这些主题探索自己感兴趣的学科领域，不受传统学科的限制。在这个跨越学科的探索过程中，他们会理解一些重要的概念，获得基本的知识和技能，树立良好的学习态度，并且学会承担社会责任。

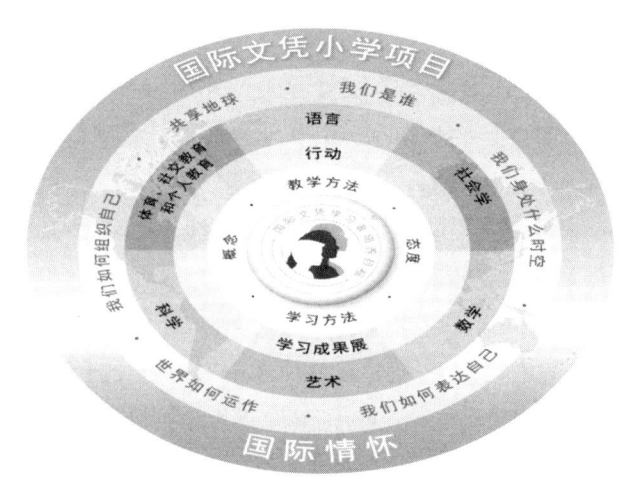

图 1-1 小学课程模型

2. 中学课程（MYP）

中学课程由四个相互作用的领域（Areas of interaction）和八个学科组成（见图 1-2）。"行动""服务""社区设计""个人设计"构成四个相互作用的领域。

彼此之间并没有明显的分界，融为一体为学生提供了体验课程学习的环境。在中学项目的五年期间，所有学生都要学习"语言习得""语言与文学""个体与社会""艺术""数学""艺术""科学""体育和健康教育"八个学科组。

图1-2 中学课程模型

3. 高中课程（DP）

图1-3 高中课程模型

IBDP课程项目共设六类学科课程和三门核心课程。六个基础学科领域包括：

语言习得（母语学习）、语言与文学研究（母语以外的其他现代语言）、个体与社会（包括历史、地理、经济学、哲学、心理学等）、数学（包括高级、中级和初级数学）、艺术与选修（美术设计、音乐、戏剧艺术）、科学学科（包括物理、化学、生物、环境工程等）。

IBDP课程还有三项核心课程，分别是：①创新、行动和服务（CAS）课程。此项课程鼓励学生通过参与学校文体活动、社会活动和做义工，要求学生在两年内要修满150个学时，鼓励学生的创新精神、领袖才能、合作品质，提高艺术修养，培养学生的同情心和社会责任感，关心他人，以达到超越课本知识，全面发展完整健康人格的目的。②知识理论（TOK）课程。此项课程是一个跨学科的课程，要求学生通过传授掌握知识的方法和哲学知识，培养学生的独立判断能力和辩证思维能力，另一方面，TOK培养学生的判断与综合归纳能力，鼓励学生对基础知识进行质疑，防止主观臆断和思想意识上的偏见，增强学生以理性基础进行分析和表达的能力，不断反思自己在学校和社会上获得的知识和经验，在学习中尽快找到适合自己的学习方法。③拓展论文（An Extended Essay）。IB课程要求学生把学习的知识和研究方法结合起来，对所学的某一学科进行原创性研究，独立深入探讨一个特别感兴趣的课题，通过学习一门不在IB课程内的课程来拓宽对课题认识的广度，并按照大学学术论文的写作要求，用九个月的时间从事独立研究，撰写出一篇4000字的英语论文。目的是使学生了解大学要求的独立研究和写作技能，培养学生独立钻研、贯通中西、综合分析的能力。这三项任务是对学生成绩考核的深入，即在做项目或者CAS活动中，学生的团队合作能力，思考问题、分析问题、解决问题的能力以及科研能力得以发展，关爱他人、为社会服务的意识得以强化。

如何思考是每个学科都要求的，IB课程通过对学生进行全方位的培养，旨在培养学生具有如下特点：强烈的学习责任心，讲求原则，独立思考，擅长沟通，关心他人，工作努力，具有时间管理技能，有明确的动机、良好的职业道德，有很高的标准，敢于提问，有组织技能、良好的态度、沟通技巧、书面表达、阅读理解、批判性思维能力，敢于接受批评；具有冒险精神、挑战自我的勇气、探究和好奇，知识渊博，集中精力、质疑与成功的动机。IB课程的这些特点，目的是让学生变成大学所希望的人才。CAS（创新、行动和服务）课程在充满学术味的IB课程中起到平衡作用。在两年的学习中学生要花150个小时参与那些有利于他们身心发展、创造能力与社交能力培养的活动，诸如到社区、敬老院、幼儿园去服务，当志愿者，才艺表演，一技之长的传授等。各项活动都有一名活动负责人监控与指导，并记录和评价学生的活动。同时还要求学生要有 CAS 活动日记，以记录自己的感想与启迪。

无论哪个阶段的 IB 课程都非常关注如下四个内容：教与学的方式（Approaches to teaching and learning）；以学习者为中心的教育模式（Learner-centered education model）；基于探究的课程（Inquiry driven curriculum）；全球视野（Globally focused），IB 高中课程学习的核心就是掌握学习方法，学习方法就是将深思熟虑的策略、技巧和态度渗透到 IB 的教与学的环境之中。IB 课程在教与学方式上特别关注思维技能（Thinking skills）、沟通技巧（Communication skills）、社会技能（Social skills）、自我管理技能（Self-management skills）、研究技能（Research skills）等。这些学习方法有效支持了 IB 理念，对学生的教育影响较大的不仅是你学什么而且你是如何学习的。

课程是实现教育理念的重要载体，我国在高中课程改革中虽然课程内容日趋丰富多样，课程结构进一步完善，学校拥有了更多的课程设置自主权，学生拥有了较多的课程选择权。但与 IBDP 的六大门类课程相比，从课程结构看，我国高中课程的设置领域过窄、门类过少，而且缺少体系。同时，高中课程以学术性课程为主，而学术性课程内容又与高等教育课程缺少密切衔接，因此，拓宽课程设置的领域，优化高中课程结构显得尤为重要。

IB 课程在课程内容上，除六大领域外，IB 课程的三项核心任务对于培养学生的全面素质具有重要作用，尤其是对于我国普通高中目前开展的学生综合素质评价具有重要借鉴作用。当前，我国基础教育阶段非常重视学生的综合素质，提出了明确的评价指标与要素，但同美国相比，对学生综合素质的培养大多停留在认识层面，缺少有效具体的转化。比如，在评价的主体上，教师依然高高在上地掌握着对学生的评价权，而本应作为主体的学生却被视作评价对象；在大学考试内容上，依然是一种以知识考察为主的学业考试，学生的综合素质很难被高校了解和认可。于是，便出现了这种状况：一边是基础教育反对高考一考定终身，主张综合素质评价，高中教师不得不疲于填写各种表格、评语，而另一边却是大学在高考录取时面对大同小异的学生综合素质评价报告单（或手册），无法判断孰优孰劣，只能将其作为参考，难以成为大学录取的重要依据。当前的社会综合实践活动取得了一定成效，但由于与高考缺少有机结合，活动组织者仍然以学校为主，没有成为学生的内在需求，初衷很好却依然流于形式，有必要借鉴 IB 课程中三项核心课程之一的创新、行动和服务（CAS）课程，与学生自我发展规划相结合，引导学生主动走进社区，服务社会，通过实践活动提高自身整体素质。

第五节　招考制度的多样化

高校招生制度是测试学生高中期间学习表现的工具，也是引导高中教育发展走向的方向标，在各个国家基础教育和高等教育中发挥着举足轻重的作用。一个国家的考试制度不仅蕴含了该国的历史文化传统，更是一个国家的人才培养规格和选拔标准的重要体现。招生考试制度主要包括高中学业水平考试和大学入学考试两种。由于各国政治体制不同，形成了两种不同的考试管理模式。一是地方分权的考试管理模式，这种模式通常发生在实行联邦制的国家中。联邦制的国体中，地方行政机构通常在文化教育领域享有充分的自治和自主权，联邦政府的教育职能部门主要协调各地方工作的一致性、制定和颁布纲领性文件和条例等。学生学业水平考试的具体管理、组织和实施工作主要由地方教育行政部门负责。美国、德国、加拿大、澳大利亚是属于这一类的管理模式。二是中央层面的考试管理模式，这类管理模式通常由国家一级的教育管理部门统管国家的教育事务，负责制定课程纲要、教育法规政策，组织实施国家范围的学生学业水平考试。各地方教育行政部门协助完成组织和实施工作，法国、英国、日本属于这一类的管理模式[1]。

一、美国

美国是高校招生采取高考制的国家之一，但高考成绩不是高校招生的唯一标准依据。美国是实行教育行政地方分权制的国家，这一点与美国的政治体制相契合。正是在教育行政地方分权管理的体制之下，才形成了美国高校入学没有全国统一考试的制度。美国根据高校类型和层次的不同，以高校为主体，在中学和各种考试机构的配合下实行三种不同的招生政策，亦即选拔性招生制度、开放性招生制度和特殊招生制度并存的高校招生模式。第一种是选拔性的招生模式。美国不同类型、不同层次高校的选择性程度有所不同。美国的CRG（高校研究集

---

[1] 杨向东，崔允漷. 关于高中学业水平考试的比较研究 [J]. 全球教育展望，2010 (4).

团）按 SAT/ACT 入学成绩、班级排名和录取率三项综合性选拔指标，把选择性高校分为强竞争性、高竞争性、较高竞争性和竞争性四类。竞争性越高，对 SAT/ACT 入学成绩、班级排名的要求也高，且录取率越低。第二种是开放性的招生模式，这种模式可分为两类：一种是完全开放招生模式，另一种是有限开放招生模式。社区学院大多采用完全开放招生制度，所有居住在社区学院所在地区的高中毕业生，或者没有高中毕业证书但通过了州的中学最低水平测验的学生，以及年满 18 周岁的本地区的任何公民，社区学院一般都予以录取。有限开放模式一般是一些州立高校、少数水平较低规模较小的私立院校和教会学校所采用的，这些高校对本州或认可学校的高中毕业生予以全部录取，但对其他中学毕业的高中毕业生有一些限制，限制的办法是对中学最低成绩、班级排名要求参加某种测验有所规定。第三种是特殊招生模式，除了选拔性和开放性的招生模式外，美国高校还对少数民族、特长生、校友亲属、弱势学生等群体实施特殊招生政策。美国大学对高中毕业生实施的是全方位多元化的录取方式，美国大学遵循的是自治原则，招生录取的标准和规定由每一所学院或学校做出。因此，美国大学在录取标准上存在着明显的差异。但就其共性而言，大学在招生录取时，强调的核心是选拔适合在本校学习的那类学生。他们往往从以下几个方面来考核学生：

（1）大学入学考试成绩。美国没有法定的全国统考，但大学入学考试却具有相对的统一性，美国高校招生考试的组织工作主要由权威的、非营利性质的美国教育考试服务中心（Educational Testing Service，简称 ETS）和美国大学考试中心（The American College Testing Program，简称 ACT）分别组织的 SAT 和 ACT 考试。SAT（Scholastic Assessment Test，学术能力评估测试）是目前美国最通用、最具权威的一种升学考试。SAT 考试源自于 1926 年的学术倾向测验（Scholastic Aptiude Test），到 2004 年，细分为 PSAT、SAT 推理考试（SAT Reasoning Test）、SAT 学科考试（SAT Subject Test）。PSAT 是 SAT 的预备测验，虽然有不少学生参加此项考试，但并没有得到美国大学新生选拔时的重视，因而人数明显不如其他两项考试多。SAT 推理考试的主要目的是评价学生的认知、分析以及解决问题的能力。SAT 推理考试每年有 7 次考试机会，申请者通常在 11 年级就可以参加考试。SAT 推理考试由写作、数学和批判性阅读三部分组成，每一部分的成绩量表为 200~800 分，考试总时间为 3 小时 45 分钟。SAT 学科考试的主要目的是测试学生学习多种科目的理解能力和水平。包括英语（文学）、历史（美国历史和世界历史）、数学（水平 1 和水平 2）、科学（生物学 E/T，化学，物理）和语言

（汉语、法语、德语、西班牙语、以色列语、意大利语、拉丁语、日语和韩语）等5部分，涵盖了近20门高中阶段的课程。SAT学科考试每年进行五次，但每次考试的科目不同。各科考试时间均为1小时，题目以多选题为主要形式，SAT学科考试的成绩是美国大学招生、课程分班以及指导学生课程选择的重要依据，同时也是评定奖学金的重要参考指标。需要SAT学科考试成绩的主要是世界名校或比较好的私立或公立大学。ACT属于成就测验（Achievement Test，学业测验），是以中学所学课程内容为依据，侧重于对所学内容掌握程度的测试，旨在测查学生是否为大学学业做好了知识与技能方面的准备。ACT考试旨在通过考查学生运用所学知识的情况来判断他们是否具备进入大学学习所必需的基本能力。现行的ACT考试内容和SAT考试相比较，与高中教学的关联程度非常高，以考生所学高中课程（英语、数学、科学）的内容为基础，直接测量考生的分析、解决问题和批判性评价书面材料等高校学习所必需的能力与技能，而且语言和数学部分试题范围有所扩展。ACT考试每年举行5次，具体时间分别是2月中旬、4月初、6月中上旬、10月底和12月初，不过每年9月下旬考试中心会在部分州增加一次考试机会。如果成绩不理想，可以多次参加考试，取最好的成绩提供给大学作为入学标准。ACT考试相对比SAT容易，美国中西部大学或州立大学一般都愿意接受ACT成绩。无论是SAT还是ACT，其成绩均在两年内有效。

（2）高中平时成绩（GPA）和所修课程GPA。是学校对学生高中时每学期每门学科的平时作业和考试以及家庭作业、读书报告、课堂行为等分数按一定比例计算出总分。GPA从高到低分为A、B、C、D、F五级，一般大学都要求C级以上。大学在招生时，对学生所修课程也有一定的要求，主要包括课程内容、课程分布和难度水准，以考察课程是否全面地反映了学生的文化修养和学术倾向。各大学因办学方向和培养目标不同，分别有不同的要求。

（3）其他方面。除了对学生学业成绩和学术能力测试外，大学在录取新生时还会从多个角度衡量学生的综合素质：①入学短文和推荐信。要求学生写一篇短文说明自己上大学的目的及选择这所大学的理由或就某个主题谈谈自己的看法，并提供中学校长或任课教师的推荐信，从第三方的描述中了解学生的特点、才干和能力。②社会实践活动。美国学校特别重视对学生品行的培养，学生不管学习压力多大都要尽可能去参加公益活动，主动去担当领导者。参加过哪些社区活动、所担任的职位、获得的奖励以及相关证明，做过社区义工的学生更有竞争力。③面试。通过面试，对学生的能力会有直接的、更客观的了解和评价。此外，有特殊才能的学生可以破格录取❶。此外，这种多元性表现在 IB 文凭课程的考核方式，是从校内的平时成绩、实验记录、CAS 活动参与记录、口头陈述、长篇论文的撰写到课程结束的最终统一命题考试等对学生的全面考核。总之，学生申请大学时，要求从不同角度讲述自己的故事，向学校证明自己正是学校所需要的那类学生。美国大学录取标准实际上为美国高中教育提供了明确导向，好的高中一定设法多开设一些荣誉层次和大学预选层次的课程，学生是否愿意挑战自我，选择难度大的课程，是录取过程中的一个最重要的得分点。

二、英国

英国的考试制度具有悠久的历史，1917 年英国中央教育局成立了中学考试委员会，主要由大学考试机构、教师和地方的教育部门代表组成，考试分为学校证书（SC）和高级学校证书（HSC）两级。学生在 16 岁时完成学习，并且必须通过 5 门基础学科的考试。SC 考试起着毕业考试和大学入学考试的双重作用，这奠定了英国现行大学入学考试制度的基础。1951 年，普通教育证书（GCE）取代了原来的"学校证书"考试。GCE 考试面向所有想上大学的青年，考试为单科性质，分为普通水平（O-level）和高级水平（A-level）两级。由于 GCE 的高级水平考试偏重于学术性，难度较大，大量考生及格无望，为能使更多成绩一般的学生也有参加国家考试的机会，在保留普通教育证书考试的同时，英国于 1965 年开始推行中等教育证书（CSE）考试。1984 年，英国将 GCE 考试与 CSE 考试合并为普通中等教育证书（General Certificate of Second Education，简称 GCSE）考试。这是面向 14~19 岁年轻人的资格证书考试。学生一般在第 4 个关键学段结束时（一般为 16 岁）参加普通中等教育证书考试，该考试的成绩分为 A^*—G 共 8 个等级（其中 A^* 为最高等级），具体考试科目包括英语、数学、科学、技术、历史、地理、音乐、体育、现代外语及宗教等课程。1988 年的教育改革法颁布以后，英国第一次实行了中等教育普通证书（GCSE）考试，但同时为了能为大学选择优秀的学生，普通教育证书高级水平（GCE A-level）考试依然在高中教育阶段推行。1989 年，英国又增设了"高级补充水平普通教育证书（GCE AS 级）"。2000 年，英国高中新课程改革设立了新的普通教育高级水平证书，它包括高级补充水平（AS level）和高中第二学年的高级水平（A2）两部

---

❶ 姚志敏，谢利民. 美国高中教育：经验与启示［J］. 天津市教科院学报，2011（2）.

分，共六个单元，每一个单元的考试又分为两种——校外考试和校内相关课程的考试（包括学生平时的表现记录）。

英国学业水平考试具有多样性、选择性、多元化、灵活性等特点，体现了"以学生为中心"的宗旨，为每个学生按照自己的个性、期望和能力倾向自由选择创造了平等的机会，适应了人才多样化发展的需求。

1. 考试功能的多样性

作为一种资格证书考试，GCSE 考试兼有学业水平检验、就业证明和大学录取资格凭证三重功能。GCSE 考试作为一种标准参照性考试，目的是全面准确地反映高中结业学生在学科学习方面所达到的水平。学生在第四个关键学段结束时（一般为 16 岁）参加考试，具体考试科目包括英语、数学、科学、技术、历史、地理、音乐、体育、现代外语及宗教等。考生从中任选 5 门，考试成绩按等级评定。GCSE 考试检验了学生的学业知识水平，为高一级的学校、用人单位、学校师生及家长提供教学结果的全面信息。16 岁学生参加考试并获得证书后，就可离开学校，直接就业。GCSE 考试成绩为企业提供了可以相互比照的系统。GCSE 考试在一定程度上还起着就业证明的作用，一些用人单位明确要求应聘者必须要有一定的 GCSE 考试成绩，尤其是 2003 年开设的 GCSE 职业科课程，其成绩对离校后的学生进入社会寻求职业具有重要作用。GCSE 考试同时也是学生升入高等院校的凭证之一，英国对于大学入学的要求有着明确的规定：一般高校的招生都要求至少通过 5 门、不超过 9 门的 GCSE 成绩，A 水平的成绩要求 2 门以上，有些名校甚至要求 3 门以上，对每门课程的具体成绩的要求也不尽相同。不同的大学对于不同专业的招生成绩也有不同的要求，招生的针对性很强。

2. 考试科目的选择性

英国 GCSE 拥有完整而成熟的考试体系，为考生提供了上百种考试课程，如英语、数学、设计与技术、语言、自然科学、信息与交流技术、体育、艺术与设计、商务、戏剧、经济学、工程学、卫生与社会护理、休闲与旅游、音乐、物理及宗教等课程❶，涉猎广泛，满足了不同学生的需要。英语、数学、科学作为国家规定的三门核心学科，是必考科目，除此之外，学生可以在语言类、技术类、人类学、人文社会类、艺术类等相关课程中根据自己的兴趣、能力水平选择至少 2 门作为考试科目。英国 GCSE 考试的多样性和选择性充分考虑到了学生的兴趣

---

❶ 杨向东. 关于高中学业水平考试的比较研究［J］. 全球教育展望，2010（4）.

爱好和个性发展，灵活的选择方式，有利于激发学生的学习热情和拓展学生的知识和技能，为学生的全面发展以及综合素养的培养提供有利条件。

3. 考试形式的多元化

英国的学业水平考试采取了多元化的考试形式。GCSE考试的"国家标准"规定了考试形式，考试成绩由GCSE书面考试成绩和学生在校的平时成绩（即学科作业，course work）两部分组成，以便综合反映学生的学习状况。书面考试在关键学段结束（约16岁）时进行，由学校以外的管理机构组织和实施，考试成绩占GCSE总成绩的70%左右。考试分为三种模式，学校根据自身情况进行选择：第一种模式是由考试局制订大纲，学校按大纲实施教学，并由考试局命题、组织考试、阅卷、评定等级，绝大多数学校采用这种类型。第二种模式是由学校自己制订教学大纲，但仍参加考试局组织的考试，较少学校采用这种类型。第三种模式是由学校自己制订教学大纲并组织考试，这只适合某些特殊的学校，比如农业学校等❶。书面考试试卷一般包括选择题、简答题、论述题、结构化题等题型。《GCSE国家标准》规定，凡是学科课程中要求培养的技能和实践活动能力均应考察。这种考察通常由学校教师在教学过程中组织，称其为"学科作业"。"学科作业"由校外考试机构制订统一的题目、评分标准，其成绩一般占学科总成绩的25%～40%。"学科作业"的形式多种多样，如实验报告、论文、调查报告、实际操作、艺术设计等，主要考察的是学生在基础知识和技能之外的相关能力，包括研究能力、合作能力、影响感染他人的能力、观察事物变化并作准确记录的能力、操作仪表和机械的能力、口头表达能力、计划和设计能力等。学科作业弥补了书面考试的不完整性和片面性，更好地考察了学生运用知识进行实践的能力，使评价更加公正、全面。各种形式的考试对学生的要求都非常严格，并将其考试结果作为学生在校的平时成绩，然后按照一定权重计入每个学生的学科总成绩中。

4. 考试时间的灵活性

GCSE考试的具体时间由各考试局决定，一般在每年的5月和6月举行，考试局也可根据具体情况，自行决定是否在1月举行冬季考试❷。英国考试科目的

---

❶ 徐树成，鲁樱樱. 英国GCSE考试制度的特色及其对我国会考制度改革的借鉴意义 [J]. 河西学院学报，2003（3）.

❷ 周月俊. 英国中等教育普通证书考试及特点研究 [D]. 重庆：西南大学，2009：14.

设置相当多，相当细。为了给考生自由选择的权利，考试既可以在学习期间进行，也可以在整个课程学习结束后进行。比如 A-Level 考试一年里有两次机会（1 月份和 6 月份），学生可以在两年的学习期间内，用四轮考试把某门课程的 6 个单元考完❶。灵活合理的考试时间一方面给予学生充足的准备时间，使他们能够沉着应考，减轻了他们的紧张情绪；另一方面，这种分阶段的考试安排降低了每次考试的容量，给予了学生弥补和提高的机会❷。为了让更多学生留在学校至少学习到 18 岁，以及让优秀学生能更好地展示自身特长，考试时间不再局限于 16 岁，学生可以在自己认为合适的时间参加考试。对于那些学习能力突出的学生还可以提前申请参加 GCSE 证书考试，而对于那些已经到 16 岁却还未达到 GCSE 水平的学生，则给予他们更多的激励与机会。此外，GCSE 考试还对社会上的所有人开放，只要是对某门课程的知识感兴趣并希望获得该证书的人，就可以参加 GCSE 考试❸。

5. 评定制度的等级化

为减少"一考定终身"的偶然性，英国推行平时学业成绩的考核和记载，这样的评定方式强调的是一种过程性评定，教师以建立个人学业档案和成绩记录的形式，对学生的评定贯穿于整个教学过程的各个学段之中，因而对学生的评价是动态性的、发展性的。考试结束后，考试局组织人员对考生的笔试和学科作业成绩进行综合评价，给出等级，并分别颁发相应的证书。GCSE 考试实行的是分学科成绩等级制（共 A* 至 G 八个等级）。其中，A、B、C 三级相当于 GCE 普通水平的 A、B、C 三级；C、D、E、F、G 相当于 CSE 考试的 1、2、3、4、5 级。对于未达到 G 级的科目，考生不能得到该科目的证书，只能通过努力下次再参加考试。

为了确保中等普通教育证书（GCSE）考试的一致性和科学性，英国教育与科学部"中学考试委员会"（SEC）公布了《GCSE 国家标准》（The National Criteria）。该标准除了规定 GCSE 考试的基本原则和要求、考试科目设置和考试大纲所要遵循的总体标准之外，还对各个科目的"学科特殊标准"提出了具体详尽的要求和指导意见。

普通中等教育证书考试重视学术教育与职业教育的沟通。长期以来，英国社

---

❶ 杨向东. 关于高中学业水平考试的比较研究 [J]. 全球教育展望, 2010 (4).
❷ 刘丽群, 周娟. 英国高中学业水平考试的特点及启示 [J]. 教育测量与评价, 2011 (1).
❸ 吴雪萍, 陈洁. 英国普通中等教育证书考试改革探析 [J]. 外国教育研究, 2008 (5).

会重人文学术轻职业技术的传统阻碍了职业教育的发展。随着国际竞争的加剧，英国政府已经深刻认识到了职业教育和培训的重要性与必要性，对各个阶段的职业教育都进行了改革，在中等教育阶段也不例外。通过增设职业性的普通中等教育证书课程及其考试，英国政府致力于打破职业教育与普通教育的人为界线，给学生更多更灵活的接受职业教育的机会，使学生尽早地对未来的工作和职业有全面的认识，进而帮助学生在未来的求学与就业之间做出正确选择。1991年，《21世纪的教育和训练》提出，政府需要解决学术教育与职业教育地位不平等的问题，使职业性资格得到与学术性资格同样的尊重。2002年9月开始，英国将职业性课程引入GCSE考试中，职业性普通中等教育证书相当于普通国家职业资格（GNVQ）的第一级。《14~19：机会与卓越》提出在加强普通教育的同时提供一个更加强大的、多层次的职业教育。2004年7月，英国教育与技能部发表的《为了儿童和学习者的五年战略》提出，长远的目标就是要让职业教育与学术教育具有同样的价值与地位，并且要让16岁离校成为过去，让每个16~19岁的学生都留在学校，继续接受教育与培训。《14~19：教育与技能》白皮书提出要设置一种新的证书，其中包括学术性教育和职业性教育的内容，涵盖经济领域的各个职业部门。这些证书分别面向水平一（即基础阶段）、水平二（即GCSE）和水平三（即高级阶段）。此外还提出在学业成绩和表现测评表（Achievement and Attainment Table measures）中增加对职业性课程的评价❶。

三、德国

德国没有统一管理全国教育事务的教育部，涉及全国的教育事务主要由16个州教育部长组成的各州文教部长联席会议协商负责。高中毕业会考由各州或由州教育部直接把权力下放给各学校自主命题，造成学生成绩在全国范围内难以进行有效的横向比较。各州学生在国际学生评估项目（Programme for International Student Assessment，PISA）中的成绩差异较大，这一事实反映出各州的教学大纲和教学质量存在差异，也导致了德国国内近年来呼吁实行全国统一的教学大纲和高中毕业会考的呼声越来越高❷。

2003年，来自不同研究领域的11位专家在法兰克福国际教育研究所的协调下，向联邦教育部提交了委托研究项目：《国家教育标准：专家鉴定》（下称

---

❶ 转引自吴雪萍，陈洁. 英国普通中等职业教育证书考试改革探析[J]. 外国教育研究，2008（5）.
❷ 修春民. 德国高校招生政策基本情况及发展趋势调研[J]. 世界教育信息，2015（4）.

《鉴定》)。德国联邦教育部长布尔曼女士在《鉴定》提交报告会上指出,"我们必须从投入控制转向产出控制。"于是,德国一改传统的以知识为取向的投入控制(wissensorientierte Inputsteuerung),明确提出将通过确立国家教育标准(nationale Bildungsstandards),来对教育质量进行能力取向的产出控制(kompetenzorientierte Outputsteuerung)❶。《鉴定》认为,国家教育标准是对学校教学和学习具有约束力的要求,是保证和提高学校工作质量的核心连接点。它用精确的、可以理解的和聚焦性的术语来把教育工作的根本目标表述为对学生学习所要求的结果。国家教育标准旨在为教育质量发展提供全国有效的外在评价和内在评价的清晰标准,以满足教育机会平等、人口流动,不同学校教育具有同等价值、学校毕业证书具有可比性以及教育体制具有渗透性的时代要求。教育标准服务于学校发展,帮助确定其工作成就(内在评价),帮助其获得教学工作的标准化的反馈(外在评价)。

德国的高中毕业文凭考试既是高中毕业时的学业水平考试,也是普通高等院校入学资格证明的组成部分。学生毕业文凭考试成绩与课程阶段(高二,高三)的成绩按照一定的计算方法计入学生高中阶段的综合学业成绩,这个成绩被看作是普通高等院校入学资格证明。各个国家和地区学业水平考试都非常强调学业水平考试的设计和开发必须以相应教育阶段相关课程标准为依据。为了保证不同地区在考试内容和范围、考察的知识与能力以及测验编制的质量和技术水平的一致性,通常由国家层面的教育机构或者其指定的专业委员会制定统一的国家标准或者指导性纲领。例如,由德国各州文化教育部长组成的联邦德国文教部长联席会议颁布了《完全中学高中毕业文凭考试的协议》和《完全中学高中毕业文凭考试一致性要求的协议》,以便保证享有充分教育自治和自主权的各州高中学生学业水平的可比性。德国高中阶段的课程也分为必修与选修两种。但不管是必修还是选修都涵盖三个学习领域,即:音乐—艺术领域、社会科学领域以及数学—自然—技术领域。德国规定了包括德语、数学和外语等3~6门核心学科课程。德国的毕业文凭考试包括4~5门考试科目,要求至少2门科目是核心学科课程,2门科目来自德语、外语或者数学,每个必修的学习领域至少有1门是考试科目。

德国高校在录取时采取综合评价体系,不只看重学生的高中毕业会考成绩这

---

❶ 彭莉莉. 迈向能力取向的教育质量控制:德国国家教育标准的考察[J]. 教育发展研究, 2012 (24).

一项指标，还会评测学生从十二年级到十三年级（学制改革后为十一年级和十二年级，相当于我国高二、高三）的全部学科成绩及个人综合素质，即高校在录取时需要综合评估申请者的高中毕业会考成绩、两学年平时成绩、考生的综合素质，如团队精神、社区服务经历、荣誉奖励等。平时成绩的评定不分主科副科，而是在每学期结束后，全部成绩都计入成绩单。分数的评定则由两个方面组成：平时的小测验成绩和课堂表现，两者各占50%。课堂表现主要涉及学生上课是否积极发言、做笔记、准备专题报告、进行课堂实验等。对于没有书面考试的课程，学生课堂表现就是最主要的评分依据。

德国学生进入大学前的最后一次考试以毕业证书考试的方式进行，称为Abitur考试（简称Abi）。Abi考试主要有三种功能：一是毕业功能，Abi考试意味着中等教育的结束，考试合格后可以获得完全中学毕业证书（Abi证书）；二是选拔功能，德国的大学入学不是采用竞争性考试，而是采用资格考试制度，Abi证书是申请入大学最重要的指标，考试合格后获得升入大学的资格。此外，升入哪所大学还需要参考专业培训、面试、大学测试、申请动机、获奖等其他指标；三是职业功能，获得Abi证书是进入某些职业领域的先决条件，如银行业，拥有Abi证书通常意味着较好的职业发展生涯和良好的社会地位。作为德国中等教育阶段的终结性评价，Abi考试成为德国精英人才的重要标准。Abi证书成绩由学生高中阶段不同学科的平时成绩和最后的毕业考试成绩加权得出，以巴登—符腾堡州为例，毕业考试必须至少包括德语、数学、英语3门学科，考试形式包括笔试、口试、演讲等多种形式，考查内容注重学生的综合能力，而不是事实性知识，总成绩采用6分制（Noten，简记为N），从1分到6分，1分最高，6分最低，相当于优、良、中、差、不及格、不计分，每个分数段内又可以细分为三个等级，如：1-，1，1+，2-，2，2+……共得到15个绩点分数（Punkt，简记为P），15分最高，5（P）分为合格，为增加区分度，考试先采用15分制计分，最后折算为6分制分数。以Abi证书制度为基本形式的学生终结性评价，不仅反映了对学生基础学力的要求，而且体现出德国对学生综合能力的重视[1]。

在进行Abi考试时，学生须从平时所学科目中选择5门参加Abi考试。第一、二门课程要求是高级课程，第三、第四课程为基础课程。第一、二、三门采取笔试形式，第四门采取口试形式，第五门课程为跨学科课程，可以采用多样的

---

[1] 北京教育科学研究院赴德国培训团编写组. 德国教育质量保障［M］. 北京出版社，2017（3）：150-151.

考试形式。Abi考试的问题注重学生的思考能力，而不是事实性的知识。考试时间从180分钟到240分钟不等，以汉语为例，汉语在柏林是基础课程，考试时间为210分钟，要求学生能够进行跨文化交流，并且体现语言的工具性。2013—2014学年的考试题目涉及中国城乡发展现状、欧洲殖民主义及其对中国的影响、中国以外的中国人或者在中国的外国人、1978年以来中国改革以及中国的改革开放政策等。Abi考试中的第5门课程是一个跨学科领域，要求学生融合2门以上的学科知识，采用跨学科的视角就某个问题进行综合分析，它是整个"考试期间"（Abi不是一天完成的，一般持续一个多月时间）最难的部分。可以采用"演讲""特长课"或"小组形式"进行考核。比如针对某一主题进行演讲，并在演讲结束之后回答考试委员会提出的问题，展示某一竞赛证书，研讨课的作业，用20分钟左右的时间说明研究成果，或者考查学生在小组内的合作交流能力、共同做报告的能力等。总之，第五门考试科目在专业相关度、方法运用和人际交互方面对学生提出了更高的标准，要求学生能够展示出广博的知识、良好的思维、娴熟的多媒体运用技能以及善辩的口才[1]。

德国对医学、药学、兽医学和牙科医学四个本科专业和生物学、心理学两个硕士专业申请者较多，且对未来从业者要求较高的六类专业实行名额限制，不由各高校单独接收申请材料，而是由全国性的高校录取基金会（Stiftung für Hochschulzulassung）统一接收申请、审核材料并分配名额。德国从2010年开始对名额限制专业实行改革，高校录取基金会根据每年招生情况划定最低录取线，并按照20∶20∶60的比例分配录取名额，即20%的名额完全根据当年报考学生的成绩排名，20%的名额安排给等候时间较长的申请者，60%的名额由各大学按照选拔程序自主决定。高校自主选拔的标准也是优先考虑综合成绩、涉及所选专业的单科基础成绩、与专业有关的学习能力测试及一次选拔面试[2]。

四、法国

法国的高中分为普通高中、技术高中、职业高中三种类型。与之相对应的，法国业士考试分为普通业士考试（Baccalauréat Général）、技术业士考试（baccalauréat technologique）和职业业士考试（baccalauréat professionnel）。学生凭借相应的业士考试结果和业士文凭进入相应的高等院校学习，或者直接参加就

---

[1] 侯彩颖. 德国完全中学毕业证书考试述评 [J]. 上海教育科研, 2014 (6).
[2] 修春民. 德国高校招生政策基本情况及发展趋势调研 [J]. 世界教育信息, 2015 (4).

业。与英国相似，法国也没有全国统一的高校入学考试，也是采取高校入学证书制的国家。只要学生通过高中毕业考试，并获得毕业资格证书，同时也就获得了进入大学学习的预备资格。在 1995 年实施新一轮的高中毕业会考的改革之后，法国有三种普通类、九种技术类和为数众多的职业类高中毕业会考，并分别对应于高中的三种学业轨道。这次改革打破了三类考试之间的壁垒，使原来技术和职业会考的合格者（短学制高等教育）不能进入综合性大学的障碍被破除。不仅通过技术和职业会考的学生可能被综合大学录取，通过普通会考的学生也可以在技术和职业大学接受短学制的教育，甚至在获得综合大学的毕业证后还有获得进入法国热门的管理和贸易等专科大学学习的机会。三种普通的高中毕业会考是文科类、理科类、经济和社会科学类。不过，选择任何一种会考的学生都要学习法语、哲学、历史、地理和数学。通过普通高中会考的学生有 94% 的人可以直接进入高校就读。而九种技术类高中毕业会考中许多科目是新增的，是为准备学工业技术、实验技术、医学和科学、酒店与旅游管理、音乐和舞蹈、应用文科、环境和农学及农场生产等技术的学生而设计的。不过，通过技术类高中毕业会考进入高校学习的人数比例明显低于普通高中毕业会考的人数比例，大约为通过人数的 17% 左右，通过职业类高中毕业会考进入高校学习的人数则更少。法国的高中毕业会考包括专业、必考和自选考三个科目，分散在 27 个学区举行，考场一般设在学区的考试中心，各学区均有负责命题的命题委员会和负责组织会考的考试委员会。自 2003 年开始，法国的高校录取程序有了较大变化，主要分为四个阶段：第一阶段是从每年的 1 月初到 3 月下旬，法国报名参加高中毕业会考的每位高三学生，可以选择 2 个专业方向，每个专业方向可以申请最多 6 所学校，并且还需要同时准备 12 份材料（含高二 3 个学期和高三的头两个学期的平时成绩共 5 份成绩单，学校评语，身份证明和社会保险卡等复印件），在通过互联网上向学校提交申请报名表之后，学生就读的学校把材料同时转给 12 所高校，每所高校在收到材料后就可以立即开始审核；第二阶段是从 4 月下旬到 5 月下旬，学生需要根据自己的兴趣爱好，将最多 12 个志愿填写在总报名表上，这一阶段，学生还可以修改志愿，但只能删减而不能添加；第三阶段是 6 月初，全国招生委员会在互联网上放第一榜，通知学生在第一轮志愿中是哪所排名最高的学校接受了申请，学生此时会面临四种选择：一是立刻接受这一结果，二是保留这一结果但等待第一榜志愿中排名更靠前的高校信息，三是放弃这一结果而等待第二至第四榜的录取，四是放弃所有的机会而不再申请；第四阶段分别是 6 月中旬、7 月上旬和中旬，为了确保高校的招生计划，全国招生委员会陆续发放第二榜至第四榜，以补充一些高校因招收的学生放弃前一次榜单的志愿而空缺的生源名额。

法国高校的招生制度比较灵活。从大学第一阶段（DEUG）来说，招生对象较广，不只限于应届的高中毕业生，历届业士考试合格者或者具有符合所要求的经验（某些专业）的人都可申请入学。法国的高校分为三类，一类是大学校，也称高等专业学校，一些著名的私立高校也包含在这一档次，这类高校虽然规模不大，但其培养的很多学生已成为法国的各界精英，正因为这类高校的社会声誉极高，其入学条件也是极其苛刻，是法国最难申请成功的高校。除最为基本的高中毕业会考（Bac）证书等资料外，校方还会斟酌 Bac 的成绩档次，并对申请者的学校评语等进行仔细审查，甚至还另设考试，另设的考试有一部分是单独进行的，还有一部分是多所大学校联合举行的。在这类高校中，新生入学之后还要进行一次统一考试，这次考试安排在 1~2 年的预科学习之后，考试合格者才能进行后续 3 年的学习，未能通过考试的，还有机会到综合大学进行第一阶段学习。第二类是综合大学（Université）和大学技术学院（Instituts universitaires de technologie）。综合大学的在校学生人数占了法国大学生总数的 80%~90%，构成了法国高等教育的主体。法国的大学技术学院实际上是法国大学开设的"二级学院"。这类学校在法国高等教育普及化之前的入学条件是非常宽松的，持有 Bac 证书的学生基本上都可以入学。不过，在法国出台 80% 的高中毕业生会考通过率的教育政策之后，高校的学生生源大幅提升，这类学校也开始就申请者的 Bac（或 ESEU）考分和会考的科目组成实施择优录取。并且，有些大学或其中的专业还受"区域限制"，即只接受一定区域学生的申请。第三类是高级技师学校（Ecole detechniciens supérieurs），学制为两年，主要培养工业、应用科学和服务业所需要的高级技术员。此类学校入学条件宽松，获得技术高中毕业会考证书的学生或普通高中理科毕业生经审查合格即可入学[1]。

五、日本

日本的学业水平考试体系与我国现行高中阶段的学业水平考试相近。日本的高中毕业程度认定考试类似于我国的高中毕业时的会考，但在参加考试的学生范围上要比我国的高中会考宽泛，除了在校学生，社会人士经过认定，具备了考试

---

[1] 全林，曲祖国. 美英法三国高校的招生制度及其启示 [J]. 教育科学，2014（2）.

资格后，也可以参加高中毕业程度认定考试，通过后获得高中毕业同等学力的认定，考试合格者具备参加大学入学和各种职业资格考试的考试资格。但要进入高等院校，学生还要参加单独的大学入学考试。日本的高考本来是各高校自己单独组织的，1976年经文部省批准，成立大学入学考试中心，负责全国高校的入学考试，现在日本的高考是把全国统考和学校单独组织考试结合了起来，高考全过程分为两个阶段：第一个阶段是国立公立和部分私立大学第一次全国统考，时间为每年的1月份，由大学入学考试中心统一组织，主要考中学必修的科目，包括基础学科：日语、英语、数学、理科（物地理、化学生物）及社会学科。通过这次统考的学生，还必须参加第二个阶段的考试，即各校根据自己的专业特点和要求进行的专业考试，主要是考学术性问题，出题范围是中学的选修科目，时间一般在2月中旬至3月底，学生可以根据自己第一次考试的成绩参加各校符合自己志愿的考试，其他没有参加统一考试的私立大学均自行招生。

　　日本大学招生是"大学入学中心考试"与各大学单独招生考试相互补充的多样化选拔体系。"大学入学中心考试"为确保能够真正检测出考生对于高中阶段所学基础知识的掌握程度，为大学招生提供一个可参照标准，考试科目分日语、外语、数学、理科（物理、化学、生物）、文科（地理、历史社会、政治经济）五大部分，考试命题范围包括了高中所有必修课程，考试内容涵盖面广，所设考试题型皆为单项选择题，是一种典型的标准化考试。"大学入学中心考试"为增强考试的公平性，避免试卷评阅者的主观性，给出了多种科目选择方案，考生和大学拥有极大的自主选择权。"大学入学中心考试"的利用方式具有灵活多样的特点，文部科学省对于各大学如何利用"大学入学中心考试"并无统一规定，而是赋予各大学自主权，大学可自主决定是否利用以及如何利用该考试。日本各大学单独招生考试形式多样，通过"一般入学考试""推荐入学考试""AO入学"等多元化、多层次化的考试形式，使学生能够参加多次考试，避免了"一考定终身"。"一般入学考试"是在"大学入学中心考试"的基础上各大学单独组织的考试，主要形式有学力测试、小论文测验和面试等，主要方法有口试、笔试、实际操作等。"推荐入学"就是大学通过考试提交的高中调查数、校长推荐书等资料来选拔新生，调查书相当于我国的学生档案，详细记录了考生高中期间的考试成绩及课外表现，推荐书是高中校长出具的考生综合评价说明。"AO入学"是由各大学独立设置的专门招生机构"入学担当事务局"负责组织实施的选拔新生的方法，其时间由各大学自主决定，主要集中在5月至11月，大体有三种类型：选拔型、面试型、体验型❶。日本各大学实施的"推荐入学"和"AO入学"等招生形式，形成了"学业成绩＋综合素质"的评价体系，不仅参加笔试成绩，还通过调查书、推荐书、面试等形势来考查学生，对其进行综合评价，有效解决了考生的个性与共性，以及中等教育的基础性和大学教育的专业性之间的矛盾。

六、韩国

美国和韩国都具有单独的大学入学考试，如美国的 SAT 和 ACT，韩国的"大学修学能力考试"。在韩国，学生必须通过高中"检定考试"获取大学入学考试资格后，才能参加"大学修学能力考试"。相同的是，美国和韩国的大学录取时，除了对学生大学入学考试成绩的权衡之外，学生在"学业水平考试"（美国）或者"学生薄"（韩国）上的表现情况也是决定大学录取的考虑因素。韩国的"检定考试"更多的是一种资格认定考试，主要用于检测参加考试的对象（不限于在校学生）是否具备了高中程度的学力水平。在这一点上，韩国的"检定考试"与英国的中等普通教育证书（GCSE）考试功能类似。韩国的"学生薄"在性质上更像我们国家所提的学生综合素质评价，主要用于综合考察和评价学生在校期间的学业成就、个性发展、兴趣爱好等各方面的情况。

韩国的大学招生考试制度是不断改革、不断完善、不断健全起来的。几十年来，韩国的大学招生进行了十几次改革，大体分为以下几个阶段：①各大学单独招生考试制（1945—1969 年）。直到 20 世纪 60 年代末，韩国移植美国的教育制度，主要采取大学单独举行考试、招生的办法。这种招生办法开始由于学校数及学生人数少而基本可行，但由于"自由政策"下的"上大学热"而导致高等学校不断增多，考生人数亦不断增多，给这种招生制度带来了很多新问题和困难：一是出现了部分私立大学以赢利为目的而不顾自己的办学条件和能力超招新生；二是由于各学校录取标准不同，造成各校之间矛盾；三是由于教师阵容不整，设备不齐全，学生数猛增，缺少了保证教育水平的必要条件；四是由于大学入口的增多和经济萧条发生了矛盾，致使大学毕业生就业率低，表现出人才"过剩"。②国家大学入学预备考试制和大学单独考试制并行（1969—1980 年）。朴正熙上台后，加强国家和政府对高等教育的控制和管理，提出《大学整备法案》，于

---

❶ 王丽燕. 试析日本大学多样化招生考试及对我国的启示 [J]. 湖北招生考试，2017（2）.

1969年开始实行大学入学初步考试（PECE）和复试（由各招生单位举行）制度，即高中毕业生参加全国统一预考，取得合法资格，才能参加由各大学单独举行的入学考试。该制度造成了"千军万马过独木桥"的现象，使学生承受着过重的课业负担和巨大的升学竞争压力，损害了学生的身心发展。③大学入学学力考试（SAECE）与高中在校成绩呈报制并行（1981—1993年）。20世纪80年代初，韩国的大学招生考试又进行了变革，将"大学预备考试"改为"大学入学学力考查"。这种"大学入学学力考查"实际上就是一次严格的全国性统一考试，考试一律以笔试为主，采用选择题，用电脑统一阅卷，力求考试的公正、准确、高效。考生根据这次考试的成绩，结合高中的成绩来申报选择大学。高校有的采用入学加试，并考虑统考成绩和高中期间的成绩，进行择优录取；有的则直接以统考成绩作为依据，并考虑高中期间的成绩决定录取与否。这个制度的缺点在于：考试科目过多，学生负担过重；有钱的孩子私下补习，造成社会的不公和学生的负担；以记诵和解题为主的学习生活所获取的考试成功与个人能力不一致。④大学修学能力考试制（1994年至今）。1994年韩国又进行了一次高校招生制度的大改革，引入新的招生考试制度，以"大学修学能力考试"代替"大学入学学力考查"，即高等学校根据学生高中在校成绩、大学学习能力考试成绩和各大学考查成绩三方面来择优录取新生。其中学生高中在校成绩为必查部分，其他两种各大学可自由选择，可以两者都选或都不选，也可以选择其中之一。该制度有利于高中教育的连续性，有利于国家的参与，体现公共性原则，也有利于体现大学的自治精神，扩大高校的招生自主权，增加了学生选择大学的机会，是一次较为彻底的大学招生制度改革。

2002年，韩国对大学招生考试制度再次进行了改革，新制度在很大程度上改变了过去以总分作为录取学生标准的做法，而采用多种方法和标准录取新生。2004年8月，韩国教育人力资源部公布了《2008学年度高考制度改善试案》，新的改革方案，将降低高考成绩的比重，提高学校生活记录簿的比重。学生簿不但记录学校生活，还记录学习成绩、贡献、读书活动等非教科书领域，使大学通过考试充分了解学生的各方面成绩。从2006年开始，在学校网站中公开教师讲课计划、评价计划、内容和标准等，提高学生簿评价的置信度，并引入教师评价制。此外，韩国教育人力资源部决定，禁止科学高中、外国语高中等特殊高中开设不符合建校目的的课程，并引导特殊高中的学生在高考中报考相同的专业。新制度的最大特点是对高考成绩不再纯粹计算总分，而是将各科目的考试成绩分别打分，然后依据分数段确定各科目的等级以及综合等级，将其划分为9个等级，每年的等级比例根据当年的考生人数确定。各大学可根据各科目特点考虑等级、学生手册、面试成绩、专长等情况招收学生，大学可以通过多种渠道录取新生，而考生也能选择最有利于自己的渠道争取入学。为了减少考生课业负担，克服"一考定终身"的弊端，增加统一考试机会，允许高校组织单独考试，增大平时学习的占分比例。从2014年起，韩国高考在每年11月份分两次进行，两次中间间隔15天。考生可自愿选择考试次数，可选取两次考试中成绩分数高的一次作为高考成绩，考试科目也由8门缩减为4门。其中，语文、数学和英语考试分为A型（比现行高考出题范围小、难度低）和B型（与现行高考相当）两种，考生可根据大学的招生标准自主选择。韩国不少大学为确保大学录取公正公平，全面选拔人才，还引入了"入学查定官"选拔招生制度，要求大学录取须经过审查专家对报考者的成绩、个人环境、潜力等进行综合评估，从而科学地选拔新生❶。

近年来，韩国不断加强国家宏观调控，限制招生规模，十分重视高考在选拔人才中的作用。大学录取既实行全国统一考试的定时制，也实行随时招生制、追加招生制、推荐入学制和特别考核选拔等制度，各大学针对不同专业以及考生的特殊情况，可在多种录取方式中自主选择录取。大学录取制度更加多样、自主、灵活，灵活的高考制度既有利于推进中学素质教育、促进高校合理选拔人才，又能有效地提高学生的创新能力，保证学生个性发展。在韩国中学教学计划中，已很少能看到繁重、机械的课时安排，取而代之的是宽松、启发、激励式的人格意志、合作精神、科研与实践能力、环保意识、国际化等以学生为中心的素质教学内容。

目前我国高等教育正急速向大众化迈进，高校分层分类发展，人才培养模式呈现出多样化趋势。从世界各国大学招生考试的发展趋势来看，单纯依据学业成绩作为评价标准的国家已经很少，越来越多的国家通过采取综合评价的方法来选拔新生。大学招生考试作为高等教育的"入口"，是保障高校生源质量的必要手段。如何在全面考查学生综合素质的基础上严格把住高等教育入口质量关，实现考试机会多样化、选拔方式弹性化、评价内容多元化已经成为我国高考制度改革一项亟待解决的重要课题。我国新一轮高考制度改革已经全面启动，构建"双向

---

❶ 刘志东. 韩国大学录取制度改革分析［J］. 当代韩国，2011（9）.

选择、综合评价、多次考试"的招生体系已经成为我国高考改革的重要内容，但有些改革尚处于实践探索阶段，还不够成熟、稳定，还需要在学习借鉴国外先进经验的基础上进一步探索完善。

综上所述，由于各国国情不同，多样化发展的样态也不尽相同，但各国多样化发展的理念与实践却有许多共通之处。如，各国对于普通高中的任务与培养目标都是随着时代的发展而不断定位的，普遍倾向于强调对高中学生的公民责任感、个性发展与适应时代要求的基本能力，创造力与批判性思维，交流、合作与团队精神，以及信息素养、国际视野的培养，并力求使学生具有国际视野。各国普遍采取多样化的学校制度、学校类型、课程设置、考试招生等多种渠道来实现普通高中培养模式的多样化，对我国推进培养模式多样化具有一定的启示。尤其是新一轮高考改革将倒逼高中教育改革，推动高中教育转型：在育人模式上，从过度重视学生选拔向丰富学生选择机会转变；在育人方向上，从高度重视学生知识的掌握向强化学生成长的过程指导转变；在学科建设上，从全学科均衡发展向加强特色学科和优势学科建设转变；在学校管理上，从规范管理向精准管理转变，从统一评价向个性发展转变。[1]

---

[1] 周彬. 指向学生个性化学生成长的高中教育转型 [J]. 中国教育学刊，2017（4）.

第二章
Chapter two

同质化：我国高中教育的发展困境

随着社会对我国普通高中教育培养模式多样化需求与普通高中培养模式单一化矛盾的日益尖锐化，普通高中在发展思路与发展方式上陷入困境。教育"同质化"或"单一化"问题是当前我国普通高中教育领域中存在的一种普遍现象。所谓"质"，就是一个事物区别于他事物的内部所固有的规定性，一个事物之所以是这一事物的根本在于具有这一事物的"质"，这一事物的"质"变了就表明它不再属于这一事物了。所谓"同质化"，就是质的同化过程，指的就是事物与事物之间赖以相互区别的"质"发生了趋同的情况❶。教育同质化是指学校与学校之间在办学目标、教育理念、改革目标、具体措施、教学模式、评价模式等方面相似度极高，学校没有自身的特色，而学生在几乎雷同的教育模式下，形成类似的思维方式和行为习惯，没有自己的个性，丧失了创造能力❷。长期以来，我国普通高中被高考"绑架"，被强加和固化了以"升学"为主线的教育职能，这不仅使普通高中教育的本质属性遭受了扭曲，更使多样化发展成为一纸空谈。普通高中教育"千校一面"，缺少办学特色，形成了高度的同质化，与社会和人民群众多样化的教育需求形成尖锐的矛盾，随着高中教育的普及，这种矛盾就更加突出。普通高中教育要促进每个人的潜能得到应有的发展，就需要切实改变同质化的倾向，实现培养目标由一元向多元转变，培养模式由同一化向多样化和特色化转变，办学模式由非普即职转向普通高中教育与中等职业教育间的双向流动，

---

❶ 陈庭来，朱潢涛. 对我国高等教育同质化问题的思考［J］. 太原大学教育学院学报，2009（3）.

❷ 奚丽萍. 教育同质化现象论［J］. 教育研究与实验，2009（5）.

普通高中教育与大学教育由单一的选拔关系转向上下沟通、相互适应，不断增强高中学校的办学活力，形成灵活多样的办学局面，为学生成才成长提供均等的机会，提供适合的教育。

高中教育是一种非常复杂的教育形态，表现为众多因素的相互作用与不确定性，办好高中是一件非常复杂的事情。但在实践中，从教育政策到教育实践却普遍地存在着高中办学简单化的现象，"同质化"便是教育过程中对办学复杂化问题进行简单化处理的最直接表现。

第一节　同质化的政策溯源

集中力量办一批重点学校，是新中国成立以来我国基础教育政策的基本主题，是国家在教育资源匮乏的情况下，发展基础教育的一种无奈而现实的选择。理清我国高中教育发展问题所在，有必要梳理一下重点中学政策的历史背景与演变历程。

表2-1　我国普通高中政策的演变历程

时间	背景	政策要点
1953年	第二次全国教育工作会议上教育部颁布了《关于有重点地办好一些中学与师范学校的意见》	选定一批重点中学，数量与规模与高一级学校的招生保持适当比例，并集中先办好一批"尖子"学校
1958年	在"大跃进"的背景下，中学教育走向了片面强调数量发展的普及道路，普及高中教育成为当时的重要任务	重点中学政策被暂时搁置
1961年9月	中共中央工作会议	在各级各类学校中，确定一批重点学校，规模不要过大，努力改善办学条件，认真办好
1962年12月	教育部下发《关于有重点地办好一批全日制中、小学校的通知》	各省、市、自治区选定若干所中学，集中力量尽快办好这批学校，并提出办好这批学校的措施和要求
1966年	"文革"爆发，国家号召开门办学	重点中学受到猛烈批判

续表

时　间	背　景	政策要点
1977 年	改革开放	重点校政策被再次强调。邓小平指出"要办重点小学、重点中学、重点大学。要经过严格考试，把最优秀的人集中在重点中学和大学。"
1978 年 1 月	教育部《关于办好一批重点中小学试行方案》	切实办好一批重点中小学，提高中小学的教育质量
1980 年 10 月	教育部《关于分期分批办好重点中学的决定》	各级人民政府在人力、物力、财力上对重点中学给予大力支持。对重点高中资源配置上的政策性倾斜，直接拉大了重点高中与非重点高中的差距
1980 年 10 月	教育部《关于分期分批办好重点中学的决定》	必须首先集中力量办好一批条件较好的重点中学
1985 年	中共中央《关于教育体制改革的决定》	有计划地建设一批重点学校的决定
20 世纪 90 年代	国家教委《工作要点》首次提出了"建设示范性普通高中"的构想	"重点高中"的提法改为"示范性高中"
1994 年 7 月	国务院《关于"中国教育改革和发展纲要"的实施意见》	到 2000 年普通高中在校生要达到 850 万人左右，每个县要面向全县重点办好一两所中学，全国重点建设 1000 所左右实验性、示范性的高中
1995 年 7 月	国家教委发出《关于评估验收 1000 所左右示范性普通高级中学的通知》	2000 年以前分期分批建设并评估 1000 所左右示范性普通高级中学，同时要求：申报示范性高中学校所在县（市区）必须普及九年义务教育并验收合格，必须有对薄弱高中扶持改进的积极措施，并取得一定成效
1996 年	国家教委《工作要点》	提出"拟定建设示范性普通高中的实施意见和推进办学模式多样化改革"的工作目标，各省市的示范性高中建设活动如荼如荼地开展
21 世纪初	人民群众对教育的需求正在由数量满足型向质量满足型转变，人们对优质高中教育的需求更加迫切	在高中教育阶段实施了"三限"政策。重点高中在继续享受"重点保障"政策的同时，还可以吸纳大量的择校资金

续表

时　　间	背　　景	政策要点
2010 年 9 月	国家中长期教育改革和发展规划纲要（2010—2020 年）	推动普通高中多样化发展。促进办学体制多样化，扩大优质教育资源。推进培养模式多样化，满足不同潜质学生的发展需要。鼓励普通高中办出特色
2012 年 10 月	中国共产党第十八次全国代表大会报告	努力办好人民满意的教育。基本普及高中阶段教育
2017 年 3 月	教育部等四部门联合印发《高中阶段教育普及攻坚计划（2017—2020 年）》	到 2020 年，全国普及高中阶段教育，适应初中毕业生接受良好高中阶段教育的需求。全国、各省（区、市）毛入学率均达到 90% 以上，中西部贫困地区毛入学率显著提升
2017 年 11 月	中国共产党第十九次全国代表大会报告	优先发展教育事业……普及高中阶段教育，努力让每个孩子都能享有公平而有质量的教育

重点中学政策构成了当代中国教育的一条重要线索。示范性高中（重点中学）作为一定历史时期教育政策的产物，得到了优先发展，在为高等院校提供优秀生源、提高教育的整体质量、提供经验等方面做出了贡献，重点中学政策在提升我国基础教育整体质量及对我国高等教育阶段人才培养方面功不可没。示范性高中也积累了丰富的办学经验和育人经验，办学的整体水平较高，区域内具有良好的社会效应和较强的影响力。同时，重点中学政策缩短了我国中小学特别是优质高中与世界发达国家学校之间的差距，使我国与发达国家基础教育之间更具可比性[1]。但重点中学政策将学校分出等级，将教育资源更多地向示范性高中倾斜分配的方式，人为地拉大了城乡、区域、校际之间在教育资源配置和教学质量上的差距。对升学率的过度追求，重知识轻能力，重继承轻创新，重育分轻育人，严重压抑了学生的潜能、个性、创造性的发展，也导致示范性高中之间、示范性高中与非示范性高中之间的生源大战愈演愈烈，造成示范性高中与非示范性高中之间巨大的鸿沟，导致高中教育发展严重失衡，损害了高中教育的公平发展。显然，这一政策在高等教育大众化、高中教育普及化、追求教育公平、强调均衡发展的今天已难以为继。

---

[1] 刘长铭. 继承与创新：示范性高中的示范作用是历史形成的 [J]. 中小学管理, 2005 (8).

全国教育事业发展统计公报显示,2005年我国高中教育毛入学率超过了50%,这标志着我国高中教育大众化新阶段的到来,高中发展面临由数量扩张向内涵提升的发展转型,这一转型也预示着普通高中发展的价值转型。2008年,全国高中阶段教育(包括普通高中、成人高中、中等职业学校)共有学校30806所,其中普通高中15206所;在校学生4576.07万人,其中普通高中在校生2476.28万人,初中毕业生升学率83.4%,高中阶段毛入学率74%。我国普通高中教育已经由精英阶段转变为大众化教育阶段,甚至在发达地区实现了普及。2002年教育部提出"2010年普及高中阶段教育地区的人口覆盖率达到70%左右,2020年普及高中阶段教育地区的人口覆盖率达到85%左右,实现基本普及高中阶段教育"。《教育规划纲要》也提出"要加快普及高中阶段教育,到2020年,普及高中阶段教育,全面满足初中毕业生接受高中阶段教育需求"。2017年3月,教育部等四部门联合下发的《高中阶段教育普及攻坚计划(2017—2020年)》中提出"到2020年,全国普及高中阶段教育,适应初中毕业生接受良好高中阶段教育的需求。全国、各省(市、区)毛入学率均达到90%以上,中西部贫困地区毛入学率显著提升;普通高中与中等职业教育结构更加合理,招生规模大体相当;学校办学条件明显改善,满足教育教学基本需要;经费投入机制更加健全,生均拨款制度全面建立;教育质量明显提升,办学特色更加鲜明,吸引力进一步增强。"

普及高中教育就是要让每个学生在形式上都有均等地接受高中教育的权利和机会,并保证每个学生都有实质上接受高中教育的均等机会。随着我国社会主义市场经济体制的不断完善,公共教育财政体制也逐步建立起来,所谓公共教育财政即意味着人人应平等地享有。总之,普通高中教育是世界上公认的改革难度最大的学段,不仅由于其在国民教育体系中居于承上启下的位置,也在于高中教育对象、目标、任务都极具复杂性,与地方政府、社会等多种因素交织,情况十分复杂。通过推进普通高中特色发展,由同质化发展转向多样化发展,不仅要切实降低多年来追求"应试"的巨大惯性,还需要直接面对许许多多前所未有的新情况、新问题。

第二节 同质化的形成机制

对于同质化现象出现的原因,有研究者[1]从新制度主义的角度分析了高中学

---

[1] 朱忠琴. 我国普通高中学校同质化现象的新制度主义分析[J]. 教育科学研究,2015(4).

校同质化现象形成的机制。新制度主义认为，当代社会中组织的趋同现象源于组织所面临的制度环境，即一个组织所处的法律制度、社会规范、观念制度。强制性同形、规范性同形、模仿同形是造成高中学校同质化的根本所在：①强制性同形，源于一个组织所依赖的场域中的其他组织向它所施加的正式与非正式压力，以及由其所运行的社会中存在的文化期待对其所施加的压力。学校作为一种组织机构，在教育活动过程中必须遵守政府制定的一些政策法规，国家的一些政策制度对学校的生源、人事选聘与管理、财政管理、课程、教学、评价等诸多因素都作了一些限定，并且这些政策法律制度具有一定的强制性。在普通高中学校这个教育场域中，强制性同形现象尤为明显，具体表现在学校的人事管理、课程设置、评价制度等方面。②规范性同形，是指一些社会规范带来的共享观念、共享的思维方式和行为模式，规范性同形形成的重要来源主要有大学的正规教育、职业和专业培训、专业和行业协会推行的规范性规则。促进规范性同形的重要机制还有员工的筛选，在许多学校中，按照统一的标准筛选录用教师，如"985工程"大学、"211工程"大学的某个专业背景等标准，这样很多教师来自同一所大学，他的教学行为多是学习老教师的教学方式，另外他还会按他自己当年在学校受教育时的教学方式去教，因为他在学生时代不知不觉地接受这些基本的规范，并且这些规范渐渐地成为他当教师时的行为规范，这就是一个制度化的专业化过程。③模仿性同形，源于组织环境的不确定性，在不确定的环境中，组织由于目标模糊，为减少风险而模仿那些成功的组织。就我国普通高中来说，学校目标的模糊也是高中学校同质化的内在原因。普通高中学校为了适应外部环境，维持其在教育场域中的生存地位，一方面会不断模仿学习竞争对手学校，以便在竞争中处于优势地位；一方面会学习那些已经被社会广泛认可的学校，以便获得存在的合法性地位。这样就形成了效率机制下的竞争性趋同以及合法性机制下的制度性趋同。出现学校间的相互模仿而不是学校的各自特色创新，是因为学校对于自身的育人方向并不清晰，除了升学目标外，对于包含学校办学理念、育人目标、课程教学与评价等各要素在内的培养模式缺乏系统的顶层设计，在这样的情况下，学校为了赢得其在普通高中学校中的优势与合法性地位，往往会根据评价标准导向，选择模仿学习那些能够提升学校效益的模式，而不是摸索新的培养模式。

综上所述，组织同形变迁中的强制性机制、规范性机制、模仿性机制不是各自独立地发挥作用，通常是同时、复合地发生作用，而就高中教育同质化发展现象而言，模仿同形的作用更为突出，集中体现在我国长期以来实行的"重点中学制度"的影响，集中力量办一批重点学校，是新中国成立以来我国基础教育政策的基本主题。1953年，第二次全国教育工作会议上教育部颁布了《关于有重点地办好一些中学与师范学校的意见》，要求各地选定一批重点中学，数量与规模与高一级学校的招生保持适当比例，并集中先办好一批"尖子"学校。"文革"期间，重点中学政策被搁置。1977年邓小平指出"办教育要两条腿走路，既注意普及，又注意提高。要办重点小学、重点中学、重点大学。要经过严格考试，把最优秀的人集中在重点中学和大学。"一直到20世纪80年代末，重点中学政策一再被强调，支持力度不断加强。到90年代初，"重点高中"的提法被明确改为"示范高中"。并提出"到2000年普通高中在校生要达到850万人左右，每个县要面向全县重点办好一两所中学，全国重点建设1000所左右实验性、示范性的高中。"为贯彻《教育改革与发展规划纲要》精神，1995年7月3日，国家教委发出《关于评估验收1000所左右示范性普通高级中学的通知》，决定在2000年以前分期分批建设并评估1000所左右示范性普通高级中学，同时要求：申报示范性高中学校所在县（市区）必须普及九年义务教育并验收合格，必须有对薄弱高中扶持改进的积极措施，并取得一定成效。由于示范高中评估标准对学校硬件设施等方面的过分强调，导致评估实施后许多学校过分注重规模和硬件建设。因此，1996年国家教委便叫停了示范高中评估活动，但各省市的示范高中建设活动却在如火如荼地开展。各地都在以非"重点高中"之名，行"重点高中"之实。重点高中政策将学校人为地分出等级，并给予不同层次高中学校以不同的培养任务：重点高中主要面向升学，一般高中主要面向就业。这种忽视学生综合素质培养的高中教育发展模式与整个时代的发展要求不一致，严重影响了学生整体素质的全面发展与提升。同时，重点高中政策将教育资源更多地向城市重点高中倾斜分配的方式，也人为地拉大了高中教育的区域差距、城乡差距和校际差距。重点高中建设政策的目的之一就是为了集中教育资源提高教育质量，为高等学校提供优质生源。正是这一"升学取向"的目标定位，为重点高中充当应试教育的"急先锋"提供了政策依据，重点高中的高升学率成了其堂而皇之的招牌。虽然教育部也曾发文要求重点高中对一般高中要起"示范性"作用，模范地贯彻执行全面发展的教育方针，但长期以来，重点高中非但没有起到这样的作用，相反却强化了学校对升学率的片面追求，恶化了基础教育的办学氛围，使一般高中陷入了十分难堪和艰苦的办学境地，间接地促成了薄弱学校的形成。导致了政府对一般高中特别是农村高中投入的减少，也使得重点高中凭借其资源优势和品牌效应形成对社会资源的积聚和对农村优质教育资源的相对剥夺。

进入21世纪以来,人民群众对教育的需求正在由数量满足型向质量满足型转变,人们对优质高中教育的需求更加迫切。在此背景下,以重点高中为代表的优质教育资源更为紧缺。为缓解这种矛盾,在高中教育阶段,政府明确地实施了"三限"政策,有效缓解了重点高中"上学难"的问题,但也使得重点高中既能享受"重点保障"政策又可以吸纳大量的择校资金,导致重点高中与一般高中在教育资源占有上的差距越拉越大,出现了日益严重的"马太效应",示范高中之间的生源大战愈演愈烈。为缩小高中教育发展上的区域差距、城乡差距和校际差距,近年来,部分学者和一线校长强烈呼吁政府取消对重点高中的各项优惠政策,同时贯彻"弱势补偿"原则,给予薄弱高中重点建设支持,逐渐取消层次划分的呼声越来越高。关于取消重点高中与一般高中的划分,目前有两种主张:一是扩大优质教育资源,通过扩大重点高中招生规模,让重点高中逐步兼并市郊和农村的薄弱高中;二是给予薄弱高中专项经费支持和特殊政策支持,提高薄弱高中的办学条件和教育质量,缩小其与重点高中的差距。说到底,这两种观点还是基于对普通高中进行分层管理的思路,即普通高中要么是重点高中,要么是一般高中(薄弱高中)。综合前文分析,普通高中学校的层次差异尽管是多种因素造成的,但归根结底还是政策的产物,因此,改变"千校一面"的同质化局面,首先要在政策调整上下功夫,一是打破依据升学率对普通高中学校进行单一层次划分的不利局面,通过实施分类发展策略,结合每一所学校的生源特点,依据学校历史和办学特色对学校进行横向划分;二是充分发挥示范性高中优质教育资源的示范辐射带动作用,对非示范高中(薄弱高中)实施政策倾斜,实现示范高中与非示范性高中的共同发展,这样做既符合设立示范性高中的初衷,有助于推广示范高中办学成果,也是推进普通高中多样化发展的有效途径。

第三节 同质化的主要困境

我国高中阶段教育的矛盾,一方面在于精英化教育阶段的发展模式已难以满足大众化乃至普及化阶段人民群众的教育需求,另一方面在于高中教育的复杂性特征与学校办学的简单化倾向之间的冲突。在精英化教育阶段,高考成绩是全部甚至唯一的依据,学生高考总成绩越高,选择专业的空间就越大;反之,就不得不为了选择相对好的大学而牺牲喜欢的专业。当所有的高中学校和所有的高中学生都只追求高考的总成绩时，高中学校千校一面，学生千人一面就是必然结果。传统的高考制度是在精英教育阶段建立并形成的适合我国国情的普通高等学校招生考试制度，其突出特点是选拔性，核心价值是公平性。虽然在制度设计上要求高等学校对报考学生的德智体美全面衡量，择优录取，但是由于评价标准的客观性、评价过程的公平性和评价结果的可比性等因素的限制，制度变迁的结果使考试几乎成为高校招生的唯一方式，分数几乎成为录取招收的唯一依据，高考也就成为高中教育教学的唯一目标。高中教育被民众的升学愿望所引导，全然不顾高中阶段的培养目标、性质地位及历史使命，无视高中教育的复杂性，高中学校办学出现了简单化倾向。实际上，高中教育是一种非常复杂的教育形态，表现为众多因素的相互作用及其发展的多样性与不确定性。只有高度重视高中教育的复杂性，根据高中教育复杂性特征的内在要求办好高中学校，才能克服当前高中办学简单化、趋同化带来的许多问题，促进高中教育的多样、健康、优质发展。❶

一、困境一：教育对象的异质化与教育环境的单一性

高中阶段学生的年龄一般在 15~18 岁左右，这个年龄段的学生无论生理和心理都处在一个剧烈变化的时期。就学生个体而言，从生理角度来看，高中生处在"告别少年期，迎来青春期，并逐渐向成年人过渡"的转折阶段，身体迅速生长发育，出现第二性征特点，这是继婴儿期后的又一个生长发育的高峰期。首先是独立意识增强，逆反心理增强，反感家长把他们当成小孩子看，喜欢用自己的标准来衡量是非曲直，容易与父母、教师"对着干"，表现出"逆反性"；其次是情绪不稳定，容易两极分化，取得好成绩时可能会兴奋不已，成绩不如意时又变得郁闷和消沉，也容易出现"闭锁性"，开始掩饰和隐藏自己的真实情感，不轻易表露自己的内心世界，变得内敛甚至沉默寡言。此外，这一年龄段的学生自尊心强，行为易冲动，身心未发育成熟，容易有冲动或过激的行为发生。就学生群体而言，高中教育的大众化，使学生的成分变得复杂多样。普通高中学校学生不但学习能力和学业成绩相差甚大，出身和背景也相当不一样，异质化的学生群体，给高中教育带来了许多新的挑战。法国社会学家布尔迪厄揭示，不同家庭所拥有的经济资本、社会资本和文化资本，对子女教育机会和学业成就会产生明

---

❶ 程斯辉，汪睿. 论高中教育的复杂性及其对高中教育改革的要求［J］. 教育学报，2011（4）.

显影响，这一状况在前些年基础教育阶段炽烈的"择校热"中表现尤为明显。同时，当前高中学生家长的受教育水平普遍提高，对子女的高中教育有多方面、多样化的期待，因此，学生接受高中阶段教育的求学目的与动机也呈现出多样化的趋势，但学校具体的教育教学工作并没有完全适应高中教育大众化进程中学生异质化的趋势。有调查表明❶：高中学生虽然大体上承认老师的课堂讲授比较精炼，同学们在课堂上有机会发言或提问，但他们对"课程讨论是本班常用的一种学习方式""同学们经常以小组为单位进行合作学习和探究""老师们经常对学习有困难的学生进行个别辅导"这3个项目描述的积极教学环境感受不深，评价一般，因此，在"教学方法与组织形式灵活多样"指标上平均给分未达到基本肯定的程度。又如，高中学生虽然大体上承认老师们对学生们一视同仁，但对"老师们偏爱学习好的学生""老师们偏爱表现好的学生""得到老师偏爱的同学有特权""有些同学被老师轻视、歧视"这4个项目所描述的消极学校环境，既不承认也不否认，因此在"教师公平对待学生"指标上平均给分也没有达到基本肯定的程度。当前，普通高中在培养目标和课程设置等宏观层面，已经开始自觉不自觉地回应高中大众化、普及化及学生异质化的趋势，但是学校学习生活的微观方面对这种趋势或现状尚不敏感，或者说，普通高中的教职工还未能像义务教育阶段教师那样，比较普遍地具备应对异质化学生，满足其多样化需求的职业精神与专业能力。该调查还显示：当前高中教师在工作中面临的最大挑战既不是"用考试分数考核教师，工作压力大"，也不是"课程改革要求高，很难适应和实施"，更不是"学生数量多，教学条件跟不上"，而是"学生复杂，教育教学越来越困难"。接受调查的6962名高中教师中，高达74.0%的教师认为此难题是自己教师生涯中面临的主要挑战。诚然，这种教育教学过程中的难题，很容易被普通高中改革与发展中那些更为宏大的教育难题所掩盖。然而，这个难题如果得不到解决，不但会加剧教师工作中的负担，也会使大量在校学生学习和生活枯燥乏味，难以感受到丰富多彩的校园生活，从而使大面积学生产生学习挫败感和厌学情绪，进而使"全面而有个性的发展"成为一句空话。

二、困境二：培养目标的多维性与办学行为的功利性

20世纪50年代初，国家明确提出普通中学的双重任务，即为升学做准备，

---

❶ 霍益萍. 普通高中现状调研与问题讨论［M］. 上海：华东师范大学出版社，2010：120.

为就业做准备。直到20世纪80年代初，中学教育双重任务的提法都没有变化。但由于受到片面追求升学率的影响，中学"双重任务"的定向在落实中困难重重，不断受到来自教育理论和实践界的质疑。1986年，义务教育法颁布后，初中教育被定位为国民基础教育，关于中学教育任务的争论集中到普通高中教育阶段，到1989年，出现了普通高中教育的双重任务论、单一任务论、主次任务论、基础任务论、根本任务论等五种典型的观点。1995年召开的全国高中教育会上，在"双重任务"的基础上增加了"两个侧重"，即"有侧重地对学生实施升学预备教育或就业预备教育"。这一政策导向意味着普通高中可以根据自己的条件侧重于"双重任务"中的某一方面，但这种设计在当时的教育发展环境中遇到了重重阻力，从学校管理机制、课程结构乃至高考科目设置、学校质量评价等具体实践环节都缺乏相应的配套改革，几乎所有高中学校和学生都被升学教育所"绑架"，双重任务变成了单一任务。

2001年，《国务院关于基础教育改革与发展的决定》中提出"面向全体学生，加强学生思想品德教育，重视培养学生的创新精神和实践能力，为学生全面发展和终身发展奠定基础"，这可视为普通高中教育的"第三个任务"，是终身时代对"双重任务"的一个补充和扩展。2004年9月，《普通高中课程方案（实验）》进一步明确了普通高中教育的培养目标：普通高中教育是在九年义务教育基础上进一步提高国民素质的、面向大众的基础教育，普通高中教育应为学生的终身发展奠定基础。普通高中教育应全面落实《国务院关于基础教育课程改革与发展的决定》所确定的基础教育培养目标：①使学生逐步形成正确的世界观、人生观、价值观；②热爱社会主义祖国，热爱中国共产党，自觉维护国家尊严和利益，继承中华民族的优秀传统，弘扬民族精神，有为民族振兴和社会进步作贡献的志向与愿望；③具有民主与法制意识，遵守国家法律和社会公德，维护社会正义，自觉行使公民的权利，履行公民的义务，对自己的行为负责，具有社会责任感；④具有终身学习的愿望和能力，掌握适应时代发展需要的基础知识和基本技能，学会收集、判断和处理信息，具有初步的科学与人文素养、环境意识、创新精神与实践能力；⑤具有强健的体魄，顽强的意志，形成积极健康的生活方式和审美情趣，初步具有独立生活的能力、职业意识、创业精神和人生规划能力；⑥正确认识自己，尊重他人，学会交流与合作，具有团队精神，理解文化的多样性，初步具有面向世界的开放意识。

2010年颁发的《教育规划纲要》进一步提出"高中阶段教育是学生个性形

成、自主发展的关键时期,对提高国民素质和培养创新人才具有特殊意义",再一次将"国民素质提高和创新人才培养"作为高中教育培养目标。那么,具体应该如何定位新时期高中阶段教育的性质、目标?这成为教育界关注的一大问题。2011年9月起,《中国教育报》刊发多篇讨论"普通高中教育定位"的文章,掀起了关于普通高中教育定位的大讨论。从不同角度阐述了高中教育的基本定位,虽然表述各不相同,但有一定的共识:首先,高中教育仍担负着"双重任务",但结合当前高中教育的自身发展和社会经济对人才培养规格的需求,"双重任务"的内涵需要丰富和重新解读,正如石中英教授所主张的:"双重任务"是面向所有普通高中在校生的,"为升学做准备"不单纯是针对为升入高等学校的那部分基础好、成绩好的高中生,"为就业做准备"不仅只面向那些升学无望、成绩不好的高中生;"为就业做准备"也不能狭隘地理解为直接的职业或专业教育,而应该理解为包括更广泛的文化知识、职业态度、伦理及综合性、可迁移技能的学习;不能把"为就业做准备"和"为升入高等学校做准备"两个任务对立起来,认为强调哪一方都会损害到另一方,而应该看到它们之间的共同基础和内在关联。其次,"成人"是对教育工作的根本要求,无论是哪个层级的教育,都要坚持"育人为本",而且"成人"在普通高中阶段具有独特价值:一方面,这一阶段是学生由未成年人向准成年人的过渡时期,他们将在这三年中迎来自己的"十八岁";另一方面,高中阶段是学生个性形成、自主发展的关键时期,因此,"公民教育"与"人格教育"应是高中阶段教育的首要任务,是为其终身发展奠基的基本内容,是"成人"的应有之义。由此可见,成人、升学、就业构成我国普通高中教育肩负的基本任务。

虽然普通高中学校会照例接受既定的指导性文件和新课标所提出的培养目标,但是在具体的操作过程中,大部分学校的教学仍是以考试和升学率为目标导向的。因为提高升学率就会带来更多的生源,尤其是与高考直接对应的考试科目成为普通高中教育教学的重点目标规划对象,而与考试无关的科目,学校既不确定自己的教育目标,也不会太在意既定的德育科目达成与否,也不会创造相关的教育教学条件,不给予教育环境或教育资源支持。教学方式简单化、功利化,最常见的做法是对学生进行"灌、练、训、测","考什么就教什么",采用"时间+汗水"的策略,不惜违背教育规律和学生的身心发展特点,周测、月考、期中考等,把学生变为学习、考试的机器,学生的早操、课余休息时间被占用,学生睡眠休息不足,身体素质降低。长期在这种高强度的环境中,学生逐渐失去了对学习的兴趣和创造的潜力，严重的还产生了厌学情绪和抑郁情绪。教学方式以考训为主，使得教师成为教材和学生之间的"传感器"和"机械操作者"，原本复杂的教育教学活动变成了简单训练。

三、困境三：教育发展的连续性与社会评价的片面性

"教育发展的连续性"体现在两个方面：一是在受教育过程中，不同教育层级之间分段进行、相互衔接的特点；二是个体在发展过程中的连续性，不同发展阶段具有不同的身心特点和不同的教育需求，需要提供适合其发展的教育环境。借鉴国际经验和《国际教育标准分类法》，结合我国实际，褚宏启教授把教育体系自下而上分为9个层级：早期儿童教育、初等教育、初级中等教育、高级中等教育、中等后非高等教育、短期高等教育、学士阶段教育、硕士阶段教育、博士阶段教育。其中，高级中等教育通常旨在完成中等教育，为高等教育做准备，或者提供与就业有关的技能，或者两者都是，本级的课程给学生提供比初级中等教育课程更多样、更专业和程度更深的授课，这些课程更加差异化，选修和能力组别的范围增加[1]。高中教育属于基础教育的最高阶段，是初中教育的出口，高中教育的一举一动倍受初中乃至小学教育关注，高中的任何调整和改革对初中教育都会产生影响，高中实施素质教育，强调学生的全面发展，初中就会以素质教育为目标，注重培养学生的兴趣、爱好与特长，注重学生的全面发展；高中如果片面追求升学率，选拔学生只看重分数，初中就会分数至上，忽视学生的全面发展。事实上，近些年来倍受社会关注的"择校热""学区房"，尽管选择的是幼儿园或小学，但很大程度上家长优先考虑的还是所对应的高中学校的教育教学质量及其知名度，由此可见，初中及小学教育的健康发展需要高中教育的正确引导。因此，教育行政部门及高中学校的办学者切不可只为了升学率而不顾及对初中乃至小学教育的负面影响，或者说不可只为自己的狭隘利益而影响初中教育的健康发展，破坏整个教育体系的教育生态。

作为衔接基础教育和高等教育的桥梁，高中教育的升学目标和任务主要是面向高等学校，为其培养和输送合格的生源，这种合格生源不只是能够在高等学校招生考试选拔中考出高分数的学子，而是真正具有进一步学习和深造能力的人。学习和深造能力是一个人终身发展所需的根本能力，是其他能力的基础，它的意

---

[1] 褚宏启. 中国现代教育体系研究[M]. 北京：北京师范大学出版集团，2014：28-29.

义不在于"学会",而是"会学",即在学习中能够运用观察能力、记忆能力、概括能力等自主地学习;具有敏锐的问题意识,善于捕捉和发现问题,能够运用所学知识,分析和借鉴问题;能够合理支配时间,有效地进行自我管理,等等。而这些品质和能力正是高等教育阶段所必需的,高等学校留给学生较充裕的自我支配时间,需要学生具备自主安排学习和生活的能力,重视学生的创新意识和创新能力。因此,高中教育必须全面提升学生的综合素质,为高等学校提供合格生源。

作为联结社会的纽带,高中阶段还肩负着为社会培养具有公民意识和自食其力劳动者的重任,高中教育需要为不能进入高等学校深造的学生进行劳动能力、职业技能训练,即为社会输送劳动者;同时,从高中学生的身心特点来看,高中阶段教育是学生个性形成、自主发展的关键时期,学校教育必须培养学生的自主学习、自强自立和适应社会的能力,即为家庭、社会培养输送一个身心发展成熟的人。由此可见,高中教育比义务教育、高等教育都要复杂得多,受关注的程度也远远高于其他阶段,高中阶段教育如同球场上的"二传手"一样,对义务教育影响甚大,对高等教育的人才培养也影响甚巨。正因如此,义务教育出现问题,如择校、追求升学率、学生学习负担过重等,人们一般会认为是高中教育出现的问题所致;同样,高等教育阶段学生学习动力不足、创新能力不强、综合素质不高,人们也会认为与高中阶段教育有关。同时,我国经济社会的快速发展引爆对各类人才日益增长的社会需求,在进一步推高社会人才需求标准的时代背景下,具有高等教育背景的求职者不仅在职场竞争中占得先机,相比之下还能获得较好的发展前景。这引发了民众对子女成长寄予更多的殷切期望,在一定程度上也导致社会公众价值观的偏离,把学业成绩和升学率作为评价教育质量、评价校长和教师工作业绩的主要甚至唯一指标,客观上造成升学率成为衡量各级各类学校质量水平的重要标准,促使作为高等教育重要准备阶段的高中教育越来越脱离健康发展的正常轨道,越来越凸显升学应试的工具理性,越来越呈现迎合社会的功利色彩。因此,高中教育如何既发挥好中间作用,体现教育与人的发展的连接性,又引导广大民主科学全面地评价高中教育,走出片面评价、简单评价的误区,便成为高中阶段教育必须面对的难题。

四、困境四:办学类型的复杂性与培养模式的趋同性

高中教育的复杂性还表现在高中办学类型的复杂上,从我国当前高中的办学

状况来看，其办学类型的多样是其他教育类型难以相比的。如，从高中办学目标定位上看，有以升学为主要目标的普通高中，有以就业为主要目标定位的职业高中，有升学、就业双重目标兼顾的综合高中；从学制年限及其与初中、义务教育的关系来看，有三年制单设高中，有初中、高中共办的完全中学（六年一贯制），有小学、初中、高中一体化的12年一贯制学校，甚至还有从幼儿园到小学、初中、高中的15年一贯制学校；从办学体制来看，有公办高中、民办高中（含国际学校），还有一校两制高中；从管理机制来看，有省管高中、市管高中、区管高中还有高校或科研机构附属中学、名校教育集团等；从政府督导评估分类来看，有重点高中与非重点高中、示范高中与非示范高中或一类高中、二类高中与三类高中，有的地区是星级高中，等等。上述众多类型和性质的高中存在，使高中教育阶段资源配置的差异性、不均衡性以及竞争的激烈程度日益突出。在升学率占主导地位的背景下，高中学校的培养模式也越来越简单、趋同，许多学校领导甚至认为办高中教育不是一件难事，升学率上去了，学校也就办好了。为了保证生源，部分示范高中过于追求学校办学规模，追求学生数量，追求校园建设的高标准，过分追求学校的外在形象而忽视了学校的内涵发展，学校的特色和个性被削弱，甚至被放弃，一些学校积淀起来的文化传统流失殆尽，教育主管部门在衡量一所高中的办学质量时，虽然口头上说全面开展素质教育，但仍以升学率为主要指标，有的地方政府单纯以高考重点上线率、本科上线率人数，特别是考上北大、清华的人数为工作政绩来考评学校。在现实中，无论是学校、学生还是家长，绝大部分人均认为就读普通高中的唯一目的就是考上一个好大学。在这样的观念影响下，普通高中教育功能变得相对单一，示范性高中的目的就是把学生尽可能送入"985"或"211"就读；一般高中在生源不占优势的情况下，依然要在"升学率"上跟示范高中进行"血拼"，校长、教师、学生苦不堪言，而民办高中更是把升学率作为生死存亡的大事对待，因为没有升学率作保障，民办高中的处境将更为艰难。正因为如此，各类高中学校均把"升学"功能排在第一的位置，始终围绕着高考的指挥棒打圈圈。一幕幕"生源大战"在各地不断上演，而且这种压力又形成传导态势，一步步下移，学校千方百计选择好生源，家长想方设法选择好学校，学生则拼死拼活考出好分数，衍生出了"择校热"，并由此演变出高价"学区房"，拼爹"共建校"，等等，从而带来了一系列社会问题。而在学校内部，这种在高考面前的"唯考分论"使不同学校出现了"千校一面"的现象：办学理念、管理方式单一，学校由于区位、文化、个性形成的差异逐步融解,每所学校都在血战"高考排行榜",最终少数几所学校杀出重围,成为"名校",而更多的学校在这种残酷的竞争面前不仅丧失了自己的个性与特色,更把"育人"的基本功能丢失。学校不再是文化场所,许多教师甚至校长不知道学校的办学理念,不了解学校的办学传统,不清楚学校的优势领域,关注的只是哪一科高考分数高,如何想办法压倒竞争学校。对教师的评价也是简单化,教师的专业水平、教学风格、个人魅力等均不看重,只要升学率高、及格率高,就是名师。全然不顾学校的文化传统、办学理念、培养目标、发展基础、努力程度等,忽视了学校作为一个育人场所应承载的神圣使命。趋同的培养模式使得不同类型、不同背景的学校只关注结果而忽略过程,学校缺少办学活力。

五、困境五:高中教育的高关注度与办学主体地位的缺失

就各级各类教育而言,从受关注的程度、强度、密度、广度而言,恐怕没有比高中更受关注的了,这种受关注的复杂性不仅表现为关注者众多,而且表现在关注者之价值观的冲突上。从对高中教育的关注人群来看,首先是来自家庭的关注,当前的高中学生群体以独生子女为主,大部分高中生都是家庭的中心,不仅有来自父母的保护,更有爷爷奶奶、外公外婆的关爱,一个高中生已成为一个家庭甚至多个家庭的希望,因而高中生在校的学习生活状况一直受到家人的关注,高中生在校的任何变化都会牵动家人的神经。其次是来自政府的关注,近些年来,许多地方政府把发展高中教育,把高中校园的建设当成重点工程、政绩工程,尤其是把高中生毕业升学指标化,对于考上好大学的学生、对升学率高的学校给予大张旗鼓的宣传、奖励。此外,还有媒体的关注。由于高中教育受到政府和社会的广泛重视,故高中教育的任何变化也会引起媒体的极大关注,无论是高中教育取得好成绩,还是高中教育出现失误,媒体都会将其作为焦点予以报道宣传,以吸引公众的目光。由于高中教育具有承上启下的作用,其任何变化除受到来自家庭、政府、社会的关注外,自然也更容易受到教育系统内部的初中教育工作者、高等教育工作者的格外关注。上述与高中教育发展有着利益关涉的众多主体,如果他们的关注能够与高中教育工作者一道形成教育合力,则对高中教育的发展是积极的。但在现实中,各种利益相关者对高中教育的重视、关注,往往更多地表现为不一致,甚至出现严重的价值冲突,这就使高中办学和高中教育的发展变得异常复杂。其中,与这种高关注度形成鲜明对比的是学校办学自主权和师生主体地位的缺失。由于学校办学评价权掌握在政府手里,政府通过划分行政级别的方式对学校进行管理（一般省级重点/示范高中定位为正处级，地市级高中定位为正处级或副处级，县市管高中定位为副处级或正科级，而且高中的级别要高于小学与初中），校长的任命权及对学校办学质量的评价均是由政府或教育行政部门说了算，而作为学校发展主体的干部教师及学生并没有多少话语权。

第四节　同质化的突围策略

高中教育处于义务教育与高等教育的中间阶段，具有承上启下的重要作用。总结分析我国教育发展 20 多年来的相关政策，从 20 世纪 80 年代开始实施"普九"政策以来，义务教育先后经历了从"普及"到巩固与提高的过程，一直占据着整个教育工作重中之重的地位。高等教育扩招后，"提高高等教育质量"又被国家定为重要的政策目标。而整个高中阶段教育一直处于义务教育与高等教育的夹层之中，其发展主要是在一种下推上拉的过程中实现的，其政策规定也往往是作为其他重要教育政策中基础教育的"附属部分"稍带提及。因此，无论是从教育层次还是教育类别来考察，普通高中教育的发展政策一直以来都是处于边缘的地位。直到 20 世纪 90 年代中后期，由于社会发展和教育自身发展的要求和需要，国家提出"普及高中阶段教育"的教育发展战略目标，但在执行这个目标任务时，重点却放在当时发展基础明显薄弱的中等职业技术教育，普通高中的"边缘"地位并未得到根本的改变。而从普通高中自身的政策分析来看，新中国成立以来，对普通高中影响最大的无疑是"重点中学"政策。受国家相关政策的影响，我国普通高中的发展一直遵循着"重点高中重点发展"的政策思路。20 世纪 90 年代中期，原国家教委在《关于评价验收 1000 所左右示范性普通高级中学的通知》中提出，要"有计划、有步骤、分期分批建设 1000 所示范性普通高中"，将"重点中学"在名称上改为"示范性高中"。名称改变后，相关政策继续执行，并没有明显改变。"重点高中"或"示范性高中"仍然是作为普通高中的"窗口"存在，在财政投入、招生等政策上继续受到政府的倾斜照顾与扶持，享受着其他普遍高中享受不到的特殊政策。同时也使创办"示范性高中"成为许多普通高中学校追求的重大目标，有的学校花费大量的人力、物力、财力，甚至不惜高额举债，目的就是为了获取一块"示范性高中"的牌子，能够享受到"示范性高中"的相关特殊政策。应该说，"重点中学"政策的实施，一方面调动了地方政府办学的积极性,通过"重点示范",在一定程度上推动了整个高中阶段教育尤其是普通高中教育的持续发展;另一方面也人为地拉大了重点高中/示范性高中与其他普通高中之间的差距,使普通高中教育发展呈现明显的不均衡状况,城市与农村、东部与中西部、即使同一县域,重点高中/示范性高中与其他普通高中的差距越拉越大,两极化现象日趋严重,这种情况在强调教育公平的今天尤其被人诟病。

一、以制度设计引领普通高中教育发展的方向

当前,我国高中教育已进入大众化阶段,部分地区已进入普及化。精英化阶段的重点中学制度已不适应大众化、普及化阶段的要求,需要在学校发展制度设计上做出新的回应。适应普及化阶段对高中教育发展方式的要求,适应学生个体的差异性和多元化发展需求,满足社会对人才多样化的要求,促进普通高中多样化有特色发展,突破学校同质化现象,普通高中教育亟待从分层发展的重点中学制度转向分类发展的多样化发展制度。尽管《教育规划纲要》颁布已有7年多的时间,但普通高中多样化、特色化发展的实施意见一直未能出台,缺少与之配套的相关文件与举措。各地对《教育规划纲要》中普通高中特色发展新目标的精神实质还存有一定的模糊认识,对本地普通高中特色发展目标任务缺乏针对性的系统设计。制度设计不清晰,势必会造成对普通高中多样化发展的内涵认识不清、目标不清、思路不清。因此,要积极稳妥地推进高中教育改革,就要做到统筹谋划,系统设计,上下联动,逐步建立健全相关制度体系,在形式上要进行相应的制度设计与变革,最核心的是通过相应的制度建设使学生能够得到全面而有个性的发展,通过深化普通高中办学模式的改革,培养经济社会发展和符合学生个性特长发展的各类人才,以新一轮高考改革和课程改革为契机,实现普通高中办学的开放性、灵活性,增强普通高中的社会适应力。通过丰富高中学校类型,在普通高中内部探索多种类型,如以升学预备教育为主的学术型高中、以升学与就业预备教育相结合的普职融通高中、以满足不同兴趣爱好学生的特色高中等,增强普通高中对经济社会发展的主动性与适应性,满足经济发展对人才的多样化、多规格要求和学生个性、特长发展的多样化、多规格需求,切实将应用型人才培养和创新型人才培养落到实处[1]。

---

[1] 曲正伟. 普通高中多样化发展的价值取向与制度设计[J]. 东北师大学报(哲学社会科学版), 2011(2).

二、以立法形式明确高中阶段教育的性质

据统计，目前我国已制定专门的教育法律7部，包括2部由全国人民代表大会制定的基本法，5部由全国人民代表大会常务委员会制定的普通法。其中，1995年制定的《中华人民共和国教育法》和1993年制定的《中华人民共和国教师法》这两部法规属于普遍性的法律，其中《中华人民共和国教育法》是我国教育法律体系的基本大法，它对我国教育方面的所有全局性的大问题做出了基本规范；《中华人民共和国教师法》是以所有教学形式的教育人员为调整对象的法律。这两部法律适用于所有的教育形式。另外，还有5部具有特定调整范围的法律，其中，1986年制定的《中华人民共和国义务教育法》，其适用范围为初等教育（小学教育）和初级中等教育（初中教育）；1981年制定的《中华人民共和国学位条例暂行实施办法》和1998年制定的《中华人民共和国高等教育法》，其适用范围为高等教育；1996年制定的《中华人民共和国职业教育法》，其适用范围是各级各类职业学校教育和各种形式的职业培训；2002年制定的《中华人民共和国民办教育促进法》（2016年11月修订），其适用范围则是各级民办教育。不难发现，在众多教育法律中，唯独没有高中阶段教育的法律法规或条例。由于缺少相应的教育法律法规，高中阶段教育（特别是普通高中教育）在国民基础教育中的功能性质和法律地位不明，办学方向不清，严重制约了高中阶段教育健康发展，也是导致高中阶段教育发展出现偏差的根本原因。通过对高中阶段教育进行立法，明确高中阶段教育的性质、任务、目标，赋予普通高中应有的办学自主权，规范普通高中办学行为，维护正常的教育秩序，才能保障普通高中教育的健康、有序发展，使普通高中在自己内在规定性的轨道上运行，对加快我国普通高中多样化发展一定会大有裨益。

对高中阶段教育进行立法，是国民经济和社会发展的必然要求。从教育外部环境看，随着我国经济社会的快速发展，社会对劳动力受教育程度的要求越来越高，九年义务教育已难以满足社会上大多数行业对人才的需求，延长劳动者受教育年限已成为一种必然的趋势。从教育内部看，经过多年的沉淀，普通高中教育自身也存在进一步发展的要求。各种现实要求提示着政府和教育行政部门必须要把普通高中教育的发展摆上重要议事日程，重新认识和定位普通高中教育在整个教育中的战略地位，从根本上改变普通高中长期以来在国家教育政策中的"边缘"地位，以法律的形式明确普通高中在整个教育层次与类别中的功能性质及战

略地位；明确普通高中的发展定位与目标；明确政府对普通高中发展的主要责任，同时确立社会与个人的投入分担比例；加强对普通高中学校的分类管理，分类构建科学合理的评估标准与体系，通过制度建设保障普通高中的质量与特色；通过立法规范普通高中的办学行为与教育秩序，确保普通高中的健康持续发展❶。

三、以培养目标为主导探索校内培养模式的多样化

我国普通高中学校的同质化主要体现为培养模式的趋同。培养模式涉及培养目标、培养规格、课程设置、教学设计、教学方法、评价方式、管理制度等要素。学校培养目标是培养模式的根本，是培养模式其他要素运行的基石和指导，是学校组织发展的方向和归宿，对于学校的发展起着引领性的作用。由于不同地区不同学校的历史文化、师资、生源特点不同，学校所培养的人才质量标准与规格要求必然也会有所不同，这就决定了普通高中学校培养目标的特色性与多样性。普通高中学校必须根据学校的生源特征及学校特色，进行顶层设计，形成符合学校自身特点的具体可操作的学校培养目标，在学校培养目标引领下，规划学校的课程、教学、评价、管理等活动。职业教育作为国家教育制度的一部分，通过它"选择不同的个体进入不同的教育学制轨道，接受不同类型和性质的教育，从而也与不同的职业目标和社会、经济地位联结在一起"❷。从我国的传统角度而言，"学而优则仕""劳心者治人，劳力者治于人""金榜题名"是人们读书的奋斗目标和成功的标准，长期以来，职业教育一直受"为本地经济发展服务"、职业教育毕业生要"用得上，留得住"的观念所局限，很多学生更愿意去"看看外面的世界"而不去考虑职业教育。此外，在高校扩招、高中教育大发展的背景下，普通高中的含"金"量不断提升，进入普通高中就等于一只脚进入了大学，而如果进入职业学校接受教育则断了进入大学之路，导致近年来出现"普高一头热"和"技工难求"的局面。

总之，我国普通高中要想培养具有创新精神和创造力的人，就必须发展学生的个性，走多样化发展的道路。如果我国普通高中教育能在办学模式、培养模式、育人模式上多样化一些，更人性化一些，学生能够掌握选择的主动权，他们就能够根据自己的能力、兴趣选择接受为他们"量身定做"的普通高中教育。

---

❶ 彭波. 论普通高中教育发展的现实樊篱及其突破［J］. 教育学术月刊，2012（11）：67.
❷ 刘精明. 国家、社会阶层与教育——教育获得的社会学研究［M］. 北京：中国人民大学出版社，2005：117.

没有选择性的普通高中教育是与社会的发展相背离的教育，培养不出社会所需要的多样化的人才。没有选择性的普通高中教育是与学生的身心发展规律相背离的教育，不能教给学生生存的能力和健全的人格。普通高中的选择性这一特点同样要求我国普通高中教育要实现从办学体制、办学模式到培养模式、育人方式的多样化发展。以便尽可能让每一所学校都能寻找到适合自身办学理念、培养目标与办学实际的发展道路，也使每一个学生能够根据自己的个性特点，选择自己感兴趣的、擅长的、适合自身发展方向的知识进行学习。我国普通高中教育应信守这样的理念：尊重每一位学生，认识到每个人独有的精神、道德、智力、体力上的发展潜力。以此为基础，学校应该尊重和发展每一位学生的个性、优点，改正缺点，帮助学生澄清生活的意义和目的，指导每一位学生认识自我，学会对自己的能力、权利和机遇负责，帮助每一位学生在自己的能力范围之内，对将来生活有所规划，并能够在高中阶段找寻到适合自身成长的道路。

第三章
Chapter three

分类发展：普通高中教育发展的必由之路

改革开放以来，我国教育发展的主导模式是规模扩张、外延发展，缺乏对教育结构体系的理性规划和宏观统筹。教育系统所产出的人才在总量上实现了历史性突破，但在结构上存在着突出问题，即技能型人才尤其是高水平技能型人才严重短缺，人才结构与就业结构、产业结构不相匹配，严重制约着我国产业升级和经济发展方式的转变。《教育规划纲要》中围绕高中阶段教育的改革与发展提出了"加快普及高中阶段教育""全面提高普通高中学生综合素质""推动普通高中多样化发展"等具体要求。如果将这三项内容从逻辑上分析，不难发现，三者分别针对的是高中阶段教育的数量规模、质量效益和制度支撑，而作为制度支撑的"普通高中多样化发展"，则无疑是高中阶段教育战略目标实现的关键。因此，调整高中教育结构，改变学生培养模式，转变高中教育发展方式，使高中教育从单一化的升学预备模式向多样化的分类发展模式转换，既是高中教育自身发展的需要，也是高中教育服务并引导社会经济发展的需要。普通高中分类发展有其深厚的历史背景，可从经济、政治、社会对不同层次、不同类型人才的实际需要及教育自身发展及人的个性发展需求、高中教育发展需要等多个视角进行剖析。按照教育的内部发展规律和各级教育发展的阶段性特点，通过体制、机制创新和实施有针对性的政策，引导高中教育发生根本性的转变：一是将各级各类教育发展的重点，从单纯地注重规模、注重普及水平的单一向度发展，适时转向规模、结构、质量、效益并重的全面发展；二是从注重硬件建设，转向硬件、软件建设同步发展；三是从注重保障教育教学的正常运行，转向关注教师队伍建设、教师专业发展；四是从注重全体学生的知识积累和整体发展，转向注重每一位学生个体的全面发展和个性发展，以及弱势人群的教育与发展。

　　教育是一种培养人的活动，开发受教育者的潜能，依托个体的原有优势或特长，促进其健康成长，体现教育的本质和内在规定性。教育最不能做的事情就是"闭门造车"，不能脱离社会的要求，也不能违背少年儿童的身心发展规律，教育要关注受教育者独一无二的个性，要能够从每一个鲜活的生命出发来帮助他们获得自身想要得到的不同领域的知识。教育是价值关涉活动，教育改革是人们按照自己的价值标准促使教育从实然到应然的转变过程，好的教育是人们在观念上对理想教育的体现，也是人们教育实践上的目标追求；既有现实的超越性，也有实现的可能性。好的教育不是带情绪化的个性判断，而是代表公共利益的理性抉择❶。在我们这样一个经济不算发达，各地发展很不平衡的国家，好的教育不能一概用"一流"标准来衡量，豪华、奢侈的教育不能带来高质量的教育，信息化、数字化的教育不等同于理想的教育，好的教育实质上是合适的教育，是符合我国现实国情、行之有效的教育，是具有理想性也具有实现可能性的教育，也是恪守社会公平、社会正义原则的教育❷。罗素在《教育与美好生活》中提出，教育通过培养和发展人类普遍需要的素质或普遍价值来实现理想的社会。他所追求的这种与"美好""幸福"相联系的教育其实就是对普通人的教育，唯有当绝大多数普通人都具有这种人类普遍需要的素质和价值观时，这个社会才可能是美好而幸福的。我国普通高中在向普及化阶段迈进过程中，在高中多样化发展背景下，以分类发展面向多样性需求，创造一种适性适才的教育环境，强调"教育好每一个普通人"，重视教育与生活的联系，强调教育为生活而培养人，强调教育"促进人的成长与发展"这个朴实的本体价值而非"服务于某种功利目标"的工具价值。"教育好每一个普通人"决定了教育的使命应该是面向绝大多数人的教育，是面向生活的教育，是对教育的功能、使命定位的回归，它所要阐释的是教育究竟是为谁而存在以及该怎样履行教育的使命，是时代赋予高中教育的历史使命。

---

　　❶ 曾水兵. 什么是好的教育——当前基础教育改革的几个认识误区与反思[J]. 教育科学研究，2007（4）.
　　❷ 许广云. 普通高中培养模式多样化问题研究[D]. 江西师范大学教育硕士论文，2012（5）：17.

第一节 普通高中分类发展的必要性

普通高中的教育对象是未满 18 周岁的青少年，他们正处于人生观、价值观、世界观形成的关键时期。《教育规划纲要》明确提出："高中阶段教育是学生个性形成、自主发展的关键时期，对提高国民素质和培养创新人才具有特殊意义。注重培养学生自主学习、自强自立和适应社会的能力，克服应试教育倾向。"这就需要普通高中结合学生身心发展规律，关注全体学生差异性的成长和个性化的需求，切实为学生未来的专业发展和职业发展奠定良好的基础。普通高中分类发展就是为了满足不同个体、不同人群的发展需要，而教育活动从关注学生的整体性到关注学生的个体性，从关注一部分学生的个体性到关注全体学生的个体性。衡量人才培养质量的根本标准有两个：一是看能否适应经济社会发展的需要，既满足社会当下对人才数量和规格的需求，又为未来发展做好必要的人才储备；二是看能否适应人的发展需要，既能保证对公民基本素质的培养，又能提供个性化的发展空间。智利诗人加布里拉·米斯特有一句名言："我们所需要的很多东西都可以等待，但孩子所需要的东西不能等待。他的骨骼正在成型，他的血液正在生成，他的心灵正在发展。我们不能对他说明天，他的名字就叫今天。"

主张普通高中分类发展，源于两种逻辑：一是社会分工的不断细化，社会需要多规格、多层次的人才，以满足各行各业的需求，是其外在逻辑；二是由于人的个性差异，个体之间在兴趣、爱好、潜能等诸方面的不同，对教育也有各种各样的需求，是其内在逻辑。也就是说，多规格和多层次的人才标准及不同个体、不同人群的多样化发展需求决定了普通高中教育标准和培养目标的多元化，也决定了普通高中教育服务和教育发展的多样化。

一、高中分类发展是对经济社会多元发展的必然选择

俗话说：三百六十行，行行出状元。在我国古代就有三百六十行之说，当今社会各行各业更是多如牛毛，这么多的行业当然要求学校能够培养出各行各业的能手。可以说，人才培养模式多样化是学校对社会发展的主动响应，也是学校发展的必然归宿。学生走出校园以后就要走向竞争日益激烈的社会，教育不得不考虑社会需求这一最重要的因素。高中教育既然被定性为一种选择性教育，它就必

然面临也必须接受社会的选择。因此，高中教育发展的基本原则，首先就应该体现为社会选择。这种选择应该是宽口径的，即人们可以选择不同种类的高中教育，各类高中也可以选择各种各样的学生。这种选择还应该是双向性的，即学校有权选择学生，学生及家长也有权选择学校，不应有所强迫，而是有序的竞争。随着经济发展及人们生活水平的提高，越来越多的家长选择将自己的孩子送往能够提供优质教育的高中学校。综合高中、特色高中因为能够实现培养模式的多样化，因而也能够很好地满足社会对优质教育的需求。特色高中所提供的优质教育不仅表现在教学质量、教学效果上的"优"，而且还能够提供多样化和充满个性化的教育，更好地发展学生的兴趣、爱好、特长等。普通高中的多样化发展具有鲜明的针对性和时代性，它不是对原有培养模式的简单摒弃，也不是已有发展模式单纯的累积叠加，而是对现行教育模式的丰富完善，实现从规模发展到内涵发展、从追求划一到追求多样、从注重整体到注重个体巨大转变的教育培养模式，因此，分类发展是更具人性化的教育发展模式。

首先，经济发展支撑了普通高中的办学规模，奠定了普通高中多样化发展的物质基础。经济发展改善了办学条件，支撑了课程资源多样性和师资队伍多样性，使得高中教育从精英教育走向大众教育再走向普及教育成为可能。同时，经济发展需要人才的多样性，经济发展使社会分工越来越细，不同分工、不同领域需要不同人才，教育只有多样化发展，才能培养出多样化的人才，满足经济社会发展的需要。此外，经济发展催生了人们的个性追求，使得人民的生活品质不断提升，人们追求个性、追求自由、追求多元的价值实现，决定了普通高中教育朝着多样化的方向发展。其次，政治需要决定了普通高中教育的多样化发展，政治走向民主，走向自由，走向个性多元，这是历史潮流，不可阻挡。当然，意识形态不同，政治制度不同，民主方式不尽相同。但注重民意，注重自主选择，包容个性多元，是不同国家、不同制度的共识。政治家们在力所能及的前提下，满足民意需求，满足多样化的发展，既是义不容辞，又是必然选择，推进普通高中多样化发展也应在此之列。民主是发达国家意识形态的核心价值观，当然并非是发达国家的专利，民主也是社会主义国家、发展中国家的核心价值观，只是体现形式不同，民主价值观决定了自由与选择，决定了个性与多元，体现在教育领域必然是普通高中的多样化发展。

二、分类发展是高中教育自身发展的内在要求

普通高中教育与义务教育相比，最大的区别在于非义务性和可选择性。高中

阶段教育不再像九年义务教育阶段那样需要接受统一的学校教育，学生将根据自身的能力、性向进行基本的分流选择。随着经济、文化、科学技术水平的发展和教育民主化的要求，义务教育的年限逐渐增加，一般在学生 15~16 岁时结束。这样，普通高中阶段就成为对学生进行分流的关键时期。已经进入全民教育阶段的美国、加拿大，虽然是在高中后实行分流，但从广义的分流意义上来说，他们在综合中学的内部通过多样化的课程选择实现了学生的自主选择，学生可以根据自己的兴趣、能力和需要，选择符合自己的职业生涯发展计划和课程方案，这些自主的选择甚至对应于他们将要升入的具体大学，从实际意义上来看，这是通过课程选择来进行分流。现在，越来越多的国家和地区采取学校分流和多样化课程相结合的模式来促进学生多样化的发展，普通高中和中职学校不再界限分明，学生在普通高中可以选择职业技术方面的课程，毕业后既可直接就业、也可选择继续学习；同样在职业学校，学生也可以选择普通文化科学方面的课程，毕业后或继续学习或工作若干年后继续选择学习或直接就业。有人对国外教育分流的具体形式作了更详细地说明：教育分流是指依据学业考试成绩和学术性向测验，将学生分层别类，引入不同的学校和课程轨道，按照不同的要求和标准，采用不同的方法，教授不同的教育内容，使学生成为不同规格和类型的人才。教育分流直接为学生从事不同的职业和进入不同的社会阶层奠定基础。❶

"多样化"绝不是单纯的数量增加，而是类型的丰富、结构的优化，是从整个高中教育管理系统出发，着眼于整体与部分、整体与结构、整体与要素、整体与环境的相互联系与作用，通过对高中教育系统进行统筹协调，以求得管理的整体优化。"多样化发展"也绝不是单纯追求一个质量的高标准，而是使每一所学校、每一名学生找到适合自身特点的发展标准、发展模式。就普通高中教育而言，要促进普通高中教育的内涵发展，提高教育质量，关键在于重新塑造教育质量观念，改变过去片面追求升学率的错误做法，将普通高中教育的重点放在全面提高全体学生的综合素质和满足学生多样化的发展需求上，做到"适合的教育才是最好的教育"❷。

1. 高中分类发展是普及化阶段的必然要求

从普通高中的历史发展进程来看，精英化阶段的普通高中强调选拔和淘汰，

---

❶ 闻待. 论高中教育的多样化发展 [D]. 华东师范大学博士学位论文，2010：56.
❷ 曲正伟. 普通高中多样化发展的价值取向与制度设计 [J]. 东北师大学报（哲学社会科学版），2011（2）：154.

注重学术质量；到普及化阶段，普通高中要从单一的升学职能转变为兼顾升学、就业、育人等职能，提供一种兼顾学术和技术能力，以及人格和素质培养相融合的教育环境，是实现高中教育质量普及化的必然趋势。2010年我国高中阶段教育毛入学率达到82.5%，初中毕业生升学率达到87.5%，全国一半省份的初中毕业生升学率在90%以上，这意味着我国高中教育已经正式从大众化阶段迈进普及化阶段（见表3-1）。

表3-1 我国初中毕业升学率、高中毛入学率、高校毛入学率

年度	2000	2001	2002	2003	2004	2005	2006	2007
初中毕业升学率%	51.1	52.9	58.3	59.6	63.8	69.7	75.7	80.5
高中毛入学率%	—	—	—	—	—	—	59.8	66.0
高校毛入学率%	—	—	—	17.0	19.0	21.0	22.0	23.0
年度	2008	2009	2010	2011	2012	2013	2014	2015
初中毕业升学率%	83.4	85.6	87.5	88.6	88.4	91.2	95.1	94.1
高中毛入学率%	74.0	79.2	82.5	84.0	85.0	86.0	86.5	87.0
高校毛入学率%	23.3	24.2	26.5	26.9	30.0	34.5	37.5	40.0

数据来源：全国教育事业发展统计公报（2000—2015年）．www.moe.gov.cn．

高中教育职能的多样性决定了高中教育的多样化：多样性的学校文化，多类型的办学模式，多样化的课程设置等。分类发展是在普及化阶段，在推动高中多样化发展进程中，实现高中教育发展模式转换的一种现实选择，是普通高中多样化发展的具体表现。普通高中教育模式的转换是实现学校特色办学与学生个性发展有机结合的有效途径，是提高教育教学质量，实现国家教育发展目标的必由之路。因此，《教育规划纲要》明确提出普通高中"克服应试教育倾向""推动普通高中多样化发展"的要求。

2. 高中分类发展是满足高中学生选择权的重要途径

高中阶段教育是学生个性形成、自主发展的关键时期，对提高国民素质和培养创新人才具有特殊意义。普通高中的基本教育价值在于培养合格的、具有一定素质要求的公民，这就要求普通高中对每一个学生负责，对每一个学生的全面发展负责，同时这种负责也应包含对于学生个性与特长的培养。为此，要积极推进培养模式的多样化，在保证基本教育质量标准的前提下，满足不同潜质学生的发

展需求。探索多样化培养模式的目的，就是要为每一个学生提供适合的、高质量的教育。首先，在普通高中内部体系上，要增加选择和再选择的机会，要鼓励有条件的普通高中开设与职业相关的选修课程，不仅有利于培养学生的实践能力、动手能力，还能够帮助学生了解不同职业、岗位的知识与技能要求，增强职业规划意识，形成正确的择业观、合理地选择专业发展方向。发达国家在高中教育改革中特别注重为青少年提供更加广泛的选择机会。比如，法国将高中的第一年作为基础学习阶段，学生通过不同的选修课学习，逐渐深化对某一学科的了解，同时对自己的学习能力和兴趣做进一步的确认。还有的国家在专门职业教育之前，开设一年的基础职业课，先让学生初步认识一大门类的职业教育情况，然后再确定具体的职业培训。由此可见，允许重新选择是高中教育管理的一个重要原则。在学生发现自己所选择的专业不合适时，可以相对容易地转到另一条学习途径上去，既可以在普通教育与职业教育之间重新选择，也可以在普通教育中的文科或理科之间，还可以在职业教育的不同专业之间重新选择，正如《教育规划纲要》所要求的"采取多种方式，为在校生和未升学毕业生提供职业教育"。其次，要深入推进普通高中的课程改革，鼓励学校开设各种选修课程，增加课程的多样性和学生的自主选择性。高中阶段教育肩负着向高等学校输送优秀生源的重要任务，需要主动探索发现和培养创新人才的途径，积极开展拔尖创新人才培养模式探索，同时还要根据学生个性发展的不同，爱好特长兴趣倾向的差异，提供丰富多彩的课程内容、教学方式及社团活动等，为学生的多种选择与体验提供可能。此外，学校还要积极开发和利用校外教育资源，丰富学生的认知、体验与感受，使其在高中阶段明确自身发展需要，为高中学生毕业后的专业选择乃至未来的职业发展奠定基础。

3. 高中分类发展是实现高中学校办学自主权的基本手段

普通高中只有实现办学模式多样化，才会有真正意义上的教育公平，横向分类的办学模式最能体现教育平等，因为有教无类只是形式上的公平，而因材施教才是更高层次的教育公平。学校是教育发展的主体，应该拥有相对充足的办学自主权，纵观一些名校的发展无不跟自主办学的空间权限有关，学校有权选择自己的发展道路，规划自身的发展方向与路径，将主要精力用于学校的自主发展与特色发展，而不是被动应付政府或教育行政部门组织的各种检查、督查、参观、访问等。高中学校要实现办学自主权，必须把教育质量的全面提升作为学校发展的关键点，这里的教育质量不是以升学率为唯一标准的片面质量，而是以促进学生素质全面发展、可持续发展为目标的全面质量，是个性化的优质发展与特色发展，这就需要每一所高中学校能够根据自身的发展特点，在学校的内涵发展上下功夫，跳出封闭的惯性思维和安于现状、盲目自大的意识，更新教育理念，优化内部管理，变革教学行为，凝聚学校精神，提升文化品质，用独立的学校精神、个性化的学校文化，培育出人格健全、学有所长的各级各类人才。

4. 高中分类发展是我国高中教育政策调整的现实选择

中华人民共和国成立以来，我国基础教育政策的基本主题是集中力量办一批重点学校，重点学校制度是我国在教育资源匮乏条件下发展教育的一种现实选择。早在1953年，党中央就提出"要办重点中学"，教育部相继颁布了《关于办好一批重点中小学试行方案（讨论稿）》（1977年）、《关于分期分批办好重点中学的决定》（1980年），要求加强重点中学建设，随后在全国涌现出了一批"重点高中"。1994年《国务院关于〈中国教育改革和发展纲要〉的实施意见》提出：每个县要面向全县重点办好一两所中学，全国重点建设1000所左右实验性示范性高中。这些"重点高中""示范高中"为高等学校提供了优质生源，为国家的经济建设培养了一大批高层次人才，充分发挥了高中阶段教育的引领作用。经过多年建设，重点/示范高中已成为本地区美誉度较高的学校，在办学指导思想、特色课程设置、学校文化建设乃至在学习先进教育理念、领会与贯彻国家教育政策要求以及改革创新意识与行动等方面都明显优于一般高中，对本区域学校具有很强的感召力和带动力。与此同时，重点/示范高中政策也带来了一些弊端或消极影响，如示范高中在经费、师资、生源等方面享有特殊政策，人为地加大了示范高中与一般高中之间的差距，与追求质量与公平兼顾的教育发展目标严重不符；示范高中热衷于升学率攀比，造成校际间的恶性竞争；评价学校办学质量只进行横向比较，很少考虑每所学校在原有基础上所取得的进步等。种种现象表明：精英化阶段的教育政策已严重不适应普及化阶段教育发展的需要，高中教育发展政策到了非改不可的地步，需要将学校从单一的按照升学质量进行纵向分层，转变为根据学校培养目标的不同进行横向分类，确保每一名学生、每一所学校享受相同的待遇，获得同样的发展机会。

5. 高中分类发展是适应新一轮考试招生制度改革的需要

选择性和多样性是贯穿新一轮中高考改革制度的两个核心概念，旨在系统改变"一考定终身"和"一分定乾坤"的传统弊端，开辟更科学、更公平的人才选拔新格局。新高考赋予了高中生对高考学科更大的选择权和组合权,并将高考学科与大学专业选择相关联,力图推动高中教育的系统变革,从而促进高中学生的个性发展和高中学校办出特色。选择性意味着多元性、多样性,而多元性、多样性又意味着复杂性、不可比性。新的高考制度赋予学生选择权,这与高中课程改革、高中多样化发展赋予的学生选择权相呼应,并且从更深层次、以更大力度推进了高中课程改革。高考制度改革包括考试和录取两个方面,而录取制度居于核心地位,影响和决定着高考制度,是高考制度改革的关键。为此,《国务院关于深化考试招生制度改革的实施意见》(国发〔2014〕35号)从三方面提出了改革办法:第一,实施普职分离的录取,照顾不同学生的个人规划,有助于学生的理性选择;第二,实施多元评价的录取,高考考分已不再是唯一的依据,这有利于学生的综合发展;第三,实施合理的录取,推行高考成绩公布后填报志愿的方式,创造条件逐步取消高校招生录取批次,改进投档录取模式,推进并完善平行志愿投档方式,增加高校和学生的双向选择机会,这有利于维护学生的个人权益。

6. 高中分类发展也是适应高等教育分类发展的需要

分类发展的思想源于高等教育,是在高等教育大众化条件下,我国经济社会发展的多样化及其对人才类型需求的多样化需要,制定多样化的评估方案,实行分类评估,引导高校分类发展和科学发展。由于人的职业兴趣是多种多样的,且具有一定的倾向性,学生多样化的职业需求,主要是通过高校多样化的专业学习来奠定基础的。高中学生对专业的选择,主要是通过高考志愿填报来决定的,但在当前"分数第一"思想的主导下,填报什么志愿并不能准确地反映学生真正的职业倾向与兴趣,其原因很多,其中重要的一点是学生缺乏对高校的认识。当前,我国普通高等学校本科专业按照知识领域和社会职业门类共划分为哲学、经济学、法学、教育学、文学、历史学、理学、工学、农学、医学、管理学11个学科大类,这些不同的学科与专业有不同的人才培养规格。普及化阶段的高中教育正面临着与大众化阶段高等教育相类似的问题。从现有的高校专业目录来看,通常只有一般性的院系专业介绍、就业方向以及名牌不名牌、重点不重点的介绍,学生很难从这些信息里,看出它的实质内容。高校分类发展顺应了社会、教育、人的多样化发展的要求,高中教育与高等教育的有机衔接,体现了人的发展的阶段性与连续性。普通高中分类发展就是促使学生在高中阶段及早了解高等教育专业类别,明确自身的兴趣与志向所在,为高中毕业分流及高中后的学习与发展做好准备。近年来,北京市在产业结构优化升级和建设国际化大都市的过程中,也逐渐显现出对高层次研究型和技能型人才的旺盛需求,需要高中阶段教育做出必要的调整,以更好地适应经济社会发展的需要。总之,高等教育的普及化从根本上改变了传统的精英型高等教育的质量观和人才培养模式,为人们提供了多样化的学习方式,这一变化要求高中阶段培养模式必须发生根本性转变。

三、分类发展是对新时期高中教育定位的主动回应

高中教育的性质定位对高中教育改革与发展具有导向和引领作用。高中教育的改革与发展首先要解决高中作为一个独立的教育阶段,其性质、任务、目标等的定位问题,其定位是否清晰、准确,将在很大程度上决定着高中教育改革能否顺利,发展能否持续。从世界范围来看,各国对高中的性质、定位和培养目标以及课程设置的基本原则,一般是围绕共同基础与多样化两维框架来进行设计与实施的。近年来,各国在高中教育尤其是普通高中教育的性质与功能定位上都发生了一些变化,表现出向综合多元方向发展的趋势,大多做到了升学(为继续求学做准备)、就业(为未来社会生活做准备)、全人(造就人格健全的个人)三种功能的兼顾与综合,成为国际普通高中教育的基本定位。当然,由于国情与教育传统的不同,其普通高中在定位上的偏重也不尽相同。受终身教育思潮以及可持续发展理念的影响,我国高中教育"双重功能"定位的局限性逐渐显现。因为如果只是从外部社会层面进行高中学校的功能定位,明显缺乏基于学生个体发展与个体价值层面的关注,加之高中阶段学生正处于由未成年人向准成年人过渡时期,因此,需要强调高中教育为学生个性全面发展及终身发展奠定基础。

《教育规划纲要》明确指出"高中阶段教育是学生个性形成、自主发展的关键时期,对提高国民素质和培养创新人才具有特殊意义",尽管没有明确提及高中阶段的任务,但进一步明确了"国民素质提高和创新人才培养"的高中教育培养目标。于是,有关高中阶段教育的性质、目标、定位等问题再次浮出水面。2011年9月起,《中国教育报》刊发多篇讨论"普通高中教育定位"的文章,掀起了关于普通高中教育定位的大讨论,综合教育理论研究者和一线校长教师的观点,大概可归纳为如下几种观点:

一是大学预科教育说。由于高中教育和高等教育作为整个教育体系中两个相邻的层级,存在着纵向衔接的关系,普通高中教育始终承担着为高等教育输送合格毕业生的任务,在精英化教育阶段,特别强调选拔和淘汰功能,在普及化教育

阶段，普通高中教育已经由基础教育转变为大学预科教育，成为一种主要为高等教育输送生源的教育层次和形式，其主要功能是高等教育的准备或预备。持这一观点的代表人物是清华大学的谢维和教授，他认为：由于社会经济发展对高层次人才需求的扩张以及高等教育从大众化走向普及化，中国的普通高中正在面临第二次转型——从大众化的终结性教育向大众化的预备性教育迈进❶，因此高中阶段教育是高等教育的预科教育。二是"基础＋选择"说。教育的最终目的是促进人的发展，无论哪一阶段的教育在促进学生发展方面都具有独特价值，为此，有研究者认为"高中教育定位应该由学生的内在价值决定"，而不能简单地按照高中升入大学或进入职场的比例、人数来决定高中教育的功能。持这一观点的代表人物是华东师范大学的霍益萍教授，她认为：高中学段作为上联高等教育，下接义务教育的特殊阶段，兼具终止性教育与预备性教育的双重属性，决定了高中教育在更加注重基础性的同时还应该为学生提供多样化的教育，使学生学会选择，即"明确我是谁，我想干什么，我能干什么，我现在应该做什么"，这种注重选择能力的教育明显区别于义务教育❷。三是内外价值融合说。针对上述两种观点，有研究者认为二者都存在一些不足，杭州师范大学张华教授认为："大学预科教育说"过分关注为大学做准备，重视的是高中教育的工具性价值，而忽视了学生的综合素质，漠视高中教育的内在价值；"基础＋选择说"过分注重高中教育的内在价值，而缺乏对高等教育和社会适应的应有关照❸。因此，他主张高中教育应定位在工具性价值和内在价值的融合上，即同时注重对大学教育的准备和基础教育的深化拓展。四是多重任务说。北师大石中英教授基于以往对普通高中教育任务的表述，参照当前我国经济社会发展和教育改革包括普通高中教育改革的形势，认为普通高中教育"双重任务"似乎在强调生产技能和学术能力的同时，相当程度上忽视了更加内在地对学生人格养成以及广泛的公民素质的培养。在此基础上，提出普通高中教育的任务应由传统的"双重任务"演变为"五项任务"，依照其优先性秩序排列如下：为成人做准备（人格教育）、为未来公民做准备（公民教育）、为终身发展做准备、为升学做准备、为就业做准备❹。这五

---

❶ 谢维和. 从基础教育到大学预科——新时期高中教育的定位及其选择［N］. 中国教育报，2011-09-19.

❷ 霍益萍. 高中：基础＋选择——也谈高中教育的定位与选择［N］. 中国教育报，2012-03-09.

❸ 沈伟，曲琳. 我国普通高中课程改革的反思与展望——杭州师范大学张华教授访谈［J］. 全球教育展望，2012（12）.

❹ 石中英. 关于当前我国普通高中教育任务的再认识［J］. 清华大学教育研究，2015（2）.

项任务之间既相互区别,也相互关联,共同构成一个较为完整的任务体系,体现普通高中教育的特殊性质。

总之,无论对普通高中教育的性质、任务如何定位与解读,高中教育已不再局限于传统的"双重任务"。上述四种观点,从不同角度阐述了高中教育的基本定位,虽然表述各不相同,但有一定的共识:首先,高中教育仍担负了"双重任务",但结合当前高中教育的自身发展和社会经济对人才培养规格的需求,"双重任务"的内涵需要丰富和重新解读,正如石中英教授所主张的:"双重任务"是面向所有普通高中在校生的,"为升学做准备"不单纯是针对为升入高等学校的那部分基础好、成绩好的高中生,"为就业做准备"也不仅只面向那些升学无望、成绩不好的高中生;"为就业做准备"不能狭隘地理解为直接的职业或专业教育,而应该理解为包括更广泛的文化知识、职业态度、伦理及综合性、可迁移技能的学习;不能把"为就业做准备"和"为升入高等学校做准备"两个任务对立起来,认为强调哪一方就会损害到另一方,而应该看到它们之间的共同基础和内在关联。其次,"育人"是对教育工作的根本要求,无论是哪个层级的教育,都要坚持"育人为本",而且"育人"在普通高中阶段具有独特价值:一方面,这一阶段是学生由未成年人向准成年人的过渡时期,他们将在这三年中迎来自己的"十八岁";另一方面,高中阶段是学生个性形成、自主发展的关键时期,因此,"公民教育"与"人格教育"应是高中阶段教育的首要任务,是为其终身发展奠基的基本内容,是"育人"的应有之义。总起来看,当前对于普通高中教育基本定位的研究,主要存在两种研究视角:一种是工具性价值视角,即从社会经济发展的水平,特别是与其相应的劳动力市场对一般劳动力文化知识程度和水平的要求及其变化和高等教育发展规模和水平两个因素的动态变化,作为对普通高中教育定位进行动态调整的依据[1]。另一种是育人性价值视角,即从高中阶段学生成长及为成人做准备的角度来判断普通高中教育的定位[2]。基于不同的研究视角,对普通高中的基本定位有着不同的理解,这也是作为连接义务教育与高等教育的普通高中教育的特殊性以及由此所带来的功能多重性所造成的。

---

[1] 谢维和. 基础教育到大学预科——新时期高中教育的定位及其选择[N]. 中国教育报,2011-09-29.
[2] 霍益萍. 高中:基础+选择——也谈高中教育的定位与选择[N]. 中国教育报,2012-03-09.

第二节 普通高中分类发展的可行性

随着《国家中长期教育改革与发展规划纲要（2010—2020 年）》的颁布实施，自 2010 年开始，北京市教委启动了高中特色建设项目，以委托项目的形式，由专业研究机构具体负责，以高中特色建设为抓手，在全市 16 个区（县）选取 70 所不同类型的高中学校进行特色建设与多样化发展的探索。历经"方案制定、组织实施、中期评估、过程指导、成果交流、结题验收、成效分析、成果推广"等一系列环节，在改变单一的学校类型、促进学校内涵发展、引导不同类型的学校结合自身实际确定特色定位，形成个性化的办学理念和独特的办学模式等方面发挥了重要作用，促使每一所项目学校形成了较为稳定的特色发展方向，有效地激发了高中学校的办学活力，促进了高中多样化发展格局的初步形成。

一、高中课程改革奠定了多样化发展的基础

高中课程改革为高中学校发展提供了新平台、新机会，是高中多样化发展的重要前提。2007 年开始的北京市高中课程改革，围绕课程的基础性、时代性和选择性而展开，致力于国家、地方、学校三级课程体系的构建，为学生自主选择、个性发展提供可能。以课程改革为核心的高中学校教育改革，在扭转课程内容单一、学习方式单一等方面发挥了重要作用，也为高中学校多样化有特色发展奠定了坚实基础。可以说，没有高中课程改革的序幕，特色建设就很难登上高中教育的舞台。

课程体系的多样性和开放性是普通高中培养模式多样化的基本依托，而课程体系的多样性与开放性落脚点是校本课程的多样性与开放性。校本课程的多样性与开放性体现在多个层面：一是指学习领域内容的多样性与开放性，如针对普通高中八大学习领域，学校基于学生发展需要，整合各种课程资源，开发有价值、可实施、可评价的校本课程，使学生在学习的各个领域都能选到适合自己志趣的课程。在开设过程中，内容可以增删，顺序可以调整，模块可以更新，体现一定程度的灵活性和开放性。二是指课程层次的多样性，学校开设的校本课程应该能够满足不同学习基础的学生进行选择，既有为进入大学做准备的高深学术性课程，也可以是满足学生兴趣需要的时尚、实用课程，还可以是满足学生特长发展

的专业课程。三是指价值取向的多样性与开放性，课程价值取向应该多元，可以是德育，可以是美育，可以是学术、可以是实用、可以是兴趣，也可以是纯粹为了应考。四是指课程实施方式的多样性与开放性，课程开设方式既可以是传统授课型，也可以是讲座报告型；既有实验型，也有活动型；可以是校内教师开讲，也可以是家长义工义教；既能邀请社会专家名流上课，也可以聘请大学教授开课。五是指课程评价的多样性与开放性，多样化选修课的评价，应该从传统意义的课程评价模式中解放出来，即改变只有考试分数才是评价的误区，落实好课程评价的四个要素即可，即修习课时数、过程综合表现、作业或成果提交与等级审定、学分认定。课程资源的多样化主要体现在选修课部分，开多少选修课，怎么开，针对不同类型的学生，如何构建与实施多样化的课程体系与培养模式等，这些都是学校可以大有作为的地方。

二、高中特色建设奠定了分类发展的基础

高中特色建设的目的在于使每一所普通高中学校具有独特的办学品质。从学校的视角看，通过特色建设促使学校结合办学理念、自身的传统和内外部条件，引导每一所学校找到适合自身发展的方向，激发每一所学校自身的改革动力，体现每一所学校独立存在的价值，为学校的可持续发展奠定基础，呈现出千姿百态的教育生态；从学生的视角看，通过开展学校特色建设，为学生提供多样化、可选择的学习机会，增大学生的选择权，这种选择既包括学生在进入高一级学校时对学校的选择，也包括其入学后在学习过程中对学习领域、内容和方式等的选择，使其在人生最美好的时期拥有丰富而充满乐趣的高中时代，为未来发展蓄积能量。

在项目推进过程中，高中特色建设项目组根据学校已有基础及发展方向，将70所高中学校划分为育人模式、学校文化、素养教育、教学方式、学校管理、普职融通、国际化教育7种特色类型，这7种特色类型体现了北京市普通高中在特色建设中的着力点。其中，育人模式、学校文化、素养教育（含外语、美术、科技、传媒、中医药等）、教学方式、学校管理5种类型反映了学校内部整体或局部特色建设情况，是对学校原有优势领域或特色学科的深化与拓展，在提升学校办学品质、促进学校内涵发展中具有独特作用。普职融通则是从普通高中培养目标的角度出发，探讨普通高中如何加强职业技术教育，重视学生的宽基础、高素质，通过加强非具体的职业技术教育，使学生在升学和就业上都能做好准备，其表现形式是多样的，包括教育内容的渗透，教育目标的综合，教育路径的沟通，教育机构的整合等。国际化教育则立足于首都教育特点，以更加开放的心态，充分开发和利用校外乃至国际教育资源而进行的新尝试，通过国际化促进课程多样化，汲取国际组织的课程设计理念和发达国家课程改革经验，试点开设国际课程，鼓励课程创新实验，大体分为两类：一类是"国内的国际化"，主要是与课程有关的专业设置、教学、研究、课外活动等，旨在培养学生对国际问题的认识和跨文化的技能，以便其今后更积极地参与全球化的国际活动；另一类是"国外的国际化"，包括各种跨境教育、师生流动，以及项目、专业和办学者的流动等。

北京市高中特色建设项目自 2010 年启动，到 2015 年基本完成了一个周期。2015 年，项目组对普通高中特色建设成效进行了调研分析，结果显示：70 所项目学校进一步明确了学校的办学理念和育人目标，丰富、完善了学校文化内涵，深化或拓宽了学校教育资源，为学生提供了更多的学习和选择机会，在学术领域与社会实践等方面都产生了积极影响，特色建设已经成为学校发展与改革的强大动力，带动了学校教育教学质量的提升。参与特色建设的学校正展示出强大的发展后劲，九十六中、月坛中学、华夏女中、教育学院附中、地大附中、一六五中学等一批名不见经传的普通学校，中考成绩呈现出连续三年攀升的好势头；鲁迅中学、一六六中学、玉渊潭中学、十九中学、石油学院附中等普通学校的特色优势逐渐显现，"加工能力"明显增强，区域影响力显著提升。学校特色建设为高中学校指明了发展方向，也为普通高中分类发展乃至多样化发展奠定了坚实的基础。

三、考试招生制度改革呼唤高中分类发展

1996 年，北京市率先在全国普及了高中阶段教育。在新的发展阶段，北京教育始终保持主动应对社会变革的智慧和勇气，通过改革，促使教学方式方法和考试招生评价制度更加适应不同年龄、不同学段学生的身心特点和成长规律，适应学生在志趣和能力方面的多样性，适应不同职业倾向对学生的知识基础和专业能力的多样性要求。近年来，北京市教委推出了一系列改革措施，其中一个重要表现就是努力改变并纠正过去形成的将学校分为三六九等的不良状态，不再支持高中学校的分层发展，而是通过对教育资源的统筹与协调，为每一所学校和每一名学生提供更多的发展机会。比如，从 2014 年开始，北京市中招录取在提前招

生和统一招生两个批次中间,首次增加"名额分配"录取批次,全市83所优质高中将学校30%的招生名额分配到区域内初中,所有具有升学资格的初三学生都可自愿参加"名额分配"。2015年的名额分配环节新增了三类"市级统筹",市级统筹计划将招生名额按类分配到各区县参加名额分配的初中校,力争使所有初中学校都有毕业生通过名额分配的渠道进入优质高中。"名额分配"在保障更多学生有机会获得高中优质教育资源的同时,也意味着优质高中的生源结构更为多元化,传统的教育教学方式已不适应多元化的学生群体与个体需求,需要根据不同类型不同层次学生的发展需求,在课程设置、课堂教学方式、教学组织形式、质量评价方式、社团活动内容与形式等多个方面进行分类与分层的设计与实施。考试招生制度改革也意味着高中教育的价值取向、教育质量评估标准及高中政策发展方向正在发生调整,教育质量评价不再沿袭单纯分层加工的"绝对值",而是关注学校及学生在原有基础上的"分类加工"的"相对值"。未来北京市中高考改革将进一步丰富高考科目的组合方式,为不同类型和层次的学生提供更多的选择机会,教育行政部门也将调整教育质量的评估指标,引导不同类型的高中学校实现可持续的绿色发展。中考改革以及随之而来的高中生源多元化,既是对高中分类发展的一种"倒逼",也为普通高中分类发展创设了更多的资源和条件,使高中分类发展成为可能。

高考制度改革与高校分类发展的目标定位紧密联系在一起,高校在高考改革中的更多使命是选择与自身目标定位相适应的学生。我国自1977年恢复高考以来,进行了多次的高考改革,但以往历次的高考改革,一直停留在考试科目、内容难度、时间长度、组卷方式和组考形式等方面的变化上,而所有这些变化,都是在高校录取的"总分匹配"模式下进行的。"总分匹配"模式所带来的客观公平,以及考录过程的简单快捷,确实在很长一段时间内让人感受到了它的优越性。但30多年来,一成不变的"总分匹配"模式所带来的种种弊端不断积累,给大学教育和中学教育造成的深层伤害,也是显而易见的。就高等教育而言,单一的总分录取模式,让大学的起点竞争过分集中于录取总分的高低,"只见学校不见专业"的大学教育,客观上抑制了大学对专业建设的积极性,专业人才的持续培养是极为不利的;另一方面,长期的"总分匹配"模式,也阻碍了普通高校对"超级大学"的专业超越,阻碍了高校的多元分层发展。导致一段时间以来,大学"综合化"倾向严重,是"做大"之风盛行的主要原因之一,因为只有"做大"才有可能在招生竞争中获得更多的"眼球"。就中学教育而言,长期的"总分匹配"模式,让中学教育形成了路径依赖,加剧了中学生"两耳不闻窗外事,一心只读圣贤书"的应试倾向。考生填报志愿时,往往只认大学招牌,只求分数利用最大化,只知专业是否热门,不管专业是否适合,极大地阻碍了在校大学生的学习积极性和专业的有效学习,浪费了宝贵的大学教育资源,也给许多大学生的职业发展带来了困扰。

考试招生制度改革必将会对基础教育起到引领与导向作用。正如北京大学考试研究院秦春华院长所言:如果我们不能阻止中学追求升学率,无论是"片面"的还是不"片面"的,与其反对"中学片面追求升学率",倒不如勇敢地正视并承认中学追求升学率的正当性和合理性,通过对考试招生制度的改革,引导中学在追求升学率的过程中为学生提供好的教育,从而使中学追求升学率这样一种自利行为,自动地实现家长和社会所期待的良好教育生态,其效果可能比政府的反对或提倡还要好。当然,这样做意味着更大的智慧、更多的努力和付出。近年来,遵循"分类考试、综合评价、多元录取"的原则,围绕科学选才和公平选才的主线,各地在高校考试招生制度方面开展了多种改革实践与探索。招生考试改革将促进高中段教育更加注重个性化,高校选拔人才方式的多样性路径选择,考生报考高校专业的选择权得到了更充分的尊重,每个学生选考科目不一样,要求学校从课程安排到课程教学,必须更加重视学生学习的个性,更多地实施因人施教。在新高考改革背景下,学校的课程规划不但要充分研究社会对人才培养质量与规格的要求,学生学业和职业规划的需求以及高校选拔人才的需求,同时也要研究学校的办学传统、办学特色以及学校的课程开发能力,从而做好本校的课程规划。浙江与上海作为本轮高考招生制度改革的先行试点地区,两地高考改革路径尽管有所不同,但共同的核心理念是扩大考生的选择权,这种选择权的价值集中体现在选考方面,比如浙江,考生可根据自身兴趣特长和报考院校及专业要求自主确定选考科目,选考科目组合多达 35 种,上海的选考科目组合类别为 20 种。同时,浙江在选考科目的考试时间点上也设计了四次,每一选考科目可以有两次考试机会,这样的制度设计,在中国统一高考历史上是前所未有的。在新一轮高考制度改革方案出台之前,高中新课程改革就强调增加学生的选择权,这就意味着,高考制度赋予的学生选择权,与高中新课改赋予的学生选择权是相一致相呼应的,并且从更深层次、以更大力度推进了高中课程改革。在招录方式上,无论是统一高考招生还是单独考试招生,都是实行"专业+学校"志愿,按专业平行投档,考生可以自主选报专业。"专业导向"的考录模式,要求学生尽早了解自己的兴趣特点和专业性向，并据此确定选考科目，这在一定程度上就是用高考的指挥棒引导学生去更多地了解自己、关注社会，理智地寻找自己的学业旨向，这将带来高中课程改革的内在价值寻找，中学的生涯规划课程和职业体验活动将更加接地气，更受学生欢迎，"兴趣＋专业"导向的深度选修课程有望在中学得以开展，考生升入高校的通道有了多种选择，考生可根据实际情况，在多种考试招生模式中选择比较适合自己的模式。如在统一高考招生中，考生可根据本人兴趣特长和拟报考的学校及专业要求，自主选择选考科目、考试次数和考试时间等。在单独考试招生中，考生可自主选择职业技能考试的类别、次数和时间，还可选择是否参加英语考试。考生对自己考试成绩的使用也有了选择，选考科目、外语科目、职业技能的 2 次考试成绩中，考生可自主选用 1 次考试成绩计入高考总分。在高职提前招生中，考生可同时报考多所高校，一档多投，并可同时被多所高校拟录取，由考生选择确认其中一所录取高校。如果说以前的高考文理分科或合科模式对"人的差异"观照相对不够，显得"统一"与"冰冷"，那么现在高考选考制度的设计则通过贯彻"选择性"的理念，充分观照考生的个体差异，而得以彰显"个性"与"温度"。

第四章
Chapter four

普通高中分类发展的设计基础

就普通高中教育而言,要促进普通高中教育的内涵发展,提高教育质量,关键在于重新塑造教育质量观念,改变过去片面追求升学率的错误做法,将普通高中教育的重点放在全面提高全体学生的综合素质和满足学生多样化发展的个性需求上来,做到"适合的教育才是最好的教育"。多样化发展是世界高中教育发展的基本趋势,发达国家在培养目标、学校类型、课程设置、管理评价等方面积累了许多经验,对于我国的高中教育改革与发展具有一定的借鉴价值。当前,我国高中教育开始迈入多样化发展阶段,在学习借鉴国际先进经验的同时,更要坚持"立德树人"的指导思想,把"培养什么样的人,怎样培养人"作为高中教育各项工作的出发点和落脚点,以现代教育理论(理念)为指导,构建开放、灵活、多样的高中教育新体系。

普通高中分类发展既是普通高中教育发展到一定阶段的产物,也是尊重学生的个体差异及学校的办学特点、顺应社会多样化发展需要的必然选择,具有坚实的理论基础和实践诉求。首先,从高中教育所处的地位来看,高中阶段教育一端连接义务教育,一端连接高等教育,具有承上启下的作用,在国民教育体系中发挥着特殊作用,高中阶段教育具有基础性,要尊重人的主体性,为人的全面发展奠定基础,坚持"育人为本"的工作方针,将促进学生全面而有个性的发展作为推动普通高中多样化发展的出发点和落脚点,无论是什么类型什么特色的学校都要把培养学生的健全人格放在首位,全面提高学生的综合素质,多样化发展是更加尊重人的教育,更加体现全人教育的理念。其次,从学生发展的角度来看,个体发展具有多样性和复杂性的特点,尤其是高中阶段的青少年是从未成年人走向成年人的特殊时期，是学生才华初露、个性形成、多元发展的重要学段，普通高中在面向全体、提高学生共同基础的同时，要依据多元智能理论，尊重差异，鼓励多元，为才能各异或具有不同潜质的学生提供多样化和差别化的成长通道，满足其个性发展需要的教育。最后，从学校发展的角度来看，教育的根本任务是培养人，每所高中学校都要在明确本校学生的培养方向、目标、内容和方法的基础上，实现学校的多样化有特色发展，摒弃同质化现象，一是政府要遵循差异公平的原则，根据区域经济与社会发展的需要，统筹规划，合理布局，引导不同学校探索符合其自身发展实际的方向与道路，扭转"千校一面"的局面；二是学校发展是一个自组织的过程，学校要结合自身的办学条件与传统、生源与师资等特点，以办学理念为依托，根据学校的育人目标，探索学校培养模式的多样化。

第一节 普通高中分类发展的理论依据

一、全人教育理念

全人教育强调人的整体发展，强调个体的多样性，强调经验和个体之间的合作，强调培养全人，有一整套的教育思想。也就是说，它倡导培养完整的人，使人在身体、知识、技能、道德、智力、精神、灵魂、创造性等方面得到全面发展。具体来说，全人发展包含七方面的教育内容：德，即德性的发展，包括价值观、人生观的培养教育；智，即智能的发展，包括知识、技巧和良好学习习惯的获得；体，即身体的健康成长，包括保持良好的健康状态、体能、注重个人仪表等；群，即社交发展，包括人际交往能力、沟通技巧的培养；美，即美艺发展，包括对美、艺术、大自然乃至人生的欣赏能力和参与能力的培养；事，即事业或职业的发展，包括个人对自身兴趣、优势的认识，未来职业计划等内容；情，即情绪的发展，包括认识与感受自己和他人情绪等。

全人教育的目的就是培养学生成为有道德、有知识、有能力、和谐发展的"全人"，全人教育首先是人之为人的教育；其次是传授知识的教育；最后就是和谐发展心智，以形成健全人格的教育。全人教育（Holistic Education 或者 Whole-person Education）的思想在西方可以追溯到古希腊时期，柏拉图的"和谐就是善"，裴斯塔洛齐的"和谐发展教育"以及亚里士多德的"自由教育论"在本质上都体现了全人教育的理想。在近代，文艺复兴时期的人文教育家和18世纪法国启蒙思想家，从人性和人的自由出发，将人的个性的全面发展作为教育的目标。19世纪初，德国教育家洪堡提出了造就"完全的人"的教育目标。19世纪末20世纪初，美国实用主义教育家杜威提出"教育即生活"，主张在生活中、在活动中发展儿童的潜能和创造性。20世纪以来，随着人本主义哲学的影响不断扩大，全人教育的思想得到了充分的发展。芝加哥大学校长赫钦斯认为教育的目的在于促进人的理想、道德和精神力量的最充分发展，培养完美的人、完整的人、自由的人而不是片面发展的工具，他极力推行通才教育。人本主义心理学家马斯洛认为教育的目的在于人的整体发展，人的发展不仅包括知识和智力，而且包括情感、志向、态度、价值观、创造力、人际关系等；罗杰斯则明确主张教育要培养"完整的人"（the whole man）——"躯体、心智、情感、精神、心灵力量融会一体"的人。日本教育家小原国芳认为"全人教育"应该由六个方面组成，即"真、善、美、圣、健、富"，并做了进一步阐述：学问的理想在于真，道德的理想在于善，艺术的理想在于美，宗教的理想在于圣，身体的理想在于健，生活的理想在于富。

20世纪70年代，一些激进主义教育家继承和发展了人本主义的教育理想，建构了以"人的整体发展"为宗旨的教育理论。美国学者隆·米勒（Ron Miller）将这种理论作了系统化的阐述，正式把这种理论称为全人教育（holistic education），并概括出四大基本特征[1]：①全人教育强调教育的目的是培育人的整体发展，包括人的智力、情感、社会、身体、创造力、直觉、审美和精神潜能的发展。②全人教育强调联系、关系概念，这其中包括学习者之间、年轻人与成人之间的关系，全人教育主张的师生关系是平等、开放、有活力的关系，强调学生与学生、学生与教师之间建立起一种开放而平等的学习群落。③全人教育关注人生经验，而不是狭窄的"基本技能"，它强调教育是成长，是发现，是视野的开阔，是参与世界，探寻理解和意义，这种对意义和理解的探寻远远超过了传统的课程、课本和标准考试的有限视野。④全人教育使学习者对他们身处其间的文化、道德、政治环境具有批判性思维，致力于人类文化的创造和改造，而不仅仅是复制现有文化。1988年，隆·米勒（Ron Miller）创办了第一份以全人教育为

---

[1] Ron Miller. Introduction. In Ron Miller, Edited by. (1991). New Directions in Eduction: Selections from Holistic Education Review. Brandon, VT: Holistic Education Press, 1-2.2.3.

宗旨的专业期刊——《全人教育评论》（Holistic Education Review），后来改刊名为《交锋：寻求生命意义与社会公正的教育》。加拿大学者约翰·米勒1988年出版了《全人教育课程》。1990年6月，八十位支持全人教育的学者在芝加哥签署了著名的"全人教育宣言"——《2000年的教育：全人教育的观点》，提出全人教育的十大原则，即：为了人类发展的教育；欣赏每位学生的特色；重视人的生活经历；实践全人教育；教育者的新角色；学生选择专业、学科和学习过程的自由；体现合作和民主意识的教育；培养地球公民；培养具有生态环保意识的人；注重精神教育。自此，全人教育思潮传遍世界各地，形成了一场世界性的全人教育改革运动，对北美、澳洲、欧洲、亚洲等地各级各类教育产生了重要影响。1996年，国际21世纪教育委员会主席雅克·德洛尔向联合国教科文组织提交了一篇《教育——财富蕴藏其中》的报告。该报告重申了一个基本原则：教育应当促进每个人的全面发展，即身心、智力、敏感性、审美意识、个人责任感、精神价值等方面的发展。应该使每个人尤其借助于青年时代所受的教育，能够形成一种独立自主的、富有批判精神的思想意识，以及培养自己的判断能力，以便由他自己确定在人生的各种不同情况下他认为应该做的事情。

教育应该是一个终身的过程，包括生活的各个方面；终身教育的根本目的是培养完人；它是一项基本的权利，人人都可享有的；教育的民主应建立在自由、平等、尊重主体能动性和鼓励创造的基础上，而其最终目的则是"学会生存"，即通过学习者终身不断地自主学习与积极学习，努力追求人的"完成性"或者说个性的完满性，这种"完成性"或"完满性"并非是来自外在的规定，而是源自学习者内在的自觉、自为与自抉的结果，且这种结果因个体和时代的不同而表现出无限的丰富性与可能性。[1]

人的教育是一个复杂的问题，也是影响一个国家未来发展的战略性问题。全人教育关注的不是分数的竞争与筛选功能，而是同学之间、师生之间互相学习切磋的一种共同提高的过程，尤其是在高中教育阶段，在学生从未成年人走向成年人的关键时期，帮助其找到与自己天赋相匹配的兴趣爱好和学科项目，并不断强化他们在这方面的能力，培养其健全的人格、良好的品德以及对于自己和国家都是最可持续发展的生活方式。它是一种让学生主动学习、主动探索、主动创新的教育，能够让学生认识到终身学习的重要性，有助于学生发现自我价值，挖掘自

---

[1] 朱敏，高志敏. 终身教育、终身学习与学习型社会的全球发展回溯与未来思考[J]. 2014（2）：50.

我潜能,追求并实现自我理想,与人和谐,与万物共融,最后成就全面发展的"和谐之人"。

全人教育的核心思想在于教育培养目标的转变。近年来,世界各国对高中教育的性质、定位和培养目标以及课程设置的原则,都发生了一些变化,表现出综合多元的发展趋势,大多做到了育人、升学、就业三种功能的兼顾与综合。20世纪初,美国中等教育改组委员会的报告就阐明了中学"升学""就业"和"全人"的教育目标。"全人教育"也是中国传统教育的目标,孔子所谓的"志于道,据于德,依于人,游于艺",实质上就是一种全人教育。20世纪初,王国维和蔡元培等先贤也标举过全人教育的理想,王国维于1906年在《论教育之宗旨》一文中说"人是知情意的综合体",蔡元培指出"教育是帮助被教育的人,给他能发展自己的能力,完成他的人格,于人类文化上能尽一分子的责任",这种教育思想深刻影响了20世纪上半叶的中国教育。中华人民共和国成立后,德智体美劳全面发展的教育方针是对全人教育的进一步深化,但在教育实践过程中,却往往表现出强烈的实用主义色彩,重"才"而轻"人",重当前功利,轻长远效益,忽视了人的主体性和教育的发展观,时至今日,这一状况还未得到真正改变,教育功利性、工具化的倾向依旧明显,从"应试教育"到"专业教育"的人才观已使教育发展举步维艰。其实,中国教育并不缺少理念,缺少的是一以贯之的理念,更缺少从理念到行动的巧妙转换。近年来,各种"理念""话题"层出不穷,甚至有理念泛滥之势,在某一理念兴起时,通常是人云亦云地纳入教育实践之中,虽然这个理念未必能够指导教育实践,但实践却喜欢披上新理念的外衣粉墨登场,通常一阵风后,又不知其所踪。究其原因,便是上位的育人理念与培养目标的模糊与偏离。全人,是真正全面发展的人、完善的人、是具有主体性并能够把握自己命运的人、是作为人的人而非作为工具的人、是整全的人而非残缺的人。教育要把人培养成为一个真正的人、一个具有尊严和价值的人,而不是要把人培养成作为工具的人、片面发展的人,从"半人"教育走向"全人"教育,应成为我国教育培养目标的改革取向。全人教育不等于要学生样样都要学,全人教育的精粹,在于让学生获得比较均衡的其他学习经历。全人教育主张要充分发掘人的潜能,促使人完整发展,即在身体、知识、技能、道德智力、精神、灵魂、创造性等方面都能得到充分发展,这样学生才有机会发挥自己的兴趣和潜能,以及引发其可持续学习与发展的动机。因此,高中教育改革必须从源头抓起,进一步明确基础教育的定位,突出教育的"育人"功能,"育人"应是"升学"和"就业"的前提和基础，要将"全人教育"作为高中教育的基本目标。

二、多元智能理论

多元智能理论是美国哈佛大学教育研究生院心理学教授、《零点项目》研究所所长霍华德·加德纳（Howand Cardner）博士于1983年在《智力的结构：多元智能理论》一书中提出的。它是一种有关人类智力结构的理论，并从生物学基础到课堂培育和发展的可能性都做出了有力的阐释。加德纳博士认为，传统的智力观过于狭窄，把智力主要局限于语言和数理逻辑能力方面。经过大量的心理学实验研究以及对现实生活中杰出人物及其职业成就的分析和考察，加德纳对"智能"做出了如下定义："智能，是在特定文化背景下或社会中，有价值地解决问题或创造产品的能力"。加德纳认为，每个人至少拥有八种智能，分别是语言智能、逻辑—数学智能、音乐智能、空间智能、身体运动智能、人际交往智能、自我认识智能和自然智能，而且智力并不是简单的、可以完全用纸笔式测验来衡量的东西，也不是只有少数人才拥有较高的智力，而是每个人都不同程度地拥有并表现在各自的社会与文化生活的各个方面的能力。多元智能理论认为没有哪一个学生最聪明，每个学生都有自己的智能长项，除了学业成绩之外，人类其他智能长项的发展同样影响并促进学生的整体发展和进步。

具体来讲，八种智能分别具有如下特征：①语言智能是指有效运用言语思维、表达和欣赏语言深层内涵的能力，对口头和书面语言的敏感程度、练习各种语言的能力，以及运用语言实现特定目的的能力等，这种智能在记者、编辑、作家、演讲家和政治领导人身上有比较突出的表现。②数理—数学智能是指有效地利用数字和逻辑推理的能力，表现在对逻辑或数字模式敏感，具有洞察力，能够处理一长串的推理过程，这种智能在逻辑学家、数学家、科学家、侦探和律师身上比较明显。③空间智能是指利用三维空间的方式进行思维的能力，视觉空间智能是一种合成的能力，视觉活动是核心能力，还包括想象、定位、图像表征、解构空间位置等，建筑师、水手、飞行员、画家、雕塑家、军事指挥家、外科医生和工程师等，往往都具有高度发达的空间智能。④音乐智能是指能够敏锐地感知、欣赏和创作音乐的能力，其核心构成因素是音高（或旋律）、节奏、音色及对音乐的情感等；⑤身体运动智能是指巧妙运用整个身体来表达内心感受的能力，其核心能力是对一个人身体运动的控制能力和熟练操作的能力，这种智能在运动员、舞蹈家、外科医生、赛车手、手工艺人和发明家身上有比较突出的表现。⑥人际关系智能是感觉并区分他人的情绪、意图、动机和与人交往的能力，核心能力指向能发现其他个体间的差异并做出区分，尤其是对于他人的面部表情、声音及姿态的敏感性，在许多不同类别的人际线索间进行区分的能力，采取实用的方式对这些线索进行有效反应的能力，成功的销售商、政治家、教师、公关人员、谈话节目主持人、管理者、心理医生等都拥有高度人际关系智能。⑦自我认知智能及自省智能，指构建正确自我知觉的能力，是有关人的内心世界的认知，其核心能力是指一个人感受生活（情绪范畴）的能力，它辨别区分感受，并用符号固定它们，利用这些感受来指导自己的行为，是深入自己内心世界的能力，即建立准确而真实的自我模式并在实际生活中有效地运用这一模式的能力。它是一种超越了生存本能的智能，可以使人更好地认识和处理个人的问题，这种智能在哲学家、牧师、小说家和律师身上表现突出。⑧自然观察智能，是指观察辨认自然界各种形态，关注自然环境中的各种生命形式，洞察自然或人造系统的能力，这种智能在生物学家、生态学家、化学家、植物学家等人身上有比较突出的表现。

事实上，无论是在学生群体之间（男学生与女学生之间、不同年龄段的学生之间、不同文化背景下的学生之间），还是个体之间，抑或是个体内部都存在着智力上的差异。有些人擅长音乐，有些人擅长语言，有些人擅长逻辑梳理，有些人擅长体育运动，有些人擅长人际沟通等，表明了人类心理智能当中存在着一定的结构要素。这些要素可能在一个人身上共存，也可能相互独立，有些人表达能力很好，但写作能力很差，也有的人听说读写能力都很好。多元智能理论告诉我们，学生的智力发展存在明显的个体间差异，每个人都在不同程度上拥有上述八种智力中的不同种类。不同的学生会在语言智能、逻辑数学智能、空间智能、肢体运作智能、音乐智能、人际智能、内省智能、自然探索智能等方面表现出各自的优势领域。传统的学校教育更多地关注学生学到了什么知识，而社会的发展趋势越来越强调每个人独立存在的价值，重视个体的感受、体验和创造，强调自我价值与自我实现。学生了解自己是谁比任何具体知识更加有意义，只有当学生清晰地认识到自己的擅长领域、自己的价值选择、自己的内心需求、清楚自身的优势与劣势时，才能对自己有合理的定位，才会对自己未来的人生有明确和准确的判断和规划，才能不断地追逐自己的梦想，为实现自己的梦想而努力。多元智能理论重视学生的个性特质和发展潜能，如何使拥有不同智能的学生发挥优势？解决这个问题的办法之一就是要利用多样化的培养模式对学生进行分门别类的教育。如，从课程的可选择性角度创建以培养学生特长为重点的特色高中，这样学生就可以把有限的时间和精力投入到自己所钟爱的知识领域去，从而有利于他们日后成长为社会所急需的"专、精、深"人才。普通高中阶段的学生在个人兴趣方面已经表现出很大的差异，因材施教是取得良好教育教学效果的最佳途径。

选择性是生物多样性的基本表现，可选择是人类发展的本质要求，也是一种基本权利，每个人都有基本的选择权。全部教育的关键在于选择完美的教育内容和尽可能使学生之'思'不误入歧路，而是导向事物的本源。教育活动关注的是人的潜力如何最大限度地调动起来并加以实现，以及人的内部灵性与可能性如何充分生成，质言之，教育是人的灵魂的教育，而非理智知识和认识的堆集，通过教育使具有天资的人，自己选择决定成为什么的人以及自己把握安身立命之根❶。但在拥有选择权利的同时也要有规则，因为资源是有限的，每个人实现自己权利的空间有限，怎样能够使权利得到保障，又能够在有限资源背景下合理分配？就需要一定的规则，比如，中考、高考及各种各样的资格考试，既是保障实现公平教育的必要手段，也表明选择并不是无限度、随心所欲的选择，而是遵循一定社会规则。对于高中教育而言，要保证为所有学生及其家庭提供充分的选择机会，最大限度地满足其选择权，首先要让学校丰富多样，要让每种学校都有办学空间，既要有公办学校也要有民办学校，既要发展普通高中也要有职业高中还要有普职融通的综合高中，在普通高中内部既要有学术性高中（人文高中、数理高中）也要有不同类型的特色高中（艺术类高中、语言类高中、科技类高中、体育类高中），等等，并指导初中毕业生根据每个人心理智能的不同，选择满足个性发展需求的学校，从而能够使不同特点的学生进入到自己喜欢的、自己主动选择的学校。学校还要不断丰富课程供给，使学生拥有丰富多样的课程体系、教学内容、教学形式等，同时学生通过参加各类活动，如社团活动、社会实践活动等，开阔眼界，增强对世界的认识和感受。学校应为学生提供更多的选择机会和发展空间，保证学生学习全面而丰富的理论知识，从而提升学生的选择能力及对自我的清晰认识。此外，在学习过程中，由于每个人对知识的领悟程度、学习进度不同，在课程内容、教学组织形式上，学校要提供个性化可选择的内容与形式供学生比较与选择，避免整齐划一的供给。从学生学习的角度而言，学生可以根据自己的智能长项，选择自己喜欢的学科、学习内容和学习策略，比如选择自己

---

❶ 雅斯贝尔斯. 什么是教育 [M]. 邹进, 译. 北京：生活·读书·新知三联书店, 1991 (3): 4.

喜欢的课程和社团活动，选择最佳的表达方式展示自我，选择适合自己的学习方式解决问题。

多元智能理论主要针对的是传统学校过于整齐划一，只关注学生单一智能发展，让每一个学生都学习相同的课程，忽视甚至否认学生的其他智慧，缺少对个性的尊重等传统教育弊端而提出的，多元智能理论相信每一个学生都有自己的优势、特长，相信可以找到适合每一个学生的教育方式，相信每一个都能成才、成人。为此，有研究者❶提出了设立多元智能学校的设想，根据加德纳对未来学校的描述，描绘出多元智能学校的基本特点：①学校理念，相信每个学生都有特长与潜力，具有多元智能和不同的发展潜质，并相信每个学生都能成功；学校教育必须以学生为本，要为每个学生提供均等的发展机会，给每个学生以多样化的选择，充分发展每个人的个性，学校教育的每项改革必须以学生的学习和发展为最大收益；②学校支持、培养学生深刻理解核心学科，并运用于实践中；鼓励学生自由发展，并研发有助于学生成长的多元化的评价标准；运用传统的师徒传授的方法，在学生单独完成个人专题作业时给予持续的指导和鼓励；③教师合作，教师要相互提供非正式的教学支持，以利于师生的成长；鼓励教师之间进行正式的、公开的合作与交流；教师间要彼此尊重各自的教学设计与创作；加强合作的意愿；④学生选择，学校的教学活动要以学生的学习为主导；教师要给予学生充分的帮助；为学生提供研究性学习的环境，使每一个学生在学习活动中都有自主选择主题的机会；允许学生运用不同的智能完成老师的课堂任务；⑤评估报告，为每个孩子建立个人档案；观察和记录孩子学习与发展情况并与家长共同分享；⑥社区参与，学校教育必须以合作的方式与社区建立密切的关系，消除学生的学习障碍，使学生的学习与自身的生活建立真实而完整的联系。

基于学生的智能发展差异，从课程的多样化和选择性角度来培养在某方面表现优异的学生，使其在原有兴趣爱好基础上接受更为系统的专业学习，进而为其未来的专业乃至职业、事业奠定基础，是今后我国普通高中教育发展的必然趋势。正因如此，多元智能理论也就成为普通高中分类发展的重要理论基础。

三、差异公平理论

教育具有促进社会平等的功能，教育公平是一种美好的社会理想，是现代教

---

❶ 郭娜，邬志辉. 多元智能学校：理论评介与个案分析[J]. 外国教育研究，2005（12）.

育的一种基本价值观念和准则，它规定着社会成员的教育权利和义务，规定着教育资源在社会群体与社会成员之间的合理分配，具有规范性。"现代社会的教育，既是经济发展的'加速器'、科技进步的'孵化器'，同时，由于它在社会流动、社会分层中所具有的'筛选器'作用，又被视为社会发展的'稳定器'和'平衡器'"，追求教育公平是人类社会古老的理念。❶ 教育公平又是一个历史的、动态的、区域的概念，在不同的历史阶段、不同的地理区域存在着不同标准的教育公平观。近现代的教育公平更重视机会和待遇的平等，人们对教育公平的理解是"相同的、同质的、相等的"，认为让所有想上大学的孩子都有相同的机会就是公平的，即同质公平观。联合国教科文组织1960年通过的《反对教育歧视公约》提出：要保证所有同级公立学校的教育标准都相等，且其所提供的教育相关条件也相等。但是伴随着教育民主化的推进，个性发展、自我价值等观念在教育领域的逐步彰显以及教育主体多样化的诉求，基于多元文化、"差异的政治学"的新右派思潮，质疑一元文化观下的教育差距，以承认个体差异、多元文化的合理性为前提，重视给儿童提供促使其天赋、个性得以发展的不同的教育，帮助他自我实现，适才适所，如何提供适合个体差异的适切性教育越来越成为各国高中教育关注的焦点。毫无疑问，人与人之间存在差异，从身形、样貌，到经济状况、社会地位，人与人之间的差异可谓是无所不在，无所不包。在不可能弥合所有差异的前提下，"公平"是否意味着"相同"？始终是困扰着公平理论研究者的一个根本性问题。差异公平理论认为：差异的存在不仅意味着要求所有人达到相同的结果的想法过于简单、粗暴，而且削减了创造性发挥所需要的丰富性与多样性❷

20世纪70年代以来，各国对教育公平的追求开始趋于多样化、多元化且注重个性化"选择"，即公平的标准不再局限于同一的平等，而是在平等前提下开始逐渐认识、承认并接受差别，即差异公平观。公平在这里不是基于相同性给予同样的对待，而是基于差异性，让不同能力的人接受不同的教育，使教育适合每个人自身的特点和要求，从而使每个人都能得到应有的发展。"平等的入学机会和相差无几的办学条件只是为实现教育公平提供了客观条件和发展可能，而学生是否真正受到公平的教育，除了起点的平等、机会的均等，更重要的是教育是否

---

❶ 杨东平. 中国教育公平的理想与现实 [M]. 北京：北京大学出版社，2006 (12)：4.
❷ 莫丽娟. 学术性高中公平性的质疑与反思——基于差异公平理论的视角 [J]. 当代教育科学，2015 (16)：3.

适切个体本身，受到平等而有差异的教育才是教育公平更深层、更本质的内在要求"❶。1972年联合国教科文组织国际教育发展委员会的报告《学会生存——教育世界的今天和明天》认为，教育上的平等"并不等于把大家拉平"，而是"要求一种个人化的教育学"，"给每一个人平等的机会，并不是指名义上的平等……机会平等是要肯定每一个人都能受到适当的教育，而且这种教育的进度和方法是适合个人特点的"❷。在教育公平备受关注的社会背景下，公平问题始终是高中教育发展不得不面对的核心问题之一。从教育性质与地位来看，高中教育在整个教育系统中，具有承上启下的作用，高中教育属于基础教育的高级阶段，但又不同于义务教育阶段，不属于面向全体国民的"强制教育"，对于义务教育来讲，同质公平具有压倒一切的优先性。高中教育又上承高等教育，为高等教育选拔和提供优秀生源是其重要使命，根据社会分工的现状和国家、社会对人才素质的要求以及学生个体的发展倾向，对每个受教育者做出某种鉴别和选拔，是其与义务教育阶段区别的一个重要特点。在高中教育阶段，教育公平并不是绝对意义上的平等，而是要尊重差异性，在差异性的基础上，为每个受教育者提供均等的学习选择机会和学业成功机会，是该阶段教育所肩负的重要使命。"差异公平"在高中教育阶段具有优先性，这是由高中阶段本身所处的特殊性决定的。"有差异无差距，人和人是不一样的，学校和学校是不一样的，机会也是不一样的，只有人们的差异性得到认可，提供可选择的机会，人的才能就会得到合理的发展。"❸一味强调所谓的完全一样的公平，对个性、风格迥异的孩子来说，恰恰是最不公平的。"高中阶段的教育必须尊重在身心发展方面已经越来越分化的高中学生的选择和自主性，尊重他们未来发展取向的多样性"❹。

差异公平倡导学校走一条因校制宜、差异发展的道路，即每所高中学校依托学校培养目标和办学优势办出自己的特色，各个学校各有所长，不可完全类比，学校之间由于办学理念与文化不同，特色发展方向不同，发展阶段各异，学生可根据自身爱好或优势或发展水平"择校"，寻求最适合个体发展的高中，但这种"择校"有别于传统的"择校"，是学生结合自身实际进行的主动选择，而非被

---

❶ 刘丽群，彭李. 差异公平：我国普通高中多样化发展的价值诉求 [J]. 河北师范大学学报（教育科学版），2014（11）：65.

❷ 联合国教科文组织国际教育发展委员会. 学会生存——教育世界的今天和明天 [M]. 北京：教育科学出版社，1996：105.

❸ 袁振国. 办有选择的教育 [N]. 中国教育报，2015-06-02（9）.

❹ 谢维和. 从教育的间断性与连续性看高中改革 [N]. 中国教育报，2012-03-02（6）.

动的"选拔"或被迫的"选择"。同质公平背景下的普通高中教育，所有高中学校都是以升学率为追求目标，学校及学生都以升学为指向。差异公平视角下的普通高中，尊重个体的自由选择权利，给予个体充分而均等的选择机会，对于高中阶段教育而言，这种均等的教育机会包括三个基本环节，即起点均等、过程均等和结果均等：首先，体现在高中教育的入口导向上，高中学校通过办学类型与办学层次的多样化，提供足够多的学校类型，多样的高中教育是人们对高中教育需求的进一步细化，不仅只是学历层次和数量的需求，更是对教育类型的需求，为不同需求的初中毕业生在学校类型上提供方向选择，保证不同发展倾向和发展水平的初中毕业生有均等的入学机会，是高中教育分类发展的最现实体现；其次，体现在培养过程中，是通过课程设置和活动设计的多样化来满足进入不同学校具有不同特点的学生在高中阶段获得更好发展，保证学习过程和学习参与程度的均等；最后，体现在高中教育的出口导向上，应该从一种简单的升学驱动或生存驱动转化为发展驱动，打破升学和就业的二元对立，使得高中教育的出口真正指向国家人才发展战略和个体自主发展。因此，如何从高中教育的入口、过程及出口三个关键环节为不同禀赋及发展趋向的学生提供均等的选择与学习机会，提供适合不同孩子发展需要的适切性教育，恰恰是高中教育新的发展方向，也是普通高中教育发展模式所追求的价值取向，可逐渐形成由同质公平转向差异公平的发展模式。

四、自组织理论

协同理论创始人 H. 哈肯认为：在自然界和人类社会，存在着两类组织系统，一类是"自组织"系统，另一类便是"被组织"系统。"自组织"系统是指无须外界指令而能自行组织、自行创生、自行演化，即能自主地从无序走向有序；"被组织"系统则是与自组织系统性质完全相反的另一类系统，它不能自行组织、自行创生和自行演化，即不能自主地从无序走向有序，只能在外界指令的推动下组织和演化，被动地从无序走向有序。"自组织"系统演化的动力不是外部指令，而是系统内部各个子系统之间的竞争和协同。哈肯指出，系统内部各个子系统通过竞争而协同，从而使竞争中的一种或几种趋势优势化，最终形成一种总的趋势，从而支配系统从无序走向有序，即自组织起来。一般而言，"自组织"系统的演化、运作或动力要优于"被组织"系统的演化，这是因为"自组织"系统的演化动力不是来自系统外部或系统的最上层，而是来自系统内部，是系统内部自生的，是系统内部子系统的相互作用推动了系统的演化，自组织系统的目标是内秉的，所谓目标"内秉"，即该目标是系统内部各个要素或各个子系统之间的相互作用产生的。因此，系统整体和内部各个子系统都具有活力。自组织管理系统对工作任务的控制，就是一种只提出目标，规定完成目标的时间，并给予执行子系统一定的物质、能量和信息的控制，而不是去具体插手甚至取代执行子系统的管理控制。这种目标的内秉性，则是指组织的目标和组织内部各个要素的目标或各个子系统的目标具有整合性，或组织目标至少是被绝大多数组织成员所认同的。一个自组织系统的组织目标和成员的目标是基本一致的，这是因为该目标是系统成员在相互作用中共同形成的。[1]

"自组织"本身并不是一个全新的概念，它产生于系统科学，而系统科学已经有七八十年的历史了。自组织这个概念最早来自于控制论中的耗散结构理论，耗散结构理论由诺贝尔奖获得者、比利时的物理学家普利戈金（I. prigogine）提出的。耗散结构理论揭示了地球上的生命体和组织体都是远离平衡状态下的不平衡的开放系统，它们通过与外部环境不断进行物质和能量的交换，这个系统在远离平衡状态的条件下，它是无序的，但又是在组织之中。在跟外部环境进行物质、能量交换的过程中，一些非线性变量一旦发生突变，并且积累到一定程度（临界点）的能量以后就会产生质变，经自组织从无序走向有序，形成新的稳定有序结构。从这个角度来讲，自组织是指组织受内在的、不确定性的、非线性变量所影响，通过与外部环境信息与能量的不断自我调适从无序结构到有序结构的过程。

真正把这种自组织的理论知识研究得比较深入的是系统科学里面的协同理论。协同理论认为自组织从无序到有序的这个过程，不仅仅来自于某一个变量的影响，而是组织内各个成员之间、各个要素之间的非线性的交互关系的影响，是在交互中找到了一种协同价值，而组织一旦产生协同就变得有序了。所以得出一个结论是：不管是耗散结构理论还是系统结构理论，它都是在研究组织如何做到从无序到有序，如何来界定和重构组织的内在秩序、规则与结构，以不断提高内在活力和效率、提高组织的协同价值，从而主动适应外部环境的变化。

"自组织"强调系统演化的动力在于系统内部。"自组织"理论同样适用于

---

[1] 吴彤. 自组织，被组织？——一种管理方法研究 [J]. 科学管理研究，1996（4）.

学校发展，根据学校发展变革发起者的不同，有研究者[1]认为至少有四种力量在推动着学校的变革：自上而下推动学校变革的行政力量，自发或自觉地开展学校变革的基层力量，领衔课题并与中小学合作开展学校变革的大学专职教育科研力量，教育行政、教育科研、基层学校三结合的研究力量。还有研究者[2]认为，学校发展，特别是学校文化的培育，仅仅靠外在的改革动力是难以奏效的，唯有激发学校内部的改革动力，才有推动学校实质性转型的可能。另有研究者[3]把学校分为政府主导型学校变革、学者主导型学校变革和学校自发型变革三类。所谓政府主导型学校变革常常是在"政府"的推动下启动和推进的，由政府命令或法律引入和实行，政府以变革制度供给者的身份，设定学校变革的目标、基本路线和准则，学校的变革进程需要借助和利用政府所掌握的政治资源来完成，学校校内成员并没有多大的自主权和责任承担；学者主导型学校变革是由研究者依据某种教育规律和理论，与学校合作进行的教育改革；学校自主的变革是根据学校自身的发展需要而开展的，由学校管理者或教职员工制定变革方案并执行落实，学校成员具有相当大的自主权，为了学校的长远发展，他们具有运用资源解决面临的问题和独立开展教育教学活动的自由。上述观点主要是立足学校内部，强调学校变革力量是多方面的，根本动力来源于学校内部。那么，学校作为一个组织，从组织系统的角度，变革又是如何发生发展的呢？有研究者[4]认为学校组织也存在着"自组织"过程，它是以系统内部的矛盾为根据，以系统的环境为条件的系统内部以及系统与环境的交叉作用而自发运动、向着有序方向发展的过程。这种主要依靠学校内部及其与外部条件交互作用的有序发展，始终围绕着学校组织的目的或目标而进行。学校组织的"自组织"能力与过程，主要是通过学校组织成员的共同利益对学校决策的制衡来决定的，学校组织的生存与良性发展，也是组织成员共同利益的一种。

"自组织"理论为学校发展变革实践提供了一个很好的解释答案，这一理论也同样用于解释普通高中教育发展模式。长期以来，普通高中受制于分层发展制度及高考升学率等外部发展要求，"千校一面"的同质化办学倾向严重，高中学

---

[1] 杨小微. 全球化进程中的学校变革——一种方法论视角 [M]. 上海：华东师范大学出版社，2004：95-97.
[2] 操太圣. 在实践场域中发展学校变革能力 [J]. 教育发展研究，2007（4）.
[3] 张熙. 学校发展的动力与路径研究 [M]. 北京：北京科学技术出版社，2012（4）：9.
[4] 张熙. 学校发展的动力与路径研究 [M]. 北京：北京科学技术出版社，2012（4）：77.

校陷于"被组织"状态。高中多样化发展主张每所学校都要从自身的办学理念和培养目标出发，基于培养目标的不同设置相应的课程和活动，引导学生在充分认识自我的基础上，确定自我发展目标，围绕目标选择课程、参与活动，学校为不同禀赋、不同发展方向的学生提供多样化的学习内容与机会，从而使学校达到一种自组织的状态。

第二节 普通高中分类发展的现实基础

我国基础教育阶段资源配置与价值失衡，体现最为突出的是等级化的学校制度，与中国特有的城乡二元结构一起，形成了双重的二元结构。在这种结构之下，高中学校被简单地划分为城市重点学校、城市普通学校、农村重点学校、农村普通学校这样四类，形成从高到低的格局。对于北京高中学校而言，则被分成城区示范高中、城区一般高中、郊区示范高中、郊区一般高中等。延续多年的重点中学制度（分层发展政策）造成了明显的校际差距，为进一步了解普通高中学校之间的差异程度及其分布特点，本研究以北京市70所普通高中学校（城区高中52所，郊区高中18所；示范高中29所，非示范高中41所）为样本，针对学校特色建设情况，围绕学校办学理念、特色建设载体、特色建设保障、特色建设成果四大核心要素、20项关键指标进行了全面调研与分析。从学校所处区域（城区高中与郊区高中）和办学层次（示范高中与非示范高中）两个维度进行校际间的差异分析与比较。

一、在办学理念方面，不同层次、不同区域的高中学校差异明显，城区示范高中更加重视学校的办学理念

办学理念和育人目标对学校特色建设具有重要的引领作用。调研结果表明：70所学校全部具有明确的办学理念和育人目标，以特色促发展成为普通高中学校的基本追求。但校际间存在明显差异，表现如下：

（1）从时间上看，大部分示范高中具有明确的办学理念和育人目标，且多是历史传承下来的，在特色建设过程中又赋予了新的内涵。而大部分非示范高中的办学理念和育人目标则是随着高中特色建设的不断深入而逐渐明确并完善的，有的还不够稳定。

（2）从表述上看，大部分示范高中的办学理念和育人目标简洁明了且内涵丰富，而非示范高中的办学理念和育人目标一般缺少锤炼，要么内容雷同，要么表述笼统，难以体现学校独特的个性。

（3）从逻辑上看，城区示范高中的办学理念和育人目标具有较好的内在一致性，郊区高中及非示范高中的理念与目标之间通常缺少内在关系，随意性较大。

（4）从落实情况看，大部分示范高中的办学理念、育人目标在办学实践中能够得以贯彻落实，成为学校教育教学活动开展的依据，而大部分非示范高中的教育教学活动与办学理念、育人目标之间比较脱节，办学理念难以落地。

二、在特色建设载体方面，不同区域高中学校之间的差异较小，不同层次高中学校之间的差异则较大

（1）在特色校本课程开设数量与内容上，不同区域、不同层次学校之间存在明显差异。70所学校共开设特色校本课程1914门，平均每校约28门。在开设数量上，示范高中与非示范高中存在非常显著的差异（$F=23.32^{***}$），示范高中平均开设44门，非示范高中平均开设19门。在开设内容上，城区高中与郊区高中存在显著差异（$X_2=7.92^*$），城区高中以学科拓展类课程为主，郊区高中则以活动类课程为主。

（2）在特色活动基地的数量上，不同区域学校之间没有显著差异，不同层次学校之间存在显著差异（$F=4.16^*$），示范高中平均每校活动基地近9个，有的示范高中特色活动基地多达30个，非示范高中平均为5个，最少的只有1个。

（3）在特色社团活动数量上，不同区域高中学校之间差异不明显，但不同层次高中学校之间差异显著（$F=7.24^{**}$），示范高中平均每校22个，非示范高中平均每校10个。在社团经费投入上，区教委经费投入差异显著（$F=6.82^*$），示范高中的经费投入远高于非示范高中。

（4）在特色课题研究上，不同区域高中学校差异不明显，但不同层次高中学校在课题级别上差异显著（$X_2=10.87^{**}$），示范高中国家级课题、市级课题、区级课题分别占比37.9%、48.3%、3.4%；非示范高中国家级课题、市级课题、区级课题分别占比31.7%、39.0%、29.3%。

三、在特色资源保障方面，不同区域高中学校之间无明显差异，不同层次高中学校之间存在较大差异

（1）在经费的投入、支出与分配上，不同层次高中学校之间差异显著。主要表现如下：一是在示范高中与非示范高中经费总投入上差异显著（$F=5.32^*$），示范高中的经费总投入平均每校为515.49万元，非示范高中的经费总投入平均每校为263.83万元；二是示范高中与非示范高中的经费总支出上差异显著（$F=5.41^*$），示范高中的经费总支出每校平均为479.10万元，非示范高中的经费总支出为222.56万元；三是区教委在特色课程和社团建设等专项经费的投入上差异明显，示范高中平均每校得到区教委的经费支持远远高于非示范高中。

（2）在学校的需求满足方面，不同层次高中学校之间存在着明显差别。在学校环境、教育教学设施满足方面，示范高中"符合""比较符合"的比例分别为46.4%和50%，"不符合"仅为3.6%，而非示范高中"符合""比较符合"的比例分别为36.6%和39%，"不太符合"的比例却达到24.4%；在师资条件满足方面，示范高中"符合""比较符合"的比例分别为50%和42.9%，非示范高中"符合""比较符合"的比例分别为31.7%和46.3%。

四、在特色建设成果发表与交流方面，不同层次高中学校之间没有明显差异，不同区域高中学校之间存在显著差异

（1）在特色成果发表级别上，不同区域高中之间存在显著差异（$F=16.28^{**}$）。城区高中在国家级、市级、区级刊物上发表成果的比例分别为46.2%、26.9%、9.6%，郊区高中在国家级、市级、区级刊物上发表成果的比例分别为22.2%、16.7%、33.3%，也就是说，城区高中以国家级、市级刊物发表为主，郊区高中的成果发表则以区级为主。

（2）在特色成果交流级别上，不同区域高中存在显著差异（$F=10.64^{**}$），城区高中在国家级、市级、区级会议（活动）交流的比例分别是15.4%、48.1%、11.5%，郊区高中在国家级、市级、区级会议（活动）交流的比例分别是5.6%、33.3%、38.9%，也就是说，郊区高中以区内交流为主，城区高中在市级以上会议（活动）交流的比例明显高于郊区高中。

（3）在学校特色建设成熟程度方面，示范高中的特色成熟度明显高于非示

范高中。半数以上的示范高中均认为本校特色已经成熟，仅有22%的非示范高中认为本校特色已经成熟。示范高中、非示范高中一致认为特色建设提升了学校影响力，示范高中"符合"的比例为89.3%，非示范高中"符合"的比例为75.6%。

综上所述，就北京市而言，普通高中学校办学层次的差异远远大于学校所处区域的差异。示范高中从办学理念到办学实践的多项指标明显高于非示范高中。同时，学校特色建设受已有办学基础影响较为明显，示范高中的特色成熟度明显高于非示范高中，城区高中的特色建设成果明显高于郊区高中。上述研究为高中教育分类发展提供了现实依据，当务之急是如何尊重业已形成的这种差异，并能够将这种差异作为资源加以有效利用。首先，市区教育行政部门要转变已有的发展思路和资源分配方式。在政策导向、经费投入等方面对不同层次的高中学校要一视同仁，提供相同的发展机会和资源保障，甚至在某些方面要进行适度的政策倾斜，充分发挥评价的导向作用，实行分层分类办学质量评估，促进不同类型、不同区域、不同层次高中学校的协调发展。其次，市区教育研究部门要营造尊重差异的社会氛围，在不同层次、不同区域学校之间搭建沟通交流合作的平台，充分发挥示范高中的辐射示范带动作用，加大对郊区学校及非示范高中学校特色发展研究的指导力度，通过典型案例挖掘，增强郊区学校的成果意识，指导学校及时总结、固化学校特色发展成果，非示范高中及城区一般高中要进一步增强自主发展及特色发展意识，不断提升特色发展能力，尊重并正视学校已有发展基础，走出单一发展所造成的"自卑"怪圈，充分利用优质教育资源，提升学校办学质量，不断实现自我超越。最后，最为关键的就是要充分发挥国家政策的导向作用。解铃还须系铃人，高中学校发展受政策影响较大，实现高中教育发展转型，当务之急是从政策调整入手，优化高中教育发展结构，完善高中学校培养模式，适应社会多样化发展与人的个性发展需要，从单一的分层发展转向多样化的分类发展。

第五章

普通高中分类发展的基本特点

纵观世界各国教育发展历程，不难发现，各国教育发展一般经历了精英教育阶段、普及初等教育阶段、普及中等教育阶段、普及高等教育阶段和高等教育普及后阶段。根据美国学者马丁·特罗高等教育大众化理论，我国于世纪之交，实现了高等教育大众化的目标。2010年，全国高中阶段教育毛入学率达到82.5%，初中毕业生升学率达到87.5%，全国一半省份的初中毕业生升学率在90%以上。2017年4月，教育部发布了《高中阶段教育普及攻坚计划（2017—2020年）》，提出到2020年，我国高中阶段教育毛入学率将要达到90%，这就意味着我国高中教育即将进入普及化阶段。普及化阶段的高中教育与精英化及大众化阶段有着本质的不同，体现在教育发展方式、人才培养模式、学校发展制度、学生发展权利、学生发展方式、校际之间关系等诸多方面，呈现出如下特点。

第一节 从"单一"走向"多元"

普通高中教育是在九年义务教育基础上进一步提高国民素质、面向大众的、为学生终身发展奠定基础的高层次基础教育。不断改进普通高中教育，确立符合时代要求、适合国情的普通高中教育发展的观念、方式与模式，对提高国民素质、培养合格劳动者和创新人才具有重要意义。改变"千校一面"的局面，改革单一的知识传授、统一步调的人才培养模式，迎接知识社会的到来，意味着普通高中教育发展方式要从"单一"走向"多元"，普通高中教育的任务要在关注全面发展的同时促进学生的个性发展，实现学生综合素质的整体提升。在过去，普通高中教育是一种在劳动力市场上区分度相当高的文凭类型，但随着我国普通高中教育进入大众化时代，人人都应当享受的高中教育需要进一步细分，如果学校教育不能较为准确地反映求学者的知识结构、个人能力，那么，作为接收就业者的社会不得不花费巨大的人才鉴别成本和培训成本，求学者也会因此失去对学校教育的信任，进而因为对学校教育的怀疑而拒绝学习，导致"读书无用论"的产生。普通高中教育克服单一的培养模式，以多样化的人才培养模式为社会提供多元的选择可能，这也与我国普通高中教育进入大众化发展阶段的教育质量观的演变相一致。在精英化教育阶段和大众化前期阶段，质量观念简而言之就是"优秀""合格""不合格"，而在大众化发育成熟之机，普通高中教育的质量观念转向是追求每个学生都能够成功，也就是说，高中教育在对受教育者的需求满足上应当体现出针对性，这是一种介于社会期望与学校行为之间的适应。既要提供具有普通特点的广泛教育，又要实施以职业为目的的职业教育，培养个人能够在变革中的各种状况下生存的能力。就我国而言，从大众化的视角来看教育质量，就不能仅限于传统的学术性标准，而应当从满足经济社会需求、满足人民群众需求出发，提供适合个体多样化的需求和社会多样化需要的普通高中教育。

  首先，表现在学校类型上，首先要破除非公即私的单一型的办学体制，转向公私并举、公办民助、民办公助等多元化办学体制；打破非普即职的僵化局面，破除普通高中与职业高中之间的藩篱，在普通高中教育中融入职业技能教育，建立普通高中与职业高中之间的融通机制，实现普通高中、职业高中、综合高中并举，实现办学模式多样化。其次，表现在学校课程建设上，我国自2004年启动新一轮高中课程改革以来，从课程结构、课程设置、课程类型、课程内容等都表现出多样化特征，同时，大部分普通高中学校都积极利用区域资源优势，拓展校外课程基地，引进校外师资，开发特色课程，构建多层次多类别的校本课程体系。另外，大部分学校都能够充分调动学生的积极性和主动性，开展丰富多彩的社团活动。此外，在课堂教学方式、教学组织形式、课题研究方法等方面也都呈现出多元化特点，逐步实现培养模式的多样化。此外，表现在评价机制上，从评价内容、评价形式、评价方法等都表现出多元化的趋势，由单一的关注学生的学习结果评价转向关注学生的学习过程，结合学生已有基础，重视过程性评价和增值性评价，强调学生发展的"相对值"，即进步程度。单一化的人才选拔方式培养模式是造成人才培养规格单一化的根源，党的十八届三中全会和国务院《关于深化考试招生制度改革的实施意见》均明确提出，要从有利于促进学生健康发展、科学选拔各类人才和维护社会公平出发，实施高校考试招生制度综合改革，构建更加公平公正、科学高效和灵活多样的高校考试招生制度。

第二节 从"同质"走向"特色"

高中阶段教育在国民教育体系中具有承上启下的作用，但在精英化教育阶段，普通高中教育却走进了一个极大的误区，"同质化"现象极为严重。如示范性高中主要功能是"升学"，职业高中则在"升学"的同时兼顾了"就业"，职业技能教育并不突出，"育人"应是任何一种办学模式下都不可或缺的最基本的功能，但在现实中，无论是学校、学生还是家长眼中，并不是根据学生的特点、优势或志向选择就读普通高中还是职业高中，而是简单地根据中考的综合成绩，将学生划分为三六九等，中考总分最高的进入示范性高中，中考成绩一般的进入非示范高中，中考成绩最差的进入职业高中，本是并轨而行的职业高中却成了学生和家长的无奈选择。而就读普通高中的绝大部分人的唯一目的就是考上一个好的大学，"升学"功能最为重要。在这样的观念影响下，肩负着"升学、就业、育人"三维功能的高中教育变得相对单一，普通高中的目的就是把学生尽可能送入普通高校就读；职业高中本来是用来对普通高中办学的一种补充，但为了吸引更多的生源，大部分职业高中仍依旧设有普高班，"升学"成为职业高中的办学目标，而体现其办学优势的职业教育却变成了一种附属。民办高中更是把升学率作为生死存亡的头等大事来对待，如果没有升学率作保障，民办高中的处境会极为艰难。正因为如此，各类高中学校均把"升学"功能排在首要位置，费尽心思围绕着高考指挥棒打圈圈。这种在高考面前的"唯考分论"造成不同类型不同层次的学校出现如下现象：办学理念、管理方式单一，学校由于区位、文化、个性形成的差异逐步融解，每所学校都在血拼"高考排行榜"，最终少数几所学校杀出重围，成为"名校"，而更多的学校在这种残酷的竞争面前不仅丧失了自己的个性与特色，更把"育人"的基本功能丢失，同时失去的还有高中学校的办学活力！为此，《教育规划纲要》提出"推动普通高中多样化发展。促进办学体制多样化，扩大优质资源。推进培养模式多样化，满足不同潜质学生的发展需要。鼓励普通高中办出特色。以考试招生制度为突破口，克服一考定终身的弊端，推进素质教育实施和创新人才培养"等要求。唯有实施个性化、特色化办学、走多样化发展的道路，才能促使每所学校根据自身的办学条件、师资特点和生源实际，依托学校的办学理念和育人目标，适应学生不同的能力倾向与个性需求，寻求适合自身发展实际的特色办学之路，为学生提供丰富多彩的课程资源及社会实践活动，满足学生学习和探索的需要。同时，引导每一个学生明确自身的发展目标，在全面发展的基础上，根据自己的兴趣、爱好和专长选择相应的课程，为未来专业发展和职业选择奠定基础。此外，高中学校应将"立德树人"作为学校教育的出发点和落脚点，主动引导社会更新教育观、学生观和发展观，逐步转变将高考升学率作为评价学校唯一标准的评价观，实现评价标准的多元化。

第三节 从"分层"走向"分类"

中华人民共和国成立以来，由于优质教育资源较为稀缺，我国在教育领域实行的都是重点发展策略，如基础教育阶段实行的"重点小学""重点中学"、示范高中政策，高等教育阶段实行的"985""211"工程等，均是这种分层发展制度的产物。在这种分层制度下，高中学校是按照分数分层录取的，教育行政部门将学校按照市级示范高中、区级示范高中、一般高中的顺序依次排队，中考录取时不同考分段的学生进入到与其层次相对应的高中学校，中考分数决定高中学校位次，分数越高越容易进入"名校"，在同类"名校"中拥有更多的选择权，而成绩低的学生也只能进入一般学校，正因如此，政府、社会及学生家长无形中就会把小学、初中到高中分为了三六九等。为了能够进入"名校"，从幼儿园开始，家长及学生不得不为"择校"做各种各样的准备：学区房、课外补习班、占坑班……等，某种程度上都是这种教育制度的衍生品。而在高等教育阶段，"分层"教育更是堂而皇之，高等学校录取时有第一批次、第二批次、第三批次之分，根据学生的高考总成绩由高到低依次录取，即使是在一个批次内的学生，也有层次之分，如"一本"院校中有北大和清华两所第一梯队学校，紧随其后的是"985"学校算是第二梯队，"211"学校只能算是第三梯队了。正是因为从基础教育到高等学校形成了严格的分层设置体系，用人单位在招聘时也是严格按照这样的层次划分来录用新员工，名校毕业生拥有了更多更好的就业机会，反过来极大地刺激了社会及家长对"名校"的追逐热情。

随着我国高中阶段教育的普及，高等教育大众化时代的来临，对已有制度的路径依赖，导致人们难以适应新的教育发展阶段对高中学校的新要求。所以，一旦学生有机会根据学习兴趣来选择高考学科，分层招生带来的最大挑战就是学校不得不面对学生的多种选择，因为无论学校的招生分数段是高还是低，学生的兴趣、特长都是丰富多样的。由于学生的选择范围变大，学校既要满足学生的学科选择需要，又要保证学科教育质量，就无疑给学校带来了前所未有的挑战。在我国，考试具有强大的指挥棒作用。《教育规划纲要》中明确指出高考招生制度改革的方向为："克服一考定终身的弊端，推进素质教育实施和创新人才培养。按照有利于科学选拔人才、促进学生健康发展、维护社会公平的原则，探索招生与考试相对分离的办法，政府宏观管理，专业机构组织实施，学校依法自主招生，学生多次选择，逐步形成分类考试、综合评价、多元录取的考试招生制度。"2014年《国务院关于深化考试招生制度改革的实施意见》指出：改革考试科目设置。增强高考与高中学习的关联度，考生总成绩由统一高考的语文、数学、外语3个科目成绩和高中学业水平考试3个科目成绩组成。保持统一高考的语文、数学、外语科目不变、分值不变，不分文理科，外语科目提供两次考试机会。计入总成绩的高中学业水平考试科目，由考生根据报考高校要求和自身特长，在思想政治、历史、地理、物理、化学、生物等科目中自主选择。从《教育规划纲要》到《实施意见》，我们可以清晰地看出国家高考制度的改革方向，强调综合性，关注学生自主选择、多元发展、全面发展已成趋势。

随着新高考一科多考考试次数的增加，不同高中学校在特定学科，或者特定学科组合上的优势会逐步显现出来，学科组合或许就成了高中学校的优势学科和特色学科，继而成为学校的办学特色。当区域内高中学校的学科分化比较明显时，高中学校在区域内的办学特色和育人目标也就会显现出来。所以，支持学校按照学生的兴趣特长招生，把现在的分层招生转变为分类招生，将是未来可持续发展的长久之计，需要未雨绸缪，提前谋划。将学考作为高校招生录取的重要依据，增加学生的选择性，必然要求高中学校提供多样化的课程教学安排，以满足不同学生选择的需要。

选择性和多样性是贯穿新高考制度的两个核心概念，旨在系统改变"一考定终身"和"一分定乾坤"的传统弊端，开辟更科学、更公平的高考新格局。新高考赋予了高中生对高考学科更大的选择权和组合权，并将高考学科与大学专业选择相关联，力图推动高中教育的系统变革，从而促进高中学生的个性发展和高中学校办出特色。选择性意味着多元性、多样性，而多元性、多样性又意味着复杂性、不可比性。考生与高校的选择权与选择空间越多，高考招生制度也就越多元化、多样化，也就越复杂、异质。在现行的高考模式中，普通本科和高职（专科）院校的考试科目、分数构成、招生机制是相同的，仅在录取阶段的批次分数线和招生安排上有所区别。对于相同的试卷，既要测量学生的理论知识和创新潜质，满足各类本科院校的招生需要，又要测量学生的职业性向和实践能力，适应不同高职院校的招生需求，实在勉为其难。通常，高职院校处于最后一个招生批次，学生的高考分数不高，常常带着一种挫败感入校，这样不太可能学好技能，为此，《实施意见》决定加快推进高职院校分类考试，这既符合"因材施教"以及"三百六十行，行行出状元"等传统的教育理念，根据改革方案设计，高职院校的考试招生与普通高校相对分开，采用"文化素质＋职业技能"的评价方式，形成独具特色的科目设置、评价内容、测试手段、分数构成和录取标准，为职业技能型人才提供专门招录渠道和发展路径。普通高中毕业生报考高职院校，文化素质评价使用高中学考成绩，职业技能评价根据兴趣爱好参加相应的职业适应性测试，然后参考综合素质评价即可录取。根据改革规划，2015年通过分类考试录取的学生占高职院校招生人数的一半左右，2017年将成为主渠道。这就意味着，分类评价在普通高中学校与高等职业院校成为可能。

近年来，北京市普通高中学校普遍开展了培养模式多样化的探索，学校在原有必修课＋选修课结构基础上，大部分学校根据学生发展需求，依托学校办学理念和育人目标分类设计选修课，构建了丰富多样的课程体系。经过几年的高中特色建设及多样化发展实践的探索，目前北京市大部分普通高中在课程设置上基本都实现了分类发展。实现普通高中教育从分层到分类的转变，至少需要在三个环节作出调整：一是初中毕业学生对高中学校选择方式的转变，即中招录取方式的转变；二是在教学过程中的课程设置、教学内容及教学组织管理形式的转变；三是在高考招生录取制度从科目设置到考试方式、录取方式的调整。

第四节 从"选拔"走向"选择"

选择是在多种可能中，按照自己的愿望和考虑选取其中一种可能。选择应当是自由的，自由的选择就是在没有障碍的情况下，按照学生的能力和智慧所能办到的，不受阻碍地做他们所愿意做的事情。教育选择是一种基于利益而产生的行为，是允许教育主体选择学习内容与形式的行为。精英化教育阶段由于教育资源短缺，普通高中学校的评价制度及功能严重失调，过分强调甄别和选拔的功能，只关心学生考了多少分数，排在多少名，学生的选择权是缺失的，选择性的缺失导致了我国普通高中教育"千军万马过独木桥"！学生学习的目的即在于考上理想中的大学。为了争夺有限的优质教育资源，普通高中的学生你追我赶，竞争的程度用"惨烈"二字来形容毫不为过。即使是这样，半数以上的学生还是上不了他们心目中的好大学，因为自身的学习基础、能力、家庭条件等诸多因素的影响，大部分学生刚迈入普通高中校园就处于被动的地位，对于这样的学生来说，他们的选择是被迫的选择，是高等教育对于基础教育的选拔，其特点是选拔适合教育的儿童，而大众化、普及化阶段的教育目标是让每一个人充分享有受教育的权利与机会。

考试作为一种选拔手段，虽然目前还不能被替代，成绩固然重要，也是评价学生不可抛弃的元素，但成绩并非学生发展中最重要的元素，成绩的高低也并非与一个人的未来发展完全正相关。随着高等教育大众化、高中教育普及化时代的到来，选择性教育的呼声愈加强烈。选择适合本国家、本地区、本学校的课程内容和方式，为学生提供更多的可选择的课程内容和教学方式，并引导学生走向社会、关心社会，逐渐参与到社会生活中，是当前世界各国课程改革的基本方向。我国《普通高中课程方案（实验）》中将"选择性"作为课程设置的基本原则之一，明确提出：为适应社会对多样化人才的需求，满足不同学生的发展需要，在保证每个学生达到共同基础的前提下，各学科分类别、分层次设计多样的、可供不同发展潜能学生选择的课程内容，以满足学生对课程的不同需求。❶ 开启了我国高中课程改革以多样性、可选择为重要标志的新征程。

没有选择性的普通高中教育是与社会发展相背离的教育，它培养不出社会所需要的多样化的人才，也不能教给学生生存的能力和健全的人格。高中阶段的教育选择，既包括教育类型的选择、教育服务的选择、教育体制的选择、教育成本的选择，也包括文化的选择、内容的选择、学习方式的选择等。选择性是贯穿高中多样化发展的一个关键词，普通高中的选择性同样要求我国普通高中教育要实

---

❶ 中华人民共和国教育部. 普通高中课程方案（实验），（教基〔2003〕6号）.

现办学模式的多样化发展，让每一个学生能够形成基于自身"兴趣""学业"到"专业"再到"事业"的连续性学习经验，而非断裂式的教育成长经验，实现从"学有所教"到"学有志业"的贯通，帮助学生实现从"选择学校"到"选择学校的专业和教育"的根本性转变，真正实现从"选拔教育模式"向"选择教育模式"的转型❶，也有助于改变目前高校"千人一面"的过度同质化状态。普通高中教育只有在培养模式上更加丰富多样，更加人性化，才能够使学生能够掌握选择的主动权，并能够使其根据自身的能力、兴趣选择到"量身定做"的普通高中教育。

评价与考试作为学校教育教学的指挥棒，更要在满足学生选择权上发挥积极的引导作用。传统的高考制度是在精英教育阶段建立并形成的适合我国国情的普通高等学校招生考试制度，其突出特点是选拔性，核心价值是公平性。虽然在制度设计上要求高等学校对报考学生的德智体美全面衡量，择优录取，但是由于评价标准的客观性、评价过程的公平性和评价结果的可比性等因素的限制，制度变迁的结果使统一考试几乎成为高校招生的唯一方式，分数成为录取评价的唯一依据，高考成为高中教育教学的唯一目标。于是，高考成为通向高等教育的"独木桥"，所承载的功能远远超出其所具有的能力。尽管自高考制度恢复以来，在考试内容、录取方式等方面的改革举措不断，然而改革效果似乎并不理想。究其原因，是由于以往的改革较多地从完善高考的选拔性功能出发，而对高中学生、高中学校乃至高等学校的选择性重视不够，学生只有在考前自主选择报考文科或理科的机会，高校只能在考后根据分数从高分到低分"提取"学生，统一性有余而自主性不足。在这种选拔机制下，高校学科特色和学生个性特长难以体现，更难以实现学生的自主选择、自我发展。针对这些问题，新一轮高考改革以增加选择性为出发点，通过完善学业水平考试、推进分类考试、探索一年多考等措施，全面、系统地改革高校招生考试体制机制。2010年《教育规划纲要》提出高考改革"探索有的科目一年多次考试的办法"，2013年党的十八届三中全会通过的《中共中央关于全面深化改革若干重大问题的决定》中提出探索"外语等科目社会化考试一年多考"的要求，2014年国务院印发《关于深化考试招生制度改革的实施意见》进一步明确规定改革试点省市的高考外语科目提供两次考试机会，并在上海市和浙江省进行先行试点，高考一年多考终于从理论设计走向了方案实

---

❶ 徐冬青. 高中提前"分专业"丰富了教育选择［N］. 中国教育报，2016-12-12（002）.

施。无论是高考学科的自主选择与组合，还是考试时间与次数的政策设计，都为高中生提供了更大的选择空间和更多的选择机会，表现出促进学生个性成长的政策意图。然而，要把决策中的政策红利转变成现实中的教育机会，还需要高中学校在充分理解高考新政的同时，系统重构学校的育人模式，把高中办学从追求"选拔中的唯一性"向"选择中的多样性"转变，最终实现学校特色办学与学生个性成长相统一的改革目的。

　　高考制度本质上是一种对稀缺高等教育资源的分配机制，增加选择性，意味着扩大学生和高校的选择权，改变原有制度的资源分配规则，学生和高校的选择策略、中学的教育教学模式都需要进行相应调整，根据改革方案，试点地区的普通高中学生将会有多次选择不同类型考试的机会，不同的选择会产生不同的结果，意味着不同的发展路径：第一次选择，是否选择"合格考"，如果选择，则在考试合格后，获得高中毕业证书，可以直接就业或继续参加高职院校的招生测试，否则，选择"等级考"，就需要在考试科目上进一步明确。第二次选择，是否选择高职院校分类考试，如果选择则不必参加全国统一高考，可基于学考成绩，并根据职业兴趣及报考院校招生条件参加"职业适应性测试"，否则，需要参加主要为普通本科院校招生服务的全国统一高考。第三次选择，对于外语等实行一年两考的科目，外语科目包括英语、日语、俄语、德语、法语、西班牙语等语种，每次考试同时举行，学生可以自主参加两次外语考试，选择其中较好成绩计入高考总分。选择只考一次，可以腾出精力去弥补自己的弱项，或者干些自己感兴趣的事情；选择考两次，可以充分利用考试机会，查漏补缺，获得更理想的成绩，也在情理之中。第四次选择，也是最复杂的一次选择，选择确定纳入高考总分的三门"等级考"科目，由于语文、数学、外语三科统一设置，所以"等级考"科目选择就成为影响高校入学及专业选择的关键点，也成为学生竞争的焦点。此外，对于部分学生，还存在出国留学或参加高校自主招生的选择取舍问题。上述选择可能会同时发生，也可能会连续发生。多次选择有利于分流不同考试需求的学生，也能够减少一次集中考试的规模，至少在形式上可以缓解学生的考试压力。然而，对于个人而言，多一种选择就多一份不确定性，每种选择都会有风险，每次选择都是一种挑战。学生在选择时，由于其他人的选择策略和同类选择信息无法充分掌握，所以个人选择充满了不确定性，随之带来的风险既是对学生决策能力的挑战,也容易成为部分竞争失利者诟病改革政策缺陷的借口❶。

第五节 从"控制"走向"指导"

教育的终极目的是帮助学习者做好迎接未来社会各项挑战的准备,学校教育除了为学生提供学业上的支持外,还要为他们提供职业指导以及人生发展指导,促使其获得终身学习和自我成长的能力。在我国,一提到学校教育,人们更多地想到的是"上课""教学"或"作业""考试",仿佛除了教学和考试,就没有其他更多的方式。其实,教学或训练只是教育的两种方式,除此之外,还有学生发展指导、实践活动、情境体验等多种方式。赫尔巴特最早提出了学校教育具有"指导"职能,他构建的学校职能体系包含学生管理、训育和教学三项基本工作,其中"训育"就包括对学生的指导和训练。在杜威看来,研究教育的一般功能所采取的一个特殊形式,即指导、控制或疏导❷。这三个词中,"疏导"一词最能传达通过合作帮助受指导的人的自然能力的思想;"控制"一词,更确切地说,表示承受外来的力量并碰到被控制的人的一些阻力的意思;"指导"是一个比较中性的词,表明把被指引的人的主动趋势引导到某一连续的道路,而不是无目地地分散注意力。指导表达一种基本的功能,这一功能的一个极端变为方向性的帮助,另一个极端变为调节或支配。事实上,控制只是一种断然的权力指导形式,包括个人通过他自己的努力所得到的细节,这和别人领导所带来的调节完全不同。指导就是集中和固定一个动作,使它真正成为一个反映,这就需要排除不必要的和纷乱的动作❸。在学校实际工作中,与学生行为规范相关的教育活动中,提及最多的是"管理"。从"外部管理"到"自主管理",从"他律"到"自律",这种过渡都是在一定前提下实现的,单靠行为管理是难以完成的,需要借助指导的力量。杜威把"指导"界定为帮助学生确立正当的行为方向并向着正当方向不断调节自己的行为,通过合作来帮助被指导个体发展自然能力。他认为,通过共同的社会生活,使人们享有共同的观念,引起理性上的认同,并为

---

❶ 柳博. 选择性:高考制度改革的机遇与挑战 [J]. 教育研究, 2016 (6): 76.
❷ [美] 约翰·杜威. 民主主义与教育 [M]. 王承绪, 译. 北京:人民教育出版社, 2013 (3): 30.
❸ [美] 约翰·杜威. 民主主义与教育 [M]. 王承绪, 译. 北京:人民教育出版社, 2013 (3): 31.

了共同的目标而协同行动，这才是最好的指导。陈桂生认为❶：专门"指导"问题的发生，同对学生行为管理的理解相关。按照现代学生行为管理的观念，对学生行为的管理，以通行或约定的行为规范为准绳，评价学生的行为，并约束学生的违规行为，而学生的行为规范有合理和不合理之分。其界限是：学生的行为如果可能导致对自己身心的伤害，或妨碍他人及群体活动的自由，他人及群体便有理由对这种行为加以干涉。反之，如果个人的某种行为既对自身没有伤害，又不妨碍他人及群体活动的自由，他人及群体对这种行为便无权干涉，以保障个人自由的权利；然而，未成年的学生未必懂得如何合理地运用自己的自由权利，其自由活动也就未必都有益于个人的身心健康，甚至还可能妨碍自己正常的生活与学习，这就需要一定的指导介入。纯粹的外部指导是不可能的，环境指导只能提供刺激以唤起反应，这些反应从个人已有的倾向开始。在杜威看来"虽然成人的习俗和规则提供许多刺激，引起并指导儿童的活动，但是，儿童终究还是分享他们自己的行动所采取的指导。"❷

黄向阳（2009）认为：学生管理与指导是学校中密切关联但又严格区别的两项工作，管理无法替代指导。第一，管理旨在制止学生的不当行为，是对学生违规行为的管束，是强制性的，指导则是指引学生正确的行动方向和行为方式，进行方法上的指点，不带有强制的特点；第二，管理适用于迟到、作弊、打架、欺负弱小之类的行为问题，不适用于早恋、厌学、上网成瘾、考试紧张焦虑等思想或心理问题，只能通过指导、辅导、疏导等方式予以解决；第三，指导不仅适用于解决学生内部思想问题，也适用于解决外部行为问题，具有矫正错误行为的功能；第四，指导和管理一样具有预防的功能，但管理常以惩罚的威慑来预防过错，指导则以正确的应对方式来避免过错；第五，指导具有强大的发展功能，能够针对学生的兴趣、特长和发展潜质，引导和帮助学生了解自己、了解社会、了解教育、了解职业，开展丰富多彩的活动，建立广泛的友谊，发展多方面的兴趣和特长，树立生活的理想、信念和价值观，规划自己的人生，逐步实施自己的人生规划。严格地说，学校教师不能强加给学生什么东西，或迫使他们做什么事情，要考虑被指导的人现有的本能和习惯所作出的贡献，就能经济地和明智地给予指导，一切指导不过是再指导。因此，未成年学生的健康成长虽然离不开成年

---

❶ 陈桂生."学生行为指导"简论［J］.南通大学学报（教育科学版），2007（12）.
❷ ［美］约翰·杜威. 民主主义与教育［M］. 王承绪，译. 北京：人民教育出版社，2013（3）：32.

人的有效指导，但这种指导一定是符合学生现有倾向或发展趋势的，也就是要"因势利导"，否则便会走向另一个极端——新的控制。由此可见，指导是教育的手段之一，是更高明的管理方式。

从目前学校教育职能来看，我国学校教育的主要职能是教育、教学和管理，学生指导并没有列入其中。虽然学校中也设有政教处、心理咨询室等机构，开展一些与学生指导相关或相似的活动，但存在随机、零散、强制、非专业、意识形态味浓等问题，我国学校中的指导还处于自然发生的状态，教师缺乏指导意识，以教学和管理代替指导的倾向比较严重。而在我国的学校教育中体现更多的是教学、管理和训练的职能，指导是作为一种附属功能零散地分布在课程教学与学生管理之中，并没有成为一种独立职能。处于个性形成中的高中学生，难免存在成长中的困惑与烦恼，在日常生活与学习中，随时随地都可能有各种正当或不正当的行为表现，却没有被视为一个独立的问题体系而加以重视。尤其是在推进高中多样化发展过程中，学生需要课程选择、科目选择、考试选择以及专业与职业的选择等诸多现实问题，更需要学校提供切实有效的指导，帮助其树立人生内在的轴心，克服"想要"的迷茫，建立"需要"的理性。学校的办学特色和学生的个性成长，不仅有助于在新的高考模式中取得好的成绩，还有助于学生在大学的专业学习和未来的职业选择中发挥优势，在高中学校，不管是对学生的课程选择，还是将来的专业选择，都需要给予全面的指导，相关学科、课程的前沿趋势，相关专业在国内外的发展定位，如何使学生科学地认识自我，都需要学校给予指导和帮助。在新高考改革中，学生不仅仅要关注进什么学校，更需要关注学什么专业，把自己在高中学习中的特长与将来的志愿结合起来，并进一步发展为自己的职业专长。由此可见，学生指导涵盖范围广泛，涉及学生的学业、心理、情感、职业及现实生活等多方面问题，是高中学生实现理想、健全心理、成就学业的重要支撑，与管理、教学、训练一起共同支撑起现代普通高中教育的平台，成为促进全面而有个性发展的基本手段。在高中阶段通过对学生进行有效的方法指导和方向指导，进一步唤醒学生主体意识，使其能够充分利用学校提供的各种有利环境，主动吸收有利于自身发展的营养元素，优化知识与能力结构，在他人指导的基础上，掌握自我指导的方式方法，不断地认识自我，建立自信，增强自我选择判断的能力，实现自主发展。

第六节 从"对抗"走向"共生"

我国长期实行的重点中学政策，造成基础教育阶段校际办学水平差距很大，在区域间、校际间普遍存在明显的"虹吸现象"。虹吸现象原是物理名词，指当液态分子间存在引力与位能差能时，液态会由压力大的一边流向压力小的一边。教育领域内的虹吸现象是指条件好的地区对条件差的地区优质生源、师资的吸引所造成的后者生源、师资流失现象。如，示范高中对非示范高中、城区高中对郊区高中、教育强区对教育弱区的生源、师资形成了强大的虹吸效应。如此一来，优质校在源源不断输入好学生和好教师的情况下更加优质，薄弱校则在原本教育质量就不高的情况下又流失了好教师和好学生，因而变得更加薄弱，拉大了教育质量的差距，加剧了教育不公平的现象。城区与郊区之间、示范高中与非示范高中之间、相同发展水平学校之间对于师资、生源的竞争态势，形成不同发展水平的高中学校之间出现对抗局面。高中学校之间对抗关系的根源在于大学与高中之间存在选拔关系，由于大学系统或高等教育通过一定的机制，选拔部分高中毕业生进入大学学习，并由此形成与高中之间的选拔关系。这种选拔既包括高等教育系统中不同层次与类型的高等学校的选拔、不同学科专业的选拔，不同办学模式与项目的选拔，等等；也包括高中教育系统中所出现的分化，如部分以为大学输送学生为主要取向的学术性或普通高中，以及由此而出现的为上同类大学而设计的学术型课程或特色类课程和为上同类大学而出现的学生群体以及相应的选拔性考试评价系统，等等。而这种选拔性关系形态的一个非常重要特点，便是非常广泛和激烈的竞争。由于上大学对于个人发展具有很强的收益性，并且直接影响个人的社会地位，因此，这种选拔性形态必将带来高中教育系统中非常激烈的竞争[1]。在谢维和教授看来：这种选拔性关系也就成为目前高中教育，以及大学与高中教育之间关系中各种问题的重要根源和缘由。如果协调不好这种选拔关系中所包含的各种矛盾，这种选拔在一定程度上很可能引起高中阶段不同类型学校之间的矛盾和冲突，特别是普通高中与职业高中的矛盾，也可能在一定层面上冲击和干扰了整个高中教育作为大众化终结性教育的基本定位与取向，成为所谓应试

---

[1] 谢维和. 共生：并非理想化的假设 [N]. 中国教育报，2013-4-15.

教育的"罪魁祸首"。从现实的角度看，这种选拔性形态的最极端的变形，就是将大学与高中教育之间的选拔关系简单地曲解为高考，以至于一方面干扰了整个高中素质教育的实施，影响了青少年学生的全面发展；另一方面，也在最大程度上导致了高等教育考试制度的变形与扭曲，使之成为全社会和教育的批判对象，由此从整体所破坏了大学与高中的关系。

根据系统理论，组织是相互依赖、相互影响的各个要素通过一定的结构和功能而构成的完整系统。在协同系统内部，多元主体协同互动，通过知识创造主体和技术创新主体间的深入合作和资源整合，产生系统叠加的非线性效用。协同创新是指各个创新要素的整合以及创新资源在系统内的无障碍流动，并表现出整体性和动态性的特征。"共生"一词早在19世纪中叶就已提出，有社会学家提出当今人类社会已进入一个"多元共生的时代"。共生不仅是一种生物现象和生物识别机制，也是一种可塑形态和社会科学方法。生物学中的"共生"是指不同种属按某种物质联系而生活在一起，在高中教育领域中的"共生"是指两所或几所学校作为不同的共生单元，在相互激励、相互促进、相互作用和相互制约的过程中互惠互利、协同发展，最终共同达成高水平高中教育均衡的状态。在推进高中多样化发展过程中，同一类型学校间形成了组织变革的态势，并且各资源要素需要有机结合，呈现出整合优化、动态交互的态势，为系统内部协同"共生"奠定了基础，但"共生"局面的形成需要一定的政策保障。2015年，北京市建立了市级优质高中教育资源统筹机制，一是局部调整中招计划下达方式，市级统筹安排部分优质高中招生计划跨区县分配到校，在义务教育免试就近入学的背景下，为不同区县的初中毕业生提供更多、更公平的升入优质高中的机会；二是建立市级优质高中教育资源统筹办公室，统筹协调教师编制、办学经费、教育用地等支持，发挥优质高中的带动作用，进一步扩大优质教育资源数量和覆盖范围，回应人民群众对优质教育的期盼。2015年，市级优质高中教育资源统筹共安排招生计划2242个，包括三种类型：一是东城、西城和海淀10所优质高中的跨区县招生计划，简称统筹一，包括北京五中、汇文中学、北京四中、北京八中、师大附中、师大二附中、实验中学、人大附中、北大附中、一〇一中学共10所学校；二是部分优质高中新建或扩建校区或城乡一体化学校的招生计划，简称统筹二，包括北京师范大学附属实验华夏女中、北京师范大学附属中学京西校区、清华附中奥森校区与将台路校区、中央民族大学附属中学、北京八中门头沟分校、北京四中房山分校、首都师范大学附属中学（通州校区）、北师大二附中未来科技城学校、北京市第二中学亦庄学校、立新学校平谷校区（原平谷六中）、北京师范大学附属中学平谷第一分校共11所学校；三是部分艺术、体育类高校与普通高中联合培养的专业招生计划，简称统筹三，包括工美附中、徐悲鸿中学、对外经济贸易大学附属中学（九十四中）、北京十八中、北师大四附中（原首医大附中）、北京九中、理工大附中、海淀实验中学、牛栏山一中共9所学校。市级优质高中教育资源统筹招生计划按类分配到各区县参加名额分配的初中校，这一举措既为所有初中校学生提供了升入优质高中的机会，也避免了优质高中"跨区县掐尖"和层层筛选，真正实现了学生不论在哪所初中校都能够通过自己的努力考入优质高中，在基础教育阶段促进了学生的"纵向流动"。

"共生"局面的形成更需要学校的积极响应与支持。近年来，在推进义务教育均衡发展、高中多样化办学方面，部分示范性高中充分发挥优质资源的辐射、示范、引领作用，通过名校办分校，跨区办学等方式传播先进的办学理念，推广办学成果。如人大附中承办了翠微中学、西山中学，并在朝阳、通州开办了分校；北京市第一〇一中学相继在海淀、怀柔开办了分校；北京四中在顺义设立了分校，并在丰台方庄地区设立了北京四中璞瑅学校，由北京四中和西城区黄城根小学两所百年名校合作承办的一所九年义务教育学校，学校的成立也是西城区输出优质教育资源，跨区合作办学的重要举措，班子成员由黄城根小学校长助理任小学部主管校长，北京四中校长助理任中学部主管校长；校党支部书记由丰台区教委委派；西城区教委推荐、丰台教委任命原一六一中学副校长任学校校长。

高中与大学的"共生"关系是指大学与高中各自具有自身的独立性，但彼此之间又存在着相互影响、相互制约、相得益彰的紧密关系。在高中教育与高等教育均进入大众化教育以后，在高中教育及其学生群体与高等教育及其学生群体之间的交集越来越大的情况下，由于高等教育在整体上对高中学生的选拔性程度日益降低，高中教育及其学生群体对高等教育的选择性越来越强，传统的大学教育与高中教育之间不再是控制关系或选拔关系，而是一种"兼顾原则"下的合作互赢的共生关系，这一关系定位更加符合当前高中教育与高等教育的发展现实，这种共生性关系将为高中教育和高等教育的改革发展创造极大的空间和可能性。一方面，大学一定要充分尊重高中教育发展的自主性与独立性，充分认可高中教育在人才培养和青少年成长过程中的独特价值，不能仅仅将高中教育单纯作为自身优秀生源的来源，而是主动自觉地努力为高中教育的发展服务，参与高中教育的教学与课程改革。另一方面，高中也应该积极主动与高等教育联系，了解大学教育对高中教育的要求，为青少年学生从普通教育向专业性教育转变进行必要的准备，进而为学生提供更多的指导。由此可见，"共生"关系将促进大学与高中教育的共同发展，并且为青少年学生从高中教育到高等教育之间成长的连续性创造更好的制度环境与发展基础。这种共生关系形态不仅成为新的历史时期大学与高中教育的重要特征之一，而且也意味着整个国家或社会教育形态的重要进展。

第六章

普通高中分类发展的实现路径

从世界范围看,各国对高中教育的性质、定位和培养目标以及课程设置的基本原则,一般都是围绕共同基础与多样化两维框架进行设计与实施的。20世纪70年代以来,在不忽视共同基础、全面发展的目标下,多样化的要求得到了各国不同程度的重视和体现,多样化发展成为世界高中教育的共同趋势,但由于各国文化和历史传统的不同,西方国家高中教育多样化具有不同的路径和表现形式,如美国采取的是市场管理取向的高中多样化发展之路,高中学校类型包括特许学校、磁石学校、考试学校、传统的综合高中;英国采取的是政府介入模式下的高中多样化发展,如基金学校、拨款学校、自助学校、专门化学校、独立学校、自由学校等;日本采取的是初高中一体化的高中多样化发展,提出"初高中一贯教育"的两种形态、三种形式,在此基础上设置了7种特色教育学校,主要包括重视体验性学习的学校、重视区域学习的学校、重视国际化教育的学校、重视信息化教育的学校、重视环境学习的学校、重视传统文化继承教育的学校、满足学生希望从容开展学习的学校等;芬兰采取的是无学年制的高中多样化发展;德国采取的是职业教育与普通教育融合的高中多样化发展。总之,各国都是基于本国国情及文化历史传统选取了适合的高中多样化发展之路。

我国高中教育长期发展缓慢,20世纪90年代以来得到了迅猛发展。2003年《普通高中课程方案(实验)》,把普通高中教育的培养目标定位为:普通高中教育是在九年义务教育基础上进一步提高国民素质、面向大众的基础教育,普通高中教育为学生的终身发展奠定基础。强调了普通高中教育的基础性与重要性。同时,还提出要"适应社会需求的多样化和学生全面而有个性的发展,构建重基础、多样化、有层次、综合性的课程结构"。在高中课程内容的选择中，要求遵循三大基本原则，其中就包括了基础性和选择性。基础性既包括"所有学生的共同基础"，也包括"为每一位学生的发展奠定不同基础"；选择性是指"为适应社会对多样化人才的需求，满足不同学生的发展需要，在保证每个学生达到共同基础的前提下，各学科分类别、分层次设计了多样的、可供不同发展潜能学生选择的课程内容，以满足学生对课程的不同需求"。《教育规划纲要》更加突出强调了"普通高中多样化发展""促进学生全面而有个性的发展"。在"多样化发展"方面明确提出要"促进办学体制多样化，扩大优质教育资源。推进培养模式多样化，满足不同潜质学生的发展需要。鼓励普通高中办出特色。鼓励有条件的普通高中根据需要适当增加职业教育的教学内容"等。由此可见，普通高中多样化发展是当前和未来高中教育发展的基本方向，也是一个亟待认识和理解的重要议题。

我国普通高中学校的同质化与多年来大一统的、中央集权的管理体制密切相关，在集权式的管理体制影响下，国家的政策与政府的行为对于普通高中学校产生了极大的引导与强迫作用。变革外部的管理体制是促进普通高中多样化发展的必要策略[1]。只有基于学生差异的，有选择、可变化、可持续的多样化发展，才是高中阶段多样化、特色化探索的价值所在[2]。自2010年《教育规划纲要》颁布实施以来，人们围绕"高中多样化发展"问题进行了不同的探究，其中对于"多样化"的内涵解读主要指向"多样化"的"内容"，比较一致的认识是"高中多样化包含办学体制的多样化、办学模式的多样化、培养模式的多样化、评价方式的多样化、管理方式的多样化、育人方式的多样化"等多个方面。解读"多样化发展"带给高中教育怎样的启示，则有多种观点，有的从承认学生差异的角度，着重从课程多样化的视角来进行探索；有的从淡化高考批次录取和提供多元选择的角度，来理解多样化探索的制度设计问题；有的则从促进教育资源均衡化角度，认为多样化才是推动高中阶段教育优质发展的主要途径，等等。

---

[1] 朱忠琴. 我国普通高中学校同质化现象的新制度主义分析［J］. 教育科学研究，2015（4）.
[2] 徐冬青. 高中提前"分专业"丰富了教育选择［N］. 中国教育报，2016-12-12（002）.

第一节　高中多样化发展的维度分析

高中多样化发展是针对办学体制单一、办学模式僵化、培养模式趋同、学校缺少特色等问题提出的，目的是扭转高中学校单一化、同质化、简单化发展倾向，从办学体制、办学模式、培养模式、学校特色等不同维度均可对高中学校进行类型划分。其中，学校特色是高中多样化发展的基础，是高中多样化发展中最本质、最核心的内容，无论是何种培养模式、办学模式、办学体制最终都是通过办学特色来体现的。"多样化"是一个宽泛的概念，一般而言，在一个国家教育体系框架内，教育的多样化主要表现为许多相关教育要素的多样化，如教育机构的多样化、投资主体的多样化、培养方式的多样化、管理制度的多样化、教育条件的多样化、教育内容的多样化、教学模式与方法的多样化、评价标准的多样化等，但这些类型并不是从一个维度进行划分，而且也很难从一个维度对"高中多样化"进行分类，因此，对于"高中多样化"的分类不应持有单一的、绝对的立场，而是应该从多侧面多定位进行描述，是一个复合的多维度概念体系，根据《教育规划纲要》的精神，本研究着重从办学主体多样化、办学模式多样化、培养模式多样化三个维度对高中多样化问题进行剖析。

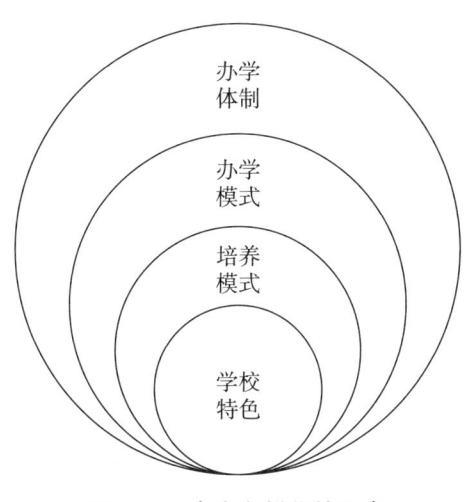

图 6-1　高中多样化的要素

学校特色建设是高中多样化形成的基础，也是实现培养模式多样化的重要途径。高中特色建设的目的在于使每一所普通高中学校具有独特的办学品质。从学校的视角看，通过特色建设促使学校结合办学理念、育人目标及自身的传统、办学条件，引导每一所学校找到适合自身发展的方向，体现每一所学校独立存在的价值，激发学校自身的改革动力，为学校的可持续发展奠定基础，进而呈现出千姿百态的教育生态；从学生的视角看，通过开展学校特色建设，为学生提供多样化、可选择的学习机会，增大学生的选择权。这种选择权主要体现在三个关键节点：一是学生在初中毕业后能够对高中学校进行选择，二是学生在高中入学后能够对学习领域、内容和方式进行选择，三是学生在高中毕业后能够根据自身专长、兴趣与爱好对高等学校或职业发展方向进行选择。

一、以办学体制的多样化扩大优质资源供给

由于优质教育资源短缺，普通高中的升学竞争压力激烈，择校需求强烈。要缓解升学竞争和择校压力，关键要扩大优质教育资源的供给。《教育规划纲要》提出："深化办学体制改革。坚持教育公益性原则，健全政府主导、社会参与、办学主体多元、办学形式多样、充满生机活力的办学体制，形成以政府办学为主体、全社会积极参与、公办教育和民办教育共同发展的格局。调动全社会参与的积极性，进一步激发教育活力，满足人民群众多层次、多样化的教育需求"。办学体制的多样化和办学形式的多样化是扩大优质教育资源的一条重要途径。但就当前来看，我国高中的办学体制尽管有公办高中和民办高中之分，但民办高中的社会认可度较低，而且民办高中的办学质量差距极大，因此在百姓心中，通常认为民办高中比公办高中的地位要低。据统计，截至2014年，我国现有普通高中1.33万所，在校生约2400万人，专任教师166.27万人，师生比为1∶14.44，负债资金大约为1600亿元。公办学校运行经费主要来自财政拨款，因为缺乏稳定的保障机制，很多地区的地方财政没有生均公用经费拨款标准，在取消择校生之后，普通高中特别是中西部地区的高中校发展举步维艰[1]。

积极推进办学形式的多样化，需要探索多种形式的办学体制，不断扩大优质教育资源，而不应该仅仅拘泥于"公"与"私"的争论，在普通高中教育办学形式上，要突出强调公立教育的地位和价值，思考如何做大公立教育的控制力和影响力，而不是过多地纠缠数量比例的多少；对于民办教育，我们应该思考如何

---

[1] 李桢. 高中教育如何迎接新常态 [N]. 中国教育报，2016-03-12（002）.

提高质量、形成品牌，并与公立教育在良性竞争过程中满足学生不同的教育选择要求；我们还应思考"公"与"私"的合作，比如政府购买民办教育的服务，比如在保持公立学校性质的前提下，引入私营机构的管理技术和手段，提高公立教育服务的质量，等等❶。因此，实现普通高中多样化发展，首先要破除高中学校"非公即私"的二元对立思维，坚持和落实"公办民办并举"的办学体制，扩大优质高中教育资源的供给，在坚持政府办学为主的前提下，通过各种方式和措施，真正激励社会力量举办普通高中，引导社会力量以多种形式参与到普通高中教育发展之中，真正形成民办教育与公办教育共同发展的格局。具体来讲，学校办学体制多样化包含政府独立举办的公办普通高中、社会力量举办的民办普通高中、政府举办的由办学机构或办学团体管理的特许管理普通高中、社会举办的由政府资助的民办公助普通高中等。

世界各国普通高中的办学体制差异较大，基本上是以公办为主、公私立高中并存。美国自 20 世纪 80 年代以来，出现了反对公立学校"一统天下"的局面，特许学校就是在这种背景下出现的一种办学形式，特许学校一般是由具有理想和远见的教授、父母，通过企业的援助来建立和管理的学校，但必须达到其他公立学校的标准，瑞典和美国的自由学校都是由父母和社区团体来管理的，教师具有很大的教学自主权。在高中阶段兴办民办学校，其立意不应仅仅是吸引社会民间资本投入教育，而应将其视为促进普通高中办学多样化的重要举措。民办高中和公办高中相比，不应仅仅是收费的不同，其优势是能够体现在课程设置、教学改革、师资队伍等各个方面各具特点的办学特色。然而，长期以来，多元办学主体中存在一定的制度性歧视，地方政府或教育行政部门有意无意地将自己视作公立学校的主管部门，在公办与民办或公立与私立学校竞争中，往往只站在公立学校一边，如在学校招生时，首先满足的是公立学校在生源数量和质量方面的需求，对私立或民办学校则采取限制措施。因此，政府在严格规范民办高中办学、鼓励民办高中办学特色的同时，必须给民办高中以平等的政策支持，如在招生、师资、评价等各个方面能够与公办高中一视同仁。只有当民办学校能够脱离"公办"的庇护而独立成长，普通高中才会有真正意义上的多样化。根据国外高中发展的经验，办学体制的多样化对公立学校在办学方面会产生一定压力，同时又会形成一种竞争机制，激励、促使公立学校不断改进，提升在社会中的形象和

---

❶ 曲正伟. 普通高中多样化发展的价值取向与制度设计［J］. 东北师大学报（哲学社会科学版），2011（2）.

地位。

二、以办学模式的多样化拓宽学生选择渠道

办学模式多样化是从学校培养目标的角度提出的。由于我国基础教育阶段学制是在义务教育阶段实行单轨，之后则实行学术教育与职业教育分轨，属于较为典型的"Y"型中间学制。普通教育和职业教育双轨分殊，彼此之间没有贯通性，管理体制迥异，普、职学生的学籍分属不同部门管理，教育资源各自为政，不能共享。这种普职分离的状况在一定程度上割裂了学生的发展，非普即职或非职即普的简单思路、僵化局面已严重不适应社会对人才的多样化需求，实现高中多样化发展首先要破除"非普即职"的二元结构。早在1995年的全国高中教育会上，时任国家教委主任的朱开轩就提出普通高中应有四种办学模式：一部分生源较好的普通高中以升学教育为主，大部分普通高中通过分流，办成兼有升学和就业预备教育的学校；少部分生源较差、升学率低的普通高中试办成以就业预备教育为主的学校；也可以举办少量特色高中或特色班，培养外语、体育和艺术等某一方面特长的学生。但是这种办学模式设计在实践中遇到了重重阻力，从学校教学管理机制、高考科目设置到社会评价等都难以支持，几乎所有高中学校和学生都被升学教育所"绑架"，双重任务变成单一任务。为此，有学者提出借鉴西方国家综合中学的办学模式，发展综合高中，将其作为沟通普教和职教的办学模式，2001年国务院在《关于基础教育改革与发展的决定》中明确提出"鼓励发展普通教育与职业教育沟通的高级中学"。期间，综合高中成为理论研究和实践探索的热点问题。2010年《教育规划纲要》中也再次重申"探索综合高中发展模式，采取多种形式，为在校生和未升学毕业生提供职业教育"。

综合高中在国外非常普遍，美国是最早开始探索普职融通教育较为成功的国家，综合高中大约占高中学校总数的95%左右，英国、德国和瑞典等国家中等教育阶段也是以综合高中为主体。综合高中的主要特点是在校内普职一体化基础上，实行分科制或按能力组织教学，允许学生依据自己兴趣爱好和智能类型在不同的学科或专业领域自由转换。综合中学也是英国高中阶段教育的主要组成部分，英国的高中阶段普职融通情况与美国相比，其特色是形成了配套完善的融通证书制度。日本实现高中阶段普职融通主要是建立在其学科融通的基础上，且已经形成了成熟的学科融通模式，根据学生兴趣开设的选修科目有家政类、农业类、工业类、商业类、看护类等。芬兰也构建了普职一体化体系，横向上普通高

中和职业高中可相互转换，纵向上普通高中与多科技术学院、职业高中与普通高等教育也可联通。北京师范大学袁桂林教授认为，我国高中横向定位不清晰，导致所有高中都盲目攀比和追求升入顶尖大学的升学率，关注少数尖子学生，致使其连接左右的功能下降。综合高中是解决高中横向连接左右功能下降的切入点，普通高中和职业高中都不应该把普职界线划得过于清楚。综合高中弥补了现有的普通高中学校与中职学校难以满足相当一部分高中生的实际教育需求，难以实现高中教育的全部功能，开辟了一条普职渗透，既能升学，又能就业的新路子，从而解决"非普即职"的割裂状态，建立普通教育与职业教育沟通机制，为学生提供更多的选择机会和便捷的发展通道。此外，办学模式的多样化还表现在横向上的办学性质、方向、课程内容、办学形式等方面的不同，可以为有不同学习能力和学习需求的学生提高适合的教育。如日本，由于许多接受高职教育的学生是已经进入工作岗位的初中毕业生，对这些学生的教育，采取业余高中的形式，有定时制高中和函授制高中两种类型：定时制高中利用白天或者夜晚进行直接教学，学生毕业后同样可以考大学；函授制高中只招收没有机会进入全日制和定时制高中学校的、具有初中毕业程度的在职青少年，通常是通过函授或者广播电视等方式授课，教师定期组织学生面授或考试，教学计划也与全日制相同，学生毕业后也可以报考大学。除全日制学制3年外，定时制和函授制高中，由于其特殊性，学生一般在3年的基础上延长1年时间，有些学生可以学到5年。2017年教育部、国家发展改革委、财政部、人力资源社会保障部等四部门联合印发《高中阶段教育普及攻坚计划（2017—2020年）》，提出"到2020年我国高中阶段教育毛入学率将要达到90%。"要求各地实施一些建设项目，新建、改扩建一批学校，特别要求职业教育比例较低的地区要重点扩大中等职业教育资源。探索发展综合高中，完善课程实施、学籍管理、考试招生等方面支持政策，实行普职融通，为学生提供更多选择机会。建立普通高中和中等职业学校合作机制，探索课程互选、学分互认、资源互通。国家将给予支持，通过组织实施"教育基础薄弱县普通高中建设项目""普通高中改造计划"和"现代职业教育质量提升计划"3个重大项目，重点支持贫困地区发展高中教育，改善办学条件。

办学模式多样化既有利于拓宽学生成长和发展的渠道，也有利于调动各类高中的办学积极性。各级政府及教育行政部门负责各类教育机构的规划与管理，要勇于承担起办学模式多样化的主体责任。

三、以培养模式的多样化优化育人方式

有研究者认为,培养模式多样化是为了有效实现学校培养目标,培养模式是为了实现培养目标而设计和实行的教育教学过程,因此普通高中培养模式多样化是为普通高中培养目标多样化服务的[1]。上海市上海中学校长唐盛昌在《普通高中多样化:改革的必然与深化》一文中指出:满足不同学生发展的需要,为每个学生提供适合的教育,推进高中培养模式的多样化是关键。芦苇在《普通高中培养模式多样化的实践与思考》中认为,培养模式多样化是普通高中教育本质的回归,指出实现培养模式多样化要面对教育功利化倾向、人才选拔方式多样化等几个方面的挑战,并提出了推进培养模式多样化的基本策略。当前我国普通高中教育的最大问题在于其单一的人才培养模式与社会对普通高中教育人才培养模式多样化需求的矛盾。人才培养的单一化是我国普通高中教育一直存在的一个"硬伤",社会需要更多的是那些从学校里走出来就可以为企业所用的实用型人才,学校则还是在按照原有的培养目标按部就班地培养和以前一样规格的学生,学校与社会之间缺少有效的沟通,直接带来了人才供给与需求的矛盾。

多样化的课程建设是实现普通高中育人模式多样化和培养目标多样化的根本渠道。普通高中教育是高层次创新人才培养的基础,对创新型社会建设起着重要的支撑作用。然而,普通高中教育"一切为了高考"的倾向仍然严重,长期以来形成的强调知识传授、统一步调的人才培养模式,使得学习者的个性和主动性得不到发挥,普通高中的其他职能已经被弱化,难以满足培养创新人才的要求。为了进一步提高普通高中教育质量,我们迫切需要探索建立以提高国民素质为宗旨、以培养学生的社会责任感、创新精神和实践能力为重点,促进学生生动活泼主动发展的新的人才培养模式,从而为提高全民族的创新能力和竞争力奠定基础。

普通高中教育的培养目标决定着学校课程与教学改革的方向和推进步骤,培养目标的确定与课程教学实施的路径应该具有一致性。但在现实的教育教学实践中,对书本知识的过度强调和对考试分数的过分追求,导致了教育实践的巨大错位和培养目标的严重偏离:一是忽视学生个体心理、潜能与个性等方面差异,培养目标整齐划一,严重阻碍了学生的个性发展;二是培养活动违背学生成长的自

---

[1] 袁桂林. 对普通高中多样化发展的理解 [J]. 人民教育,2013.

然规律，拔苗助长，过早进行成人化培养，或过多强调精英教育模式，只关注少数拔尖学生，而忽视全体学生的发展。这些问题致使普通高中在办学理念、培养目标、课程体系、课程目标、教学内容等方面同质化倾向非常严重，阻碍了普通高中的多样化发展。

育人模式多样化是从学校人才培养规格（培养目标）角度提出的，通过关注不同学生的发展目标和发展方向，适应人才多样性的发展需要，为拔尖学生、专门人才和高素质劳动者等不同类型人才提供相应的培养模式。育人模式多样化是实现普通高中多样化的主要途径，是体现在育人过程和方法中的多样化，具有更广泛的现实意义。事实上，每一所学校都是按照某种"模式"进行育人的，但多数时候这个"模式"并没有被认识和概括，因此需要对学校育人模式进行反思与概括、优化与重构，使每一所学校都能够探索出适合自身定位的育人模式，包括育人的思想理念、育人的体系设计、育人的实施与评价反馈等。在明确学生来源、去向的基础上，通过特色办学在学生身上体现出学校独特的"烙印"。由于每所学校具体的育人目标、内容、方式方法等不尽相同，由此形成各自的办学特色。

培养模式的多样化主要体现在两个层面：首先，学校办学类型的多样化，即基于学校办学方向的不同，以满足不同天赋、能力和特长的学生及某些特殊学生群体发展的需要，鼓励学校形成各自的优势学科或领域，在教育内容上形成有别于其他同类学校的、本校师生引以为豪的优秀个性品质和精神风貌，如科技高中、人文高中、数理高中、外国语高中、艺术高中、体育高中等，一方面为初中毕业生提供入口选择，另一方面为高中毕业生提供专业选择，并为未来职业发展奠定基础；其次，学校课程与活动的多样化，即不同类型学校在保证"共同基础"的同时，根据其办学理念及培养目标提供符合学校特点的特色教育内容，表现为在一所学校内有丰富多样的可供学生选择的课程与实践体验活动，为不同特长、禀赋的学生后续发展提供支持。选择哪种育人模式主要取决于学校，育人模式多样化是学校办学自主权的最佳体现，学校自主办学的程度越高，特色越鲜明，学校的适应性也就越强。学校类型的多样化、学校课程的多样化是普通高中多样化在学校层面最直接的体现。

第二节　普通高中分类发展的影响因素

到底哪些因素影响或制约普通高中多样化发展？具体的研究成果并不多见，较为一致的观点是：学校特色建设是高中多样化形成与发展的基础。而有关学校特色创建与发展因素的研究成果较多，但研究者的论述层次、角度、侧重点则不尽相同。有的研究者❶是从基础因素、外部因素和内部因素三方面来阐述影响或制约学校特色建设的因素；有的研究者❷是从学校特色发展条件角度将其分为外部庇护层（学校与社会）、中间组织层（学校与学校）、内部特质层（学校与自身）三个层次；此外，还有从决定学校特色创建与发展的成败原因或条件角度予以分析，也有从构成学校特色的成分或要素以及从主客观多方面因素来综合论述，还有的则将某个因素作为核心或关键因素来专门探讨；另有研究者❸是基于上述研究成果将学校特色的影响因素概括为国家政策、教育行政管理方式、自身办学实际、学校特色创建的主体、学校文化、课程与教学创新等几个具体要素。

从学校特色建设的角度分析影响因素，有一定的借鉴价值，但多样化毕竟不同于学校特色建设，特色建设通常是立足学校的角度而言，而多样化发展则是一个整体性概念，是从更加上位和宏观的角度来审视整个教育系统，从其演化发展的动力系统进行探讨，也就是说，分析其演化的动力是来自于系统内部还是系统外部，抑或是内部系统与外部系统相互作用、共同发展的结果。从事物发展的规律进行分析，推动事物的发展主要有两大因素：外部因素还是内部因素。外因论认为组织演化动力来自于外部，是非自组织的，是他组织或被组织的；内因论认为系统自组织是基本的，发展动力主要是来自于系统内部，自组织是任何系统都具有的基本特性，来自于万事万物都具有的反应特性和差别性。事物存在自组织的力量，即将自己组织成日益复杂的系统的持续力量。名词的"自组织"是通过事物自发、自主的走向组织的一种结果，动词的"自组织"是通过事物自发、自主的走向组织的一种过程。自组织与他组织是在研究方法上对系统的一种分类，将系统列到不同的范围内，所采用的办法也就不同。也就是说，对系统组织

---

❶ 邢真. 学校特色建设理论的探讨［J］. 中国教育学刊, 1995（5）: 31.
❷ 王伟. 学校特色发展: 内涵、条件、问题与途径［J］. 中国教育学刊, 2009（6）: 32.
❸ 乔建中, 李娜, 朱敏. 我国学校特色研究的现状与问题［J］. 江苏教育研究, 2011（06A）: 28.

动力来源的分类,决定了系统是自组织还是非自组织的。有研究者[1]认为,定义自组织与非自组织,同时将社会系统要素——人的意识性,纳入考虑的范围,并根据对社会组织进化动力的分析,给出了按组织化原因分类的组织树。组织树把事物分为有组织和无组织,具有一定结构和功能的组织,其组织化原因来自系统内部的称之为自组织,来自系统外部的称之为非自组织。非自组织又分为被组织和他组织,定义人造系统是被组织的,他组织指组织化的指令来自于系统外部而系统不是人造系统。当组织结构和功能的形成是由于系统内部原因,没有外界的特定干涉时,便认为体系是自组织的,自组织分为无意识自组织和有意识自组织。就社会系统来看,当其发展演化不是出于人为设计安排,是长期的动态多方多阶段博弈形成其结构时,称为无意识自组织;当社会制度和组织结构是人为安排,但却符合社会系统特性时,称之为有意识自组织,事实上,有意识自组织与被组织是很类似的。为此,基于对组织系统结构的认识,本研究将影响高中多样化发展的因素划分为外部因素和内部因素。

一、外部因素

外部因素涉及的内容较多,主要包括社会文化环境、国家政策、管理方式、研究氛围等。

1. 社会文化环境

社会环境对于教育的影响主要体现在两个方面:一是规定了教育是独立还是依附的存在状态,如果教育在与政治、经济、文化等其他社会领域的关系中不能保持相对独立,学校就只能依附于特定社会的政治权力、经济利益和文化压力而成为从属存在,学校就很容易受到外部势力的侵袭和干预。此时,学校极易以某种统一的思维方式和行为模式存在,也就失去了学校特色发展的外部环境;二是学校与政府、市场、社会(社区)的关系,它规定了学校办学的价值取向、学校办学的自主权、学校办学资源的来源,如果政府高度集中学校的办学权,或者市场不能有限介入学校办学,或者学校与民间、社区相互隔离,学校在办学价值取向上就容易趋同,在办学过程中就没有自主空间,在办学资源的来源上就会陷

---

[1] 孙锐,王战军. "自组织悖论"与社会组织进化动力辨识[J]. 清华大学学报(哲学社会科学版), 2003 (6).

入单一❶。此外，学校所处区域的历史文化传统，当地社会经济发展对学校教育的要求，社区为学校提供的资源支持等，都会影响到学校特色定位及多样化发展的质量。

2. 国家教育政策

是党和国家为实现一定历史时期的教育任务而制定的行为准则及发展目标，是各项教育工作的出发点。如中华人民共和国成立之初，在教育资源短缺和人才匮乏的情况下，国家在政策导向上都是优先发展一批重点学校，基础教育阶段实行的是分层发展制度与选拔式教育。而随着社会经济的发展，在高等教育实现大众化、高中教育走向普及化之际，国家及时出台了《教育规划纲要》，提出"推动高中多样化发展"的新要求，指明了高中教育未来发展的新方向，为学校的自主发展提供了广阔空间。目前政策的导向如高校自主招生政策、高中校长实名推荐制度、高中学业水平考试、综合素质评价、新高考改革等对普通高中多样化有特色发展都呈现出激励与促进的作用。

3. 政府评价

在所有的外部因素中，政府评价对学校的发展影响最大。当前，制约普通高中特色发展的根源在于现有的评价方式，升学率是一些地方政府对学校考核的重要指标，单一的升学考评方式，使得学校在较大程度上处于被动或被迫的境地，以高考升学为唯一指向的评价理念制约着普通高中的发展。为此，《教育规划纲要》提出"转变政府教育管理职能"，要求"各级政府要切实履行统筹规划、政策引导、监督管理和提供公共教育服务的职责……改变直接管理学校的单一方式，减少不必要的行政干预。"

4. 教育管理方式

教育行政部门针对学校管理所采取的一系列计划、组织、协调、监督、检查和控制活动及其管理的方式。教育管理方式体现教育行政部门对国家政策是否理解到位，在执行国家教育政策过程中是否能够保障学校的主体地位，是否能够为学校自主发展提供公平竞争环境，是否能够为学校的多样化发展提供政策支持，是否鼓励、引导并认可学校的积极探索，是否在评价标准与方式上与现行政策保持一致性，而不是说一套做一套。在办学方面赋予学校较大的办学自主权，赋予

---

❶ 王伟. 学校特色发展：内涵、条件、问题与途径[J]. 中国教育学刊, 2009 (6): 32.

学校合理而充分的课程自主权,为学校创造性地实施国家课程、因地制宜地开发学校课程和学生有效地选择课程提供保障。

5. 研究氛围

在政策实施过程中,需要高校、研究机构与教育行政部门、学校之间形成合力,及时沟通交流,以保障新的教育信息能够上通下达。其中,高校要围绕新的教育政策搜集国内外信息、积极开展理论探索,介绍国际先进教育理念,为教育行政决策提供依据;研究机构一方面要开展实证研究,与学校一起针对实践中出现的问题进行合作研究,引领学校改革实践,另一方面要引导学校把握正确的改革方向;此外,各种教育媒体能够及时宣传和推广相关理论与实践成果,共同营造良好的研究氛围与舆论环境,为理念转化、政策落地提供保障。

二、内部因素

就学校内部而言,学校多样化有特色发展局面的形成,也要受到诸多因素的影响与制约,大体可归为客观因素和主观因素两大类,客观因素是指学校所处区域、学校办学历史、文化传统、已有优势、发展阶段、师资结构、生源状况、办学成果等,主观因素包括学校的办学理念、培养目标、校长办学思想、学校管理制度、课程设置、资源开发、社团活动、师生共识等。由于不同地区、不同学校的历史文化、师资、生源特点不同,学校所培养的人才质量标准与规格要求必然也会有所不同,这就决定了普通高中学校的特色性与多样性。学校是作为一个整体系统存在和发展的,其特色建设必须与学校整体发展相一致,办学历史、办学理念、办学目标、办学实践和办学成效应贯穿于学校发展的全过程,不能割裂各要素之间的内在联系,各要素缺一不可、相互作用,共同推动学校特色发展[1]。

1. 办学历史与文化传统

一所学校的特色建设首先应基于学校的历史文化底蕴,尊重学校已有的文化积累,在追溯学校的历史文化中重新发现、解读和建构学校思想和文化资源,并由此勾画出学校特色建设的基本轨迹。从学校办学历史与文化传统的角度建设学校特色,可遵循如下思路:一是对于建校时间较长、文化积淀深厚的学校(百年老校),应从学校发展历史中提取"遗传基因",依托历史积淀,进行文化传承,在继承中发展特色,在发展中创新特色;二是对于建校时间不长、文化积累不足

---

[1] 殷桂金. 普通高中学校特色的定位与类型[J]. 教育科学研究, 2011(11):13.

的学校可从培育优势项目做起，初期，它可能只是学校某个领域的优势项目，经过精心培育，逐渐演变成一种特色项目，再逐渐发展成为学校特色；三是对于建校时间较短的学校则应从学校发展面临的问题入手，找出其问题出现的原因，然后针对影响因素不断聚焦，最终找到能够牵一发而动全身的基本问题，并针对这一问题制定出相应的解决策略，进行行动干预，伴随着问题的解决使劣势逐渐转化为优势，经过持续不断的发展，逐渐形成特色。学校特色是学校自主选择的过程，不是外部促成的，只有适合学校自身实际的选择才能促进特色的形成与发展。

2. 办学理念与育人目标

在影响学校多样化发展的若干因素中，最为核心的因素就是学校的办学理念和育人目标，二者均属于学校发展的理念系统，是学校发展的方向标，回答"把学校办成什么样的学校，把学生培养成什么样的学生"的问题。办学理念、育人目标具有定向作用，选择什么样的办学理念、确定怎样的办学目标，就会有什么样的办学行为和视觉识别，影响着全体教职员工的价值观以及对学校未来充满信心的文化力量和精神力量。办学理念是学校发展的灵魂，具有强大的统摄作用，统领学校的各项工作，是全体师生共同遵守的行为准则，学校特色建设及多样化局面的形成，离不开学校个性化的办学理念，离不开干部教师对办学理念的共识及有效落实。育人目标是学校教育的重要组成部分，是在综合分析学校办学理念、办学条件、生源构成、师资结构的基础上确定，是学校对"培养什么人、怎样培养人"的价值认同与理解，是在国家制定的培养目标指导下，根据地域、学校的不同特点而制定的。科学、合理、规范的育人目标在很大程度上会对学校的教育教学工作起到引领、促进作用。当学校找到了突破点、方向，确立了科学、合理、规范的培养目标，这个培养目标将具有明确的操作点和操作要求。因为学校的培养目标能够体现学校的教育思想和办学特色、带动学校的整体教育教学改革，使学校的德育工作、课程建设、教学改革、校园文化建设、学校组织管理、教师队伍建设等工作都围绕这一中心运转。在同一目标的指引下，学校的各项工作从不同角度得到落实。在教育教学的实践过程中，学校培养目标成了凝聚全校师生的共同目标和愿望，一旦教师、学生及家长接受了这种培养目标和发展观念时，就意味着学校的改革迈出了成功的第一步。在有特色的培养目标的指引下，学校通过自我管理、合理开发、优化配置教育资源，教学活动就会成为一种自觉的行动，并在提高学校的办学质量上实现学生的个性化发展。学校特色形成的过程也是践行办学理念、发展办学理念的过程。学校的办学理念和培养目标要得到师生的认同，师生只有在深刻理解办学理念、明确学校的办学特色定位的基础上，才能付诸实施，从环境到细节，凸显学校特色的熏陶功能；从传承到发扬，发挥学校特色的凝聚功能；从静态到动态，搭建学校特色的活动平台，努力实现学生的特色化发展，并形成学校自己独特的办学风格与个性[1]。育人目标是培养模式的根本，培养模式是学校办学诸要素运行的基石和指导，是学校组织发展的方向和归宿，对于学校的发展起着引领性的作用，以往高中学校出现的"千校一面"同质化倾向，其根源就在于忽视了最能体现学校个性特点的办学理念和育人目标，由于每所学校所处的地区不同，办学历史、学校文化、师资水平、生源结构也各有不同，学校的办学理念和育人目标也各具特点，理念系统规定了学校特色发展的基本走向，是学校开展特色建设的原点，决定了普通高中学校发展的特色性与多样性。

3. 校长办学思想与师生认同

校长是学校特色建设的灵魂人物。校长是否有明确的办学思想、强烈的特色意识、知人善任的领导能力和独具魅力的个性风格（抱负、兴趣、投入度等），都会对学校发展产生影响。校长需要在系统盘点和分析学校办学历史的基础上，合理定位学校发展目标，提炼办学理念，让办学理念既能反映当代教育的主要价值，又符合学校发展的个性特征，体现传统与现代的有机结合。一所学校办学特色与组织文化的形成，更是离不开几任校长的接力耕耘，需要花费更长的时间，也需要更加缜密的设计，这就需要教育行政部门在任命或遴选校长时，要将校长的风格、办学思想与学校的文化、生源特色等进行综合考虑，从特色形成周期的角度，有必要赋予校长更长的任期。学校多样化发展离不开校长的系统思维，需要进行顶层设计，从高位进行思考，同时还要从底层出发，一是做好底层分析，了解基础和现状，包括教师的思想状况和业务能力、工作推到什么阶段和程度等。二是做好底层调动，激发教师的积极性，让教师知道自己在这场改革浪潮中的角色和作用，发动教师投身到教育教学的实践中。可见，底层是发展的源泉和动力，没有底层，顶层设计如空中楼阁，好看但不中用。需要校长整体把握，实现顶层设计与底层分析的良性互动。特色课程或活动离不开特色师资，特色师资是学校特色形成的必要条件，要充分认识教师在推动学校分类发展中的作用。一

---

[1] 张毅龙. 继往开来话当下普通高中教育 [J]. 当代教育论坛（综合研究），2010（10）：12.

位或几位特别优秀的教师就能够使一所学校形成优势学科乃至特色。校长要善于发现每一位教师的自身优势，引导教师用其所长，为学校特色提供人力保障。此外，学生作为特色课程与活动的主体，是学校特色的具体实施者与体现者，学校特色最终要体现在学生身上，学校特色的形成也必然依靠学生，学生在特色建设中的作用不可忽视。学生的参与度、投入度直接决定着特色课程或活动的质量与成效。毕业学生是学校特色资源的重要组成部分，是一种特别具有说服力的教育力量，学校特色应以促进学生发展为第一追求，学生既是特色建设的直接受益者，也是学校特色的主要建设者。

4. 课程设置与资源开发

课程是学校育人的主要载体，学校的活动主要以课程的形式进行。课程是学校实现培养目标的重要载体，新课程改革赋予了学校课程实施的空间，学校课程体系是学校根据自身办学理念，从培养目标出发，从学校实际开发与设计的一系列课程的总和，是学校本土生成的，既能保证开齐开足国家课程，又能体现学校办学理念、学生的文化需要、学校特色建设和本校的资源优势，为学生提供具有多样性和可选择性的课程。学校创造性地对国家课程进行校本化处理，才能满足不同学生的不同需求，促进学生的多样化、个性化发展，促进学校特色的形成。影响普通高中学校特色形成的主要因素是如何系统设计学校课程，需要根据学校特色定位，以育人目标为主线，打破原有的零散课程，使学校所有的课程紧密联系在一起，形成独具特色的课程体系。课程创生取向认为，教师是课程的创造者和开发者，在教学中，教师与学生一起构建积极的教育经验，教学过程是师生双向互动的过程，唯有此，才能发挥师生在课堂教学中的主体性作用，才能实现学生个性化、多样化发展的需要，这是学校特色发展的旨归[1]。近年来，随着课程改革的深化，学生社团活动及综合实践活动在促进学生发展中的作用越来越大，成为学生发挥优势，张扬个性，展示才华，增长才干的重要舞台。一方水土养一方人，学校办学亦是如此。学校与社区是相互作用的，社区文化、家长素质等直接影响着家长对学校的办学期待，而社区教育氛围、教育资源也必然会对学校发展产生影响。社区教育资源是学校特色定位的主要依据，学校应充分挖掘社区范围可利用的教育资源，更好地服务于学校的特色发展，学校资源也应面向社区开放，实现学校与社区的良性互动。

---

[1] 朱忠琴. 我国普通高中学校同质化现象的新制度主义分析[J]. 教育科学研究, 2015 (4): 52.

资源开发包括人力资源和物质资源，人力资源主要是师资，尤其是能够胜任特色专业课程的教师，特色做精做强，主要依靠的是特色教师，但高中课程的落实，需要全体教师对特色的理解、认同，并渗透到日常的学科教学中。由于长期以来，高中教师的来源主要是师范院校的毕业生，而且是学科类的教师居多，因此一方面需要进一步拓宽师资来源，在新入职教师招聘时，要有一定的特色师资比例，加大对综合院校非师范毕业生的引进力度；另一方面加强对在职教师的专业培训：一是通过专题讲座、与特色课程教师交流互动、指导学生开展与学校特色相关的研究性学习等，让普通教师深入了解和认识围绕学校特色建设而进行的素养培育的内涵、意义和价值，不断提升自身特色素养；二是通过开展课题研究、教学研讨，探索在基础型课程教学中有效培养某一特色素养的途径和方法，不断改进和完善教学行为。此外，学校还应对教务处、总务处的后勤人员进行相关的培训，内容包括特色实验室的管理，特殊设备的购置、保养和维修，特色课程排课、学分统计等，使后勤的工作人员无论是对特色课程的认识理解上还是专业素养上都与学校的特色发展同步。

第七章
Chapter seven

普通高中分类发展的模式构建

普通高中分类发展的思想源于高等教育，是根据高等教育大众化条件下我国经济社会发展的多样化及其对人才类型需求多样化的需要，制定多样化的评估方案，实行分类评估，引导高校分类发展和科学发展。普通高中分类发展是针对传统的高中学校分层发展模式而言的，精英化阶段由于教育资源短缺，无论是高等教育还是高中教育都具有很强的选择性，将普通高中学校简单地划分为"重点/示范高中"和"非重点/非示范高中"两种类型，而随着高等教育大众化、高中教育普及化时代的到来，高中教育进入了多样化发展阶段，需要对各种不同"样态"的高中学校进行层次与类型的划分与管理。普通高中分类发展的核心是人才培养模式的多样化。根据普通高中教育的社会职能和发展现状，在前期试验探索的基础上，首先构建出普通高中培养模式多样化的通用模型，然后根据学校特色发展实际，以办学理念为统领，以育人目标为主线，将学校的育人模式划分为六种基本形态，体现不同形态学校的办学特色，在此基础上，在宏观层面上对普通高中学校进行类型划分，依据学校发展的不同类型和层次进行归类，呈现出普通高中学校办学类型的多样化。依据《教育规划纲要》精神，"高中多样化发展"涉及办学体制、办学模式、培养模式、办学特色等多个维度。"普通高中培养模式多样化"是"普通高中多样化发展"的子概念，是相对于我国普通高中教育"同质化""单一化"问题提出来的，是高中多样化发展的基础和核心，其研究对象主要是公办普通高中学校的培养方式与培养内容，学校基于自身特点为不同学生所提供相应的培养内容和培养方式统称为培养模式。多元办学是高中培养模式多样化的体制样态，不少国家通过设置不同类型的高中，实现高中培养模式的多样化。普通高中培养模式多样化的关键是课程资源的多样化，通过开设多样化的课程更好地满足学生个性发展的需求是培养模式多样化的应有之意。在保证学生掌握基本知识的基础上，减少必修课程的比重，增设内容广泛、结构合理的选修课程是培养模式多样化的基本方式。

《教育规划纲要》指出"树立多样化人才观念，尊重个人选择，鼓励个性发展，不拘一格培养人才。"普通高中多样化、特色化发展必须将注意力放到每个学生的个体发展、每所学校的特色发展上，摒弃整齐划一的培养模式，提供多样化可选择的教育环境。培养模式多样化的根本目标是为不同天赋、特长、兴趣的培养对象提供适合其现实需求与未来发展的教育环境。普通高中培养模式多样化具有鲜明的针对性和时代性，它不是对原有培养模式的简单摒弃，也不是不同发展模式单纯的累积叠加，而是对现行培养模式的丰富完善，实现从规模发展到内涵发展、从追求划一到追求多样、从注重整体到注重个体的教育培养模式。学生个体是千差万别的，只有提供多样化的教育内容和环境才能满足学生多元化发展的需要。

普通高中多样化发展是世界各国高中教育的共同趋势。已有研究文献对于国外高中教育多是介绍多样化发展的培养状态，特别是在课程设置、学生选择、教学管理等方面的多样化设计与实施，从中体现当前国外高中教育呈现出的基于学生发展需求的多样化办学特色。多年来，我国公办普通高中因为"同质化"而饱受诟病，"同质化"的根源首先是因为高中学校类型被简单地划分为"升学"与"就业"两大使命，片面地将普通高中负责"升学"，职业高中负责"就业"，且普通高中与职业高中有高低之分，学习成绩好的学生进入普通高中，成绩不好的学生进入职业高中，进入职业高中的学生多是升学无望情况下的无奈选择，而普通高中又是根据升学率高低来对学校进行分类的，各地方授予高中学校的"重点高中""示范性高中""星级高中"等，实质是对普通高中单一培养目标的鼓励，这种分类方式只注重学校的办学绩效，忽略学生的发展需求，不符合高中阶段教育发展的基本规律。因此，培养模式多样化的前提是高中教育兼顾"升学、就业、成人"的多元化目标，根据学生个性发展的需要，通过高中学校特色类型的多样化和课程设置的多样化，为高中学生在初中毕业后、高中学习过程中以及高中毕业后提供多种选择的可能，改变过去单一以分数论成败的弊端。总体来看，未来我国普通高中学校发展模式无外乎以下三种：一是保持现有的单一普通高中类型不变，但每一所学校都要基于自身特点或优势，围绕育人目标，开设丰富多样的课程与活动，供不同层次不同发展需求的学生进行选择，通过课程设置的多样化来推进校内培养模式的多样化；二是优化普通高中教育结构，丰富高中学校类型，分类设置普通高中，增设学术高中、特色高中、普职融通高中、一体化高中等，以不同类型高中推进培养模式多样化；三是设置向美国一样的综合高中，在综合高中内推进多样化培养模式。普通高中学校类型的设置属于国家或地方教育改革的统筹内容，打破现有普通高中类型格局将面临诸多挑战，本章主要是从分类发展的视角出发，从学校培养模式和区域培养模式两个层面进行探讨。

第一节 普通高中分类发展的内涵阐释

任何事物在发展到一定数量与规模后，客观上都会存在着类型上的不同和层次上的差别，需要进行分类管理，这是符合事物发展规律的。"分类"一词出于《书·舜典》附亡《书》序："帝厘下土，方设居方，别生分类，作《汩作》"。孔传："生，姓也，别其姓族，分其类使相从。"唐朝白居易《唐故湖州长城县令赠户部侍郎博陵崔府君神道碑铭并序》："唐虞之际，因生为姜姓。暨周封齐，分类曰崔氏"。马南邨《燕山夜话·选诗和选文》："所谓'诗'，所谓'文'，究竟应该如何区别？它们的体裁和形式又应该怎样分类？实际上这是自古迄今争论未决的问题"。《辞海》中对于"分类"的定义则是"划分的特殊形式"，是"以对象的本质属性或显著特征为根据所作的划分。和一般划分有所不同，一般划分比较简单，可以简单到采取二分法，而分类则比较复杂，是多层次的，即由最高的类依次分为较低的类、更低的类，一般划分大都具有临时性，而分类则具有相对的稳定性和科学性"。"分类"对应的英文单词是"Classify"，其基本含义是"按照种类、等级或性质分别归类"，是把无规律的事物分为有规律的，按照不同的特点划分事物，使事物更有规律。

"模式"，是一个既熟悉又陌生的概念。《辞海》中对"模式"的定义是："模式，亦译'范型'。一般指可以作为范本、模本、变本的式样。作为术语时，在不同学科有不同的含义。在社会学中，是研究自然现象或社会现象的理论图式和解释方案，同时也是一种思想体系和思维方式"。《现代汉语词典》将"模式"的解释为"某种事物的标准形式或使人可以照着做的标准样式"。查有梁从"模式论"角度指出："模式是一种重要的科学操作与科学思维的方法。它是为解决特定的问题，在一定的抽象、简化、假设条件下，再现原型客体的某种本质特性；它是作为中介，从而更好地认识和改造原型客体、构建新型客体的一种科学方法。从实践出发，经概括、归纳、综合，可以提出各种模式，模式一经被证实,即有可能形成理论;也可以从理论出发,经类比、演绎、分析,提出各种模式,从而促进实践发展。"本研究的"培养模式"是指在一定的教育理论、教育思想的指导下,按照特定的培养目标和办学理念,以相对稳定的教学内容和课程体系、管理制度和评估方式,实施人才培养过程的总和。

普通高中分类发展是指面对不同学生群体,采取不同的招生选拔方式,制定不同的培养目标,设置不同的课程体系,实施不同的教学方法,采取不同的管理考试制度和评价标准,满足不同潜质学生的发展需要,完成针对不同学生群体的教育培养任务。其外延既包括在一所普通高中学校内基于学校办学理念,为满足不同潜质、能力的学生而实施的以课程和活动为载体的"校内培养模式多样化",也包括区域内根据经济社会发展要求,对不同学校的培养目标提出相应的要求,体现不同类型学校特点的"校际培养模式多样化"。

普通高中分类发展主要呈现两种形态:一是学校课程分类与分层,即不同类型学校在保证"共同基础"的同时,根据其办学理念及培养目标提供符合学校特点的特色教育内容,表现为在一所学校内有丰富多样的可供学生选择的课程,为不同特长、禀赋的学生在校学习和未来专业发展奠定基础。培养模式选择的主体是学校,培养模式多样化是学校办学自主权的最佳体现,学校自主办学的程度越高,特色越鲜明,培养模式就越灵活、多样。二是学校特色类型的多样化,即基于学校培养目标的不同,以满足不同天赋、能力和特长的学生及某些特殊学生群体发展的需要,鼓励学校形成各自的优势学科或领域,在教育内容上,形成有别于其他同类学校的、本校师生引以为豪的优秀个性品质和精神风貌,例如,科技高中、外国语高中、艺术高中、人文高中、数理高中等,一方面为初中毕业生提供入口选择,另一方面为高中毕业生提供专业选择,并为未来职业发展奠定基础。区域内学校特色类型的多样化、学校内课程与活动的多样化是培养模式多样化在学校层面最直接的体现。

普通高中多样化发展离不开顶层设计,普通高中分类发展主要定位在两个层面:一是根据社会对人才规格的需求,结合学校办学理念、育人目标,通过课程设置、社团活动、校外基地等的多样性与独特性,实现学校内部的多样化,形成适合学校发展的育人模式,体现学校的办学特色。二是在学校办学特色的基础上,通过政府和教育行政部门的整体设计与合理布局,引导不同层次不同发展阶段的普通高中学校办出特色、分类发展,力争使不同发展需求的学生选择到适合其潜能发展的学校,保证一个区域内学校特色的丰富性与多样性,体现校际间的不同，实现学校类型的多样化。

第二节　普通高中分类发展的理论模型

　　培养模式多样化是不同类型的普通高中学校基于自身特点，为不同发展需求的学生提供相应的培养内容与培养方式，探索符合自身特色的培养模式。培养模式多样化首先要普及"多样化"育人的思想，承认并尊重个体差异，提供多样化的教育资源，为不同学生的专业发展及职业选择奠定基础。

　　学校特色建设是高中多样化的基础，也是实现培养模式多样化的重要途径。高中特色建设是针对普通高中单纯追求升学模式的趋同化现象，强调每所高中学校都要具有独特的办学品质，体现独立存在的价值。从学校的视角看，通过特色建设，明确发展定位，结合学校办学理念、育人目标及办学传统与条件，开发和利用各种教育资源，找到适合学校发展的培养模式；从学生的视角看，通过特色建设，为不同发展需求的学生提供多样化、可选择的学习内容与机会，增大学生的选择权。这种选择权主要体现在三个关键节点：一是在初中毕业后能够对高中学校的选择；二是高中学习过程中对学习领域、内容和方式的选择；三是在高中毕业后能够根据自身专长、兴趣与爱好对高等学校及职业发展方向的选择。

　　普通高中教育作为一个复杂的系统，每所学校作为一个独立存在的子系统，有其独特的办学理念和育人目标以及与之相适应的培养模式，承载着为国家建设培养合格人才，为个体生命成长奠基的重任。培养模式多样化追求的是一种自主发展状态，是学校基于育人目标，不断调配、组合各种教育资源，为学生提供更加适宜的教育环境，是"因材施教"的具体体现。北京市自2007年高中课程改革以来，学校的课程自主权不断增大，课程设置已从大一统走向选择性，教学方式从被动走向了主动，丰富多元可选择的课程体系逐步形成。高中特色建设更加强调学生的自主性与资源的开放性，跨越边界的教育资源得到充分开发与利用，学生社团活动从可有可无走向不可或缺，课外活动从学科的延伸走向了真正的社会实践，学校工作方式也由经验模仿走向了专题研究，成为培养模式多样化的重要载体。

　　普通高中学校培养模式的实施路径具有相似性，均是以特色建设为切入点，以办学理念为统领，以育人目标为主线，以理念、载体、保障、成果四大系统为依托，共同搭建起普通高中培养模式的平台。那么，到底哪些因素影响并决定学校选择什么样的培养模式呢？概括来讲，不外乎学校外部和内部两大因素。从外部因素看，国家宏观政策的价值导向、政府及教育行政部门的重视程度及评价导向、教育研究机构的研究能力与引领水平等，都会对高中多样化发展产生影响；从学校内部因素看，学校发展阶段、文化传统、办学理念、师资水平、课程设置、学生活动、资源开发与利用、办学成果等，也将影响学校选择什么样的培养模式。在一个系统内部，各个要素之间相互影响、相互作用，呈现出不同的发展形态（见图7-1）。

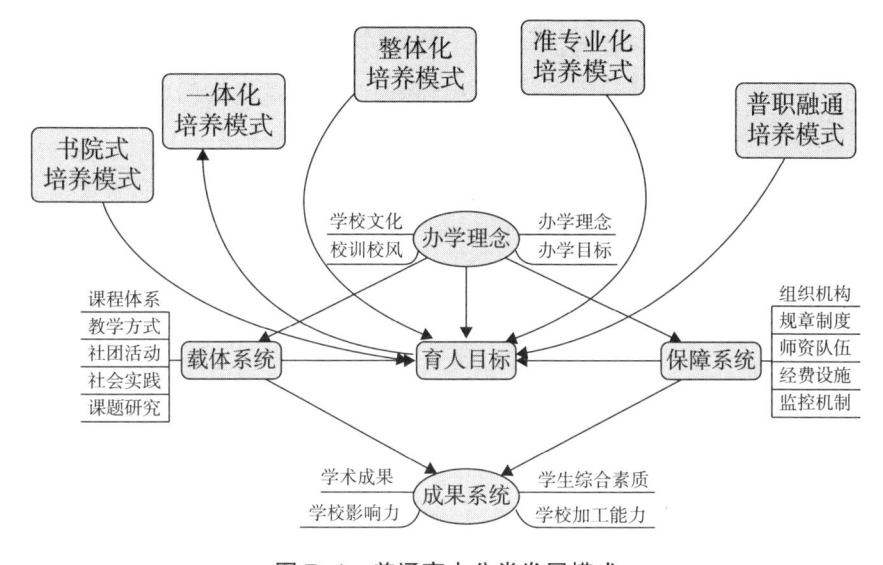

图 7-1 普通高中分类发展模式

普通高中分类发展在学校层面主要体现在课程与活动的丰富性、多样性与独特性，立足学生视角，分类发展就是由"分数导向"和"应试导向"转向"志、趣、能导向"，注重激发学生对自身内在潜能的认识、开发。其中"志"让学生将自身的发展志向与理想、信念、责任联系在一起，将学生思想境界的提升与自身内在动力的发展紧密联系起来；"趣"让学生在自身潜能认识基础上将兴趣逐步聚焦，促进个性化知识构成与未来发展意向相结合；"能"是让学生认识与主动把握平台，开发自身的潜能，并与志趣匹配。

本模型主张学校的一切教育教学活动从办学理念、培养目标等理念系统出发，以教学方式、特色课程、社团活动、活动基地、课题研究等多种途径为载体，以与理念系统相适应的组织机构、规章制度、师资队伍以及专项资金、自我监控机制等为保障，以多样化的办学成果，包括学生综合素质、学校加工能力、学术影响力（成果发表、获奖、交流及推广）等为指向，共同搭建起多样化发展的平台。立足学校视角，课程与活动设计的基础来源于学校的理念系统，包括学校办学理念、办学目标、育人目标、校风、校训以及与之相应的文化标识、景观设计等，这些对于"办什么样的学校""培养什么样的人"的认识，需要借助于一定的载体予以实现，特色校本课程、特色社团活动、特色活动基地以及特色课题研究等构成学校培养模式的载体系统，人才培养模式目标、规格的变化，其核心是丰富学校资源供给，对资源的有效利用与合理开发，具体表现在学校所设置课程、开展的活动、开发的基地、组织的研究等能够被学生认同，学生能够主动选择、积极参与，通过对资源的开发与利用，为教育教学活动提供有效供给，是实施培养模式的基本途径。推进培养模式多样化，离不开必要的资源保障，包括人力、物力、财力、制度等，涉及组织机构变革、规章制度、资金支持、师资队伍建设、自我评价、考核及监督机制等，是各项活动顺利开展的重要保障，为培养模式的顺利实施保驾护航。培养模式多样化的实施成效最终要体现在成果上，全方位反映学校的办学成果，是培养模式多样化的外在体现，具体表现在：一是学生发展成果，学生发展成果最直观的表现就是升学，而升学绝不是传统意义的高分数，而是学生高中阶段的进步幅度以及发展目标与所选所学专业的匹配程度，乃至高中阶段的学习为其后续发展奠定了怎样的态度、知识与技能基础；二是学校办学成果，升学率依然是学校办学的主要成果，但不是一种绝对值，而是一种相对值，即学生的高考成绩与中考成绩的增值情况，反映学校"加工能力"的增加值。本模型将育人目标置于核心地位，是学校一切工作的出发点和落脚点，由于每所学校的办学理念和育人目标各不相同，从而形成各具特色的培养模式。

该模型的形成经历了两个阶段：第一阶段是通过对70所普通高中学校的跟踪研究，构建出以育人目标为核心，以"理念系统＋载体系统＋保障系统＋成果系统"为依托的培养模式多样化操作模型（菱形部分）；第二阶段是不同学校依据此模型进行实践探索，由于每所学校的育人目标各不相同，对于学校发展和学生培养的理性认识、实施载体、保障方式乃至办学成果各不相同，从而形成不同形态的培养模式，包括以健全人格培养为目标的整体化育人模式、以准专业人才培养为目标的特色培养模式（艺术类、科技类、语言类、人文类、媒介类、心理类等）、以提升学生自主发展能力为目标的书院式培养模式、以促进学生发展连续性为目标的一体化培养模式、以职业技能教育为目标的普职融通培养模式等五种类型。

第三节 以育人目标为统领的学校培养模式

普通高中培养模式多样化，源于两种逻辑：一是外在逻辑，即随着社会分工的不断细化，国家需要多规格、多层次的人才，迫切需要高中学校培养模式的多样化；二是内在逻辑，由于人的个性差异，个体之间兴趣、爱好、潜能的不同，在发展的目标、路径及标准上的需求各不相同，需要在高中阶段提供多样化的选择空间，提供多样化的普适关怀；即从关注学生的整体性转向关注学生的个体性，从关注一部分学生的个体性转向关注全体学生的个体性。也就是说，多规格和多层次的人才标准及不同个体、不同人群的多样化发展需求决定了普通高中教育标准和培养目标的多元化，也决定了普通高中教育服务和教育发展方式的多样化。普通高中教育的培养目标决定着学校课程与教学的改革方向和实施步骤，培养目标的确定与课程教学实施的路径应该具有一致性，但在现实的教育教学实践中，对书本知识的过度强调和对考试分数的过分追求，导致了培养目标的严重偏离和教育实践的巨大错位：一是忽视学生个体心理、潜能与个性等方面差异，培养目标整齐划一，严重阻碍了学生的个性发展；二是培养活动应试倾向严重，违背学生成长的自然规律，忽视了学生的全面发展；三是过多地强调精英教育模式，只关注少数拔尖学生，忽视全体学生的发展。普通高中学校与学校之间在办学理念、培养目标、课程体系、教学内容、教学模式、考试模式等方面同质化倾向非常严重，学生在几乎雷同的教育模式下，形成类似的思维方式和行为习惯，学校没有自己的办学特色，学生缺少个性与创新性，严重阻碍了普通高中教育的发展。由于每所学校所处的地区不同，办学历史、文化传统、社会资源、师资力量、生源特点也各不相同，决定了学校办学理念、育人目标的独特性与多样性。

以育人目标为统领的学校培养模式，是指在一所学校内部，依托学校育人目标，针对不同层次、不同发展倾向的学生，提供丰富多样可选择的课程与活动，使不同层次学生能够学有所长，拥有一个充实而有趣的校园生活。调查显示：当前北京市约 1/3 的高中学校拥有完善的课程体系，既有学校整体的课程体系，也有分类、分层的学科体系，但不同区域学校在课程设置上存在不平衡的现象。依据新高考改革"分类考试，综合评价，多元录取"的要求，每所高中学校都要构建以办学理念统领、以育人目标为主线、以发展学生核心素养为轴心的分类分层课程体系，为不同层次、不同发展倾向的学生个体提供丰富多样、可供选择的课程与活动，形成适应高考改革发展要求的课程教学新常态，凸显学校优势学科乃至特色学科群，更好地满足学生选课选考的需求，形成丰富多样、各具特色的育人模式。普通高中阶段教育是学生人生观和价值观形成、身心发展、志趣分化的关键时期，也是学生人生职业规划和分化发展的重要阶段，但大多数学生发展倾向是需要在高中阶段逐步清晰的，因此，欧美发达国家主要是在普通高中学校内部开设多样化的选修课程、建立选修制度，将选择权交给学生，让学生在选择中逐步明确发展方向，在选择中学会选择。学校培养模式多样化就是要改变学校课程高度统一、教学要求基本一致、评价标准整齐划一的做法，对学生实施个别化教育❶。"个别"是相对于"群体""集体"而言的，个别化是相对于"同一化""划一性"来讲的，因此个别化教育就是指调节目标、课程、学校资源、学习方法、时间和管理等因素，以适应学习者的个别差异。在班级授课制作为学校教学的基本制度前提下，实现个别化教育的成熟做法就是允许学生自主选课，形成个人的修习计划，进行走班教学，即安排同一课程或同一水平课程的学生在一个班级内上课，这既发挥了班级授课制的优点，又克服了它的缺点。要实现个别化教育，需要丰富多彩的选修课程、可行的选课制度、分步选择的时间安排、走班上课的教学组织形式、严格的学分管理制度，甚至弹性的修习时间等，也就是要建立个别化教育体系，其核心就是要建设丰富多彩的符合学生发展需要的选修课程。

一、以健全人格培养为目标的整体化育人模式

教育是着眼于未来的事业，作为"社会之锚"的学校教育，其最大的价值是为未来发展奠基。这种未来发展包括个人和社会两个层面，即教育不仅为个人的未来发展奠基，更要为未来社会的美好前景培养人才。从未来社会中人的整体发展目标来看，追求并实现美好人生是人的发展的最终目标，这与教育实现人的全面发展的终极目标是内在一致的，美好人生的发展目标包含了一个人在未来社会中能够成功做事、优秀做人、幸福生活的基本内涵。因此，培养学生健全人格，使其能够拥有并创造美好人生理应成为每所高中学校的首要培养目标。

一所学校选择怎样的培养模式，取决于学校已有的文化传统、办学优势、生源特点等自身条件，根据学校实际为学生提供适宜的教育。如，始建于1901年

---

❶ 方红峰. 建立个别化教育体系：普通高中多样化发展的核心意蕴 [J]. 课程·教材·教法, 2011 (7).

的北京师大附中，是中国最早的国立中学，也是北京师范大学建立的第一所附属学校，由于其独特的历史传统和文化渊源，学校发展呈现出明显的历史传承和不断丰富、发展的特点，学校明确将"全人格教育"作为学校的办学理念。是20世纪20年代林砺儒校长倡导并推行的，他在就职演说时明确提出"少年身心之发育甚盛，人格活动之范围日加扩张，几乎对于人类所有之经验都要发生趣味，所以中等教育的任务是引导少年人格之射线到各方面去，所以我认定的中等教育，是全人格的教育"，"一个完整的人格，必须包含动物的、人类的、公民的、职业的四种资格"，"教育是人格的成长，学校里教学生学习的是他们人格往后成长的资本，要能生息，要将来能应用到各方面应付自然，应付社会，才算是真为他们所有"，要求师大附中校内的一切教授和训练都必须以全人格教育为目标，必须特别重视对学生品行的教育，特别重视体育与艺术，还提出了以学生成长环境为中心的课程改造观。新时期，北师大附中在"全人格教育"的基础上，将育人目标定位在"全人格、高素质"，"全人格"突出解决学生的"成人"问题，"高素质"体现了学校为国家、社会培养人才的标准，突出解决学生的"成才"问题，是随着时代发展对全人格教育思想的继承和发展。为了实现"全人格、高素质"的育人目标，使学生成为人格健全、优秀的人，学校构建了兼顾不同群体学生发展需求的四类课程体系：一是面向全体学生的人生基石课程；二是关注学生人格的养成与健全的特色课程；三是满足学生个性发展需要与大学专业衔接的志趣课程；四是面向部分极具发展潜力、志向远大、特色突出的学生开设卓越课程。其中，人生基石课程是指通识教育的必修课程，包括德育类课程、智育类课程、体育类课程、美育类课程，实现育人的基础性功能，德育类课程注重人格塑造和实践体验，智育、体育、美育课程强化基础，关注差异，进行国家课程的校本化，通过分类分层走班教学尽量满足学生的全面发展、充分发展。特色课程主要是《伦理学》课程，包括伦理学、生命伦理学、生态伦理学等。志趣课程面向全体，是基石课程的延伸与拓展，并努力与大学专业衔接，学生可以自主选择，发展其个性，体现课程的选择性，实现育人的多样性功能。涉及数理科学、经济、历史文化、语言文学、信息电子、艺术技能、体育技能等。卓越课程是专修课程，为这部分学生将来能够成为杰出人才奠定基础，实现特色人才的早期培养。目前已开发出"钱学森班"课程、"国际项目合作班"课程、科技创新人才培养课程、艺术人才培养课程和体育人才培养课程。在北京的百年老校中，潞河中学、汇文中学也分别将"全人（格）教育"作为办学宗旨。

分类选择　自主发展　普通高中发展模式新探索

人大附中秉承"尊重个性，挖掘潜力，一切为了学生的发展，一切为了祖国的腾飞，一切为了人类的进步"的办学理念和"道德心·中国魂·创造力"的育人目标，提出"创造适合每个学生发展的教育，让更多的孩子享受优质教育"，构建了分层分类课程体系。根据课程功能划分为三个层次：促进学生全面发展的国家必修和地方课程、满足学生个性发展的国家选修和校本选修课程、满足学生特长发展的大学先修和高级研究课程；围绕课程五大领域（人文素养、科技素养、体艺健康、国际课程、人际交往）、十三个系列设置了三个类别的课程：由国家必修、地方课程、校本必修构成的基础类课程，由国家选修、校本选修、国际课程构成的拓展类课程，由高级研究和大学先修构成的荣誉类课程，在此基础上，根据学生不同的兴趣、专长及发展方向，设置了六类课程：数理方向课程、理工方向课程、人文方向课程、三高足球课程、早期培养课程、中外项目课程。围绕育人目标，构建起由学科课程、学科活动、社团活动、特长发展、综合实践、校园文化共同搭建的立体育人环境，为学生提供适合其发展方向的系列组合课程。150多门校本选修课程、10种第二外语课程、近百个学生社团，为学生搭建了多元发展平台，让每个学生都能在这里发现自己的兴趣、发展自己的特长、体会成长的快乐、孕育人生的梦想。

深圳中学[1]围绕"具有国际品质的中国学术型高中"的办学目标，基于拔尖创新人才的特征，重点培养学生三个维度的特质，即重在培养学生的学术素养、专业精神和审美情趣。"学术素养"强调要把学生培养成为知识渊博者、深度探究者、问题解决者和理性批判者；"专业精神"把学生培养成为主动规划者、敢于负责者、专注笃行者和善于合作者；"审美情趣"把学生培养成为协调发展者、自觉审美者、胸怀天下者和积极创造者。围绕培养目标，学校积极构建"本校的课程"，该课程与通常所说的校本课程不同之处在于，它主要依据学校的教育使命和学生特质，将国家课程、地方课程、校本课程整合融通后进行本校化处理，并由基础学术课程和"深中文凭"课程两部分构成。基础学术课程占课时的65%左右，"深中文凭"课程占35%左右。"本校的课程"既有国家和地方课程，也有校本课程，还有学生开发的课程和社会（国际、网络、社区）课程。文凭课程是深中培养目标在课程上的重要体现，由认知技能、自我成长、文化审美、体育健康、实践服务、研究创造6个相互作用融为一体的课程群组成，培养

---

[1] 王占宝. "学术型高中"的生存价值[J]. 中国教师报，2014-10-24.

学生应该具有的技能、意识和经验。当学生修习文凭课程中的必修课和一定量的选修课后，可以获得深圳中学合格文凭，如果在6个课程群中的任一课程群中有优秀或卓越的表现，学生将获得深中优秀文凭或卓越文凭。课程设置实行分层分类，基础学术课程中，数、理、化、英等科目将开设基础课程和高级课程，实施分层教学，其他课程将分类开设更全面的可选择的拓展课程。对于学校没有开设的课程，学生可以自主发起课程。学校强调更有价值地学习，是基于学生自我的真实需要，学生可以选择与其人生规划紧密相关的内容进行学习。更加自由地学习，就是让学生清楚学什么，按需选择。会了的不用学，感兴趣的可以多学，研究性的内容可以深度学。除了正常的修习之外，鼓励学生自学、先修、免修、免听，扩大学生获得学分的途径，突破传统的学时学分，校外、网上、国际等学习经历与相应的能力可根据规定换取相应的学分。学生经过一个学期的高中适应期，高一下学期进入全选课方式。通过打通选修Ⅰ、选修Ⅱ课程，分离必修学分和必修模块，高级课程充抵基础课程学分等方式，为学生提供更多的选课空间，实现个性化学习与深度学习。在条件许可时，学校将试行弹性学制，学分修满就可以提前毕业。为了解决"走课制"中存在的教师难以为学生提供及时的交流和帮助、学生对自己的未来没有很好的规划意识等问题，学校采取班主任与导师相结合的管理办法，运用先进的技术平台，实现"手机上的学校"增强沟通。学校现有近百个注册的学生社团，合唱、管乐、舞蹈三大艺术团队蜚声海内外。MIT腾讯深中发明队、IYPT国际青年物理学家锦标赛、AMC美国数学竞赛等，一幕幕国际赛事精彩迭出，营造了国际多元的卓越、包容文化；哈佛大学演讲课程、麻省理工力学课程、斯坦福大学网上课程、加州大学洛杉矶分校升学指导课程等，融合了国际性、信息化的课程文化；学校积极开设有美国大学的先修课程，整个校园处处洋溢着开放、多元、国际、学术、卓越的文化气息！

以健全人格培养为目标的整体化育人模式将学生作为一个完整的人，注重学生的全面发展与可持续发展，从课程的多样化和选择性角度来满足不同兴趣、专长和发展方向的发展，为其未来专业发展奠定基础，是今后我国普通高中发展的必然趋势。

二、以准专业人才培养为目标的特色培养模式

进入21世纪后，"教育平等"成为我国基础教育改革的关键词和重要举措。同义务教育相比，虽然高中的教育平等也包含有给同样的人提供同样的教育、给条件困难的人以补偿教育的含义，但更多地是以"尊重差异"为特征来体现教育平

等——"最适合的教育就是最好的教育"。传统的高中学校被简单划分的"升学"和"就业"两大使命束缚着,这本身就违背了教育规律。推动普通高中多样化发展,需要在普通高中内部有必要进一步分化出综合高中、科技高中、数理高中、人文高中、外国语高中、艺术高中、音乐高中、体育运动高中、学术型高中、国际高中等多种多样类别,各类别高中的地位与普通高中和职业高中平等,才更加符合人才发展的需求,便于适应学生的志趣特长和潜质发展的需要❶。在高中阶段引导一部分学生明确未来专业发展方向,帮助他们把有限的时间和精力投入到自己所钟爱的知识领域去,进行专业素养教育,为其未来的准专业发展奠定基础,从而有利于他们日后成长为社会所需的"专、精、深"人才。这些准专业包括以美术教育为特色的艺术素养教育、以语言素养为特色的人文素养教育、以科学素养为特色的科技素养教育、以综合素养为特色的全面素养教育。为更好地发挥高中教育对义务教育的引导作用,保证特色人才培养的连续性,从 2015 年开始,北京市教委在高中特色试验的基础上,在部分高中开展了人文、科技、艺术、体育、小语种等领域的人才培养贯通 1+3 试验。该试验跨越校际和学段界限,学生在初二年级结束后进入试验学校,不需参加中考,连续完成初三及高中三年的学习,该举措进一步调动了学校特色建设的积极性,为准专业人才培养提供了政策保障。

1. 以提升学生艺术素养为目标的美术类人才培养模式

艺术教育(美术、音乐、舞蹈)在提升人的审美素养、影响人的情感、趣味、气质、胸襟,激励人的精神,温润人的心灵等方面具有重要作用。中央工艺美术学院附中(简称"工美附中")作为一所美术特色高中,自 1983 年确立美术教育目标,至今已有 30 余年历史。学校将"培养具有民族情怀和国际视野的美术特色创新人才"作为培养目标,并将其细化为十二个落脚点:热爱美术、熟练掌握英语、熟练应用信息技术、具有创新能力、具有沟通能力与合作意识、了解中国文化、了解国际事务、身心健康、包容感激他人、能深入思考、具有辩证思维、明确人生规划、积极参加社团活动。学习围绕"以学校文化建设提升办学品质""以多元美术课程满足学生个性化发展""美术特色教育国际化发展""普职融通特色发展""教学方法多样化特色发展"和"育人途径多样化发展"等专题开展培养模式多样化的探索,在学校文化建设、课程体系建设、差异走班教学模式、大年级小班级管理模式、自主排课自主选课运行机制、国际化办学模式等

---

❶ 袁桂林. 论高中教育机构和培养模式多样化 [J]. 湖南师范大学教育科学学报,2015 (3).

方面取得了一定成效，学生可以根据自己的升学需求和人生发展规划制定适合课程套餐，自主选择适合自身学习程度与学习兴趣的"自助餐"，学校内再也见不到"一刀切""齐步走"的教育，极大满足了学生个性化发展的需要。

2. 以提升学生国际交往能力为目标的语言类人才培养模式

《教育规划纲要》中明确提出"鼓励各级各类学校开展多种形式的国际交流与合作，办好若干所示范性中外合作学校和一批中外合作办学项目。""加强中小学、职业学校对外交流与合作。加强国际理解教育，推动跨文化交流，增进学生对不同国家、不同文化的认识和理解"。在普通高中教育中引入国际交往教育既可以丰富普通高中教育的发展模式，增强普通高中办学的国际视野，也可以满足学生的国际化教育需求。北京市月坛中学是全国唯一一所全校学生以日语为第一外语的公立完全中学，1972年开设日语，1985年开始对日交流，1988年被市政府外办批准为对外开放单位。学校以"加强中日文化交流，培养'知日知中'的人才"为目标，构建出具有本校特色的课程体系：国际课程（包括体现"知中"的中国文化系列课程、中国发明系列课程，体现"知日"的日语课程、生活课程、国学系列课程、语言系列课程、人文系列课程、科学课程等）、交流活动课程（在校学习期间100%的学生至少参与外事接待活动10次以上或至少接待一次民宿交流学生）、修学旅行课程（在校学习期间100%的学生要至少赴日交流一次），此外还有外交日语课程、文理拓展课程以及社会实践活动课程、主题教育活动课程等。北京市第一〇九中学的外语特色则主要体现在小语种特色上，其课程体系是以西班牙语为主，以阿拉伯语、意大利语、法语为辅，围绕语言知识（语言、语音、语汇）、语言技能（听、说、读、写）、文化素养（文化背景知识、语言行为特征、非语言行为特征）、情感态度（祖国意识、国际视野、兴趣动机、自信意志、合作精神）、学习策略（认知策略、调控策略、资源策略、交际策略），形成小学、初中、高中12年一贯制小语种人才培养模式。

3. 以培养学生科学素养为目标的科技类人才培养模式

地处中关村科技园腹地的北京市中关村中学秉承"营造宽松和谐的教育氛围，创造适合师生发展的教育"的办学理念，围绕"培养具有民族精神，国家意识、国际视野和社会责任感，较高的科学人文素养、身心健康的优秀中学生"的育人目标，充分利用学校紧邻许多著名高等学府和众多科研院所，文化气息浓郁，学术氛围浓厚，科技含量密集的地域优势，开展全员参与的科技教育活动，围绕"科学观、科学知识、科学方法、科学技术与社会的关系、科学精神"五个层面提升学生的科学素养，2011年以来，与中科院微生物所、中科院动物所、21世纪空间技术应用股份有限公司、中国矿业大学、中国农业大学等9家单位形成长期合作关系，建立了动物所、微生物所、中科院文献中心等9个活动基地，合作开发了"影响人类文明进程的科学事件""药物与健康"等8门高端校本课程。此外，还通过开办科学人讲坛课程、社会大讲堂课程、实验室参观体验课程，让更多的学生聆听名师大家报告、接触科技前沿信息、感受高校科研院所的实验设备。中学时代，基础教育的目标并不是要具体培养出十、百、千的数学家、化学家、植物学家或信息技术等各个领域的青少年科学家，而是通过科研院所、大、中联盟，实施贯通教育和协同创新，致力培育中学生的志、趣、能，厚积科技后备人才"土壤"，促进创新型人才脱颖而出，为基础教育面向未来做出积极的努力和我们应有的贡献。[1]

4. 以提升学生人文素养为目标的人文类人才培养模式

北京师大二附中坚持"构建学生健全人格，打好学生发展基础"的教育理念，面向不同发展方向学生分类设置课程，彰显"人文素质教育"和"自主性发展"的育人特色。

表7-1　北师大二附中人文学科拓展类校本课程结构

分类		对象
通选类	语言文学类	全体学生
	文科综合类	
	大学先修类	
	学科工作室	
特选类	文科特选类	文科方向优秀学生
	数理特选类	数理方向优秀学生
	项目研究实验特选类	工科方向优秀学生
	PGA高中课程班特选类	准备出国留学学生
	数字化学习特选类	综合方向学生
	艺术特选类	社科方向学生

---

[1] 苏纡. 文化为根，分层推进，厚积土壤：中学科学教育的整体探索[J]. 中小学管理，2016（5）.

第七章 | 普通高中分类发展的模式构建

学校将欣赏型德育作为人文教育的重要载体，围绕欣赏型德育管理模式、课堂教学模式、师生关系模式、主题活动模式以及环境立美模式进行了系统探索。从宏观和微观两个层面对德育活动进行审美化改造。一方面，学校以丰富性、有序性、自主性为原则，在宏观层面整体建构德育活动体系之美。另一方面，以审美化处理、真实性展现、引导性提升、自主性生成为原则，从个体微观层面的德育活动进行立美建构。进行德育活动的审美化改造，为师生的人文实践提供了很好的平台。

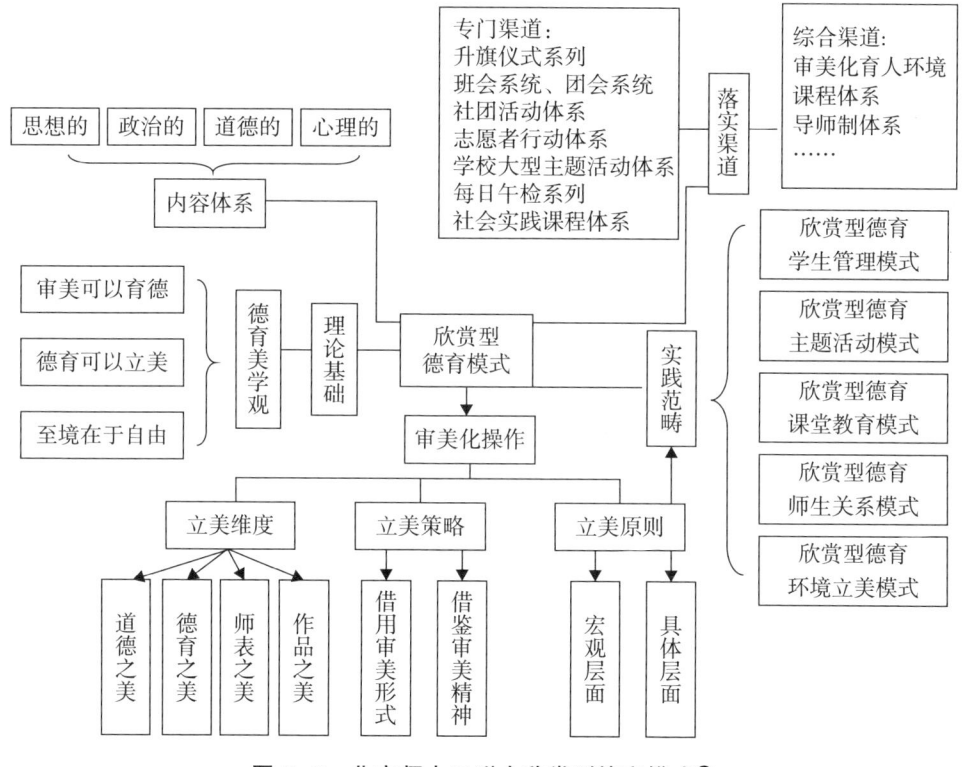

图7-2 北京师大二附中欣赏型德育模式❶

5. 以培养学生媒介素养为目标的传媒类人才培养模式

北京市第十七中学结合"着眼于中华民族的伟大复兴，服务于中国的现代

---

❶ 北京市国家级教育体制改革基础教育项目"开展高中特色发展试验"项目工作组. 探寻普通高中特色发展之路（2）[M]. 北京：北京出版社，2013（11）：240.

化，培养与时俱进，具有生存能力和发展能力的'长久的现代中国人'"的培养目标，利用紧邻中国传媒大学的地域优势，开展了媒介素养教育。传媒特色课程体系包含基本的、面向全体学生的通识性课程，面向有志于从事传媒行业学生的专业化课程，面向有传媒方面兴趣、爱好学生的个性化课程，三类课程主要面向不同需求与要求的学生群。

表7-2　北京市第十七中学传媒特色课程体系

课程分类	课程名称	课程对象	课程形式
通识性课程	媒介素养教育课程	全校学生	选修课（必选）
	媒介素养教育与学科融合课程	全校学生	融合课程（国家课程校本化实施）
	传媒特色综合实践课程	全校学生	选修课（必选）
专业化课程	广播电视编导类课程	传媒实验班学生	选修课（依据学生职业方向而定）
	播音主持类课程	传媒实验班学生	选修课（依据学生职业方向而定）
个性化课程	传媒兴趣小组课程	传媒兴趣小组学生	兴趣小组
	专题讲座及专题活动	全校学生	讲座
	媒介素养教育国际课程	全校学生	体验式国际课程

表7-3　北京市第十七中学实践基地及具体课程内容

传媒实践基地名称	课程名称	具体课程内容
中国传媒大学校电视台	走进传媒	参观中国传媒大学电视台演播室及导播室，了解节目录制流程、导播控制、灯光、录音等方面的专业知识；观看学生编排舞台剧和毕业作品；观摩影视录音系课堂
北大方正集团有限公司	汉字工作坊	学习汉字的起源及演变历史，欣赏历代书法字体，了解字体与字库的基本概念，体验数字时代汉字的传承与发展
		欣赏当代中外计算机字体及字体设计，现场观摩字体设计师操作，以自己的姓名及手写笔迹为模板，进行个性化字体库的创作
苹果（Apple）数字体验中心	数字创意实验室	了解媒介科技与我们的生活，体验各类先进的数字技术在生活及各行业中的广泛应用，换个思维了解计算机世界
		体验影像制作的乐趣，运用照片、视频、音乐、文字等各种媒介，制作多媒体作品，表达自我

传媒特色综合实践课程作为体验类的课程，旨在通过学生亲身参观、考察传媒机构，参与媒介产品的生产，了解媒介产品制作的逻辑与原理，帮助学生更好地认识与思考自己和媒介的关系。

6. 以培养积极心理品质为目标的人才培养模式

北京市第十九中学围绕"为孩子幸福人生奠基"的办学理念，将育人目标确定为"六会一特长与国际眼光"，即"学会做人、学会生活、学会学习、学会健体、学会审美、学会创新，在艺体科技等方面掌握1~2门特长和具有国际眼光"。学校以积极心理健康教育为特色，将育人目标进一步细化分解为20项二级指标与45项三级指标，形成具有本校特点的育人目标体系，并将每一项具体目标与学科教学有机结合，使得"为孩子幸福人生奠基"不再是一句空话，而是落实在每一个知识点的学习和每一个方法的体验与练习上。在初高中开设了"积极心理健康教育校本课程"必修课，开发了"美丽心灵""多元智能与个性化发展"等心理选修课在内的近70门适合学生多元发展、潜能发挥的各种校本选修课。

表7-4 北京市第十九中学育人目标与课程设置总览表[1]

育人目标			课程设置		
一级目标	二级目标	三级目标	基础性课程	发展性课程	实践性课程
学会做人	树立自信心	1. 全面悦纳自我	思想品德、政治、语文、历史等课程	心理必修课、《美丽心灵》《初中生积极心理品质培养》《周易与人生》等课程	社区服务；爱校教育；感恩教育；慈善活动；感动校园人物评选；成人仪式；毕业典礼；心理文化周；班会；课本剧表演等课程
		2. 积极发展自我			
	具有仁爱心	3. 懂得尊重感恩			
		4. 主动关爱他人			
		5. 善于团结合作			
	增强责任心	6. 承担个人义务			
		7. 担当社会责任			

---

[1] 余晓灵，杨丽华. 具有前瞻力、发展力和执行力的《学校发展规划》是怎么炼成的[J]. 人民教育，2015（14）：24.

续表

育人目标			课程设置		
一级目标	二级目标	三级目标	基础性课程	发展性课程	实践性课程
学会生活	习得生活技能	1. 知晓基本常识	数学、物理、历史、地理、生物、信息技术、通用技术、体育与健康、音乐、美术等课程	《化学与生活》《健康之行》《北京重要博物馆》《探秘宇宙》《旅游地理》《生活中法律知识》《单片机》《无线电测向入门》《行万里路—自主游》《生活味科学》《心理学与生活》《礼》《人生必修课》等课程	跳蚤市场、军训、防震知识教育、安全疏散、红十字急救培训、团队拓展、自救演习、慈善义演捐款、生活技能培训、社团活动、社会实践军训、学农、家政等
^	^	2. 掌握基本技能	^	^	^
^	优化生活习惯	3. 积极参加劳动	^	^	^
^	^	4. 合理安排时间	^	^	^
^	^	5. 践行环保理念	^	^	^
^	追求生活品位	6. 保持健康生活	^	^	^
^	^	7. 培养高雅情趣	^	^	^
学会学习	能够主动学习	明确学习目标	语文、英语、数学、历史、地理、政治、物理、化学、生物等课程	《初中心理课》《高中心理课》《多元智能》《高中人生规划》《情感类记叙文写作》《数学建模》《英语基础语法》《捧读经典（中国古代经典名篇）》《英语智力游戏》等课程	研究性学习；学习节（学科嘉年华）；中英双语演讲展示；年级学法指导；科技创新；金鹏论坛等
^	^	善于挖潜扬优	^	^	^
^	学会有效学习	掌握学习方法	^	^	^
^	^	注重自我监控	^	^	^
^	^	有效利用资源	^	^	^
^	善于学以致用	达到学业标准	^	^	^
^	^	能够实际运用	^	^	^
学会健体	养成健体习惯	增强体育意识	体育、课间操等课程	健美操、橄榄球、足球、慢投垒球、轮滑、乒乓球、跆拳道、定向越野、手球、排球、羽毛球等阳光体育课程	体育节及运动会、课间操比赛、纪念一二·九火炬接力赛、社团活动等
^	^	形成锻炼习惯	^	^	^
^	掌握健体方法	了解运动常识	^	^	^
^	^	掌握运动技能	^	^	^
^	达到健体标准	提高身体素质	^	^	^
^	^	达到体质标准	^	^	^
学会审美	感受与鉴赏美	鉴赏音乐及相关艺术之美	数学、语文、音乐、体育、美术等课程	《中俄民歌赏析与演奏》《器乐进课堂（口风琴、竖笛等）》《音乐基础知识》《培养音乐的耳朵》、形体课、歌曲演唱、绘画、工艺、设计、电脑美术、摄影等课程	艺术节、一二·九合唱比赛、校园歌手大赛、音乐美术展示活动、科技节、"红五月"歌咏比赛、社团活动等
^	^	鉴赏美术及相关艺术之美	^	^	^
^	^	鉴赏自然美、社会美、科学美	^	^	^
^	学习与展示美	表现音乐及相关艺术之美	^	^	^
^	^	表现美术及相关艺术之美	^	^	^
^	^	表现社会美、科学美	^	^	^

续表

育人目标			课程设置		
一级目标	二级目标	三级目标	基础性课程	发展性课程	实践性课程
学会创新	参与创新实践	具有创新意识	数学、生物、物理、化学、通用技术、信息技术、劳动技术等课程	高中物理实验、化学兴趣实验、生物实验、数学建模、电脑组装及网络、平面设计、服装设计、建筑模型、机器人等课程	研究性学习、科技节、地理科学周、艺术节开幕式、小发明、小制作、课本剧表演、物理嘉年华等
		参与创新活动			
	提升创新能力	培养创新思维			
		勇于创新实践			
	展示创新成果	校内作品展示			
		校外成果展示			
具有国际眼光	提高外语水平	运用英语顺畅交流	英语、语文、历史、地理、政治、思想品德等课程	国际教育特色课程、国际理解、外教口语课、英国社会与文化、中国传统节日文化、初级德语、游学、各国文化课、留学规划与指导等课程	国际教育主题活动、交换生项目、十九中大使团、节假日中外学生庆祝活动、冬（夏）令营、中外交流团模拟联合国、外国笔友俱乐部、中英双语演讲展示等
		运用第二外语简单交流			
	丰富国际知识	了解尊重中外文化			
		关注知晓国际时事			
		掌握国际礼仪知识			
	增强交流能力	拓展生活适应能力			

该校还建设了高标准的积极心理健康教育中心、美术教育中心、音乐教育中心和国际教育中心，整合、丰富了艺术节、体育节、科技节、学习节、心理文化月、阳光体育活动、社会实践活动、社团活动等系列活动课程，形成了家庭养成、课程习得、活动促进三大途径。以学校八年发展规划为抓手，坚持常抓不懈，有效促进了学校整体工作的开展，促进了学生、教师和学校的共同发展，学校的办学品质显著提升。

三、以提升学生自主发展能力为目标的书院式培养模式

书院式培养模式是以组织结构变革为重点，打破学校内部各行政部门之间的管理壁垒，构建学术化管理体系，是在实施走班教学以后，承载类似班级活动的团队建设、班级比赛及班级文化、为学生提供归属感的一种组织形态。北京大学附属中学围绕"个性鲜明、充满自信、敢于负责、具有思想力、领导力、创新力的杰出公民"这一育人目标，创建了"两部、四学院、五大中心"的组织结构和相应的管理模式。在高中部取消年级班级制，建立纵向管理的单元制，根据学

生发展方向设置理科单元、文科单元、出国单元、竞赛单元等六个不同单元供学生选择；取消集中管束的班主任制，建立个体指导的导师制；取消固定教室，建立专业教室，全面实施走班制、选课制。成立行知学院、元培学院、博雅学院、道尔顿学院等四大学院，为不同发展方向的学生提供语言与文学、数学、人文与社会、科学四大领域的学科类课程。书院的建设，打破了原有的年级界限，使学生获得了与未来社会对接的能力，并且使书院的文化能够很自然地传递下去。北大附中认为，要做以人为本的教育，首先要把学生视为一个正常人，而不仅仅作为一个考生去应试，学习固然重要，但学业、活动、生活各方面的均衡，更是学生需要综合考虑的，学生在学校的一部分时间要用来进行学科学习，一部分时间要参与书院活动等公共事务，还有一部分时间，学生要发展自己的兴趣爱好，从而形成一个合格的公民。从学校的管理体系来看，学生的归属由格物、致知、诚意、正心、明德、至善及新民七个书院负责，是学生生活的地方，教师的归属由四大学院（行知学院、元培学院、博雅学院、道尔顿学院）承担，是开设课程的地方，面向全校学生开设的活动类课程由三大中心（运动与健康教育中心、视觉与表演中心、信息与通用技术中心）负责。北大附中一向重视学生自治，七大书院的组织机构如何运行都要学生自己来管理，学校对书院整体授权，列出书院可以有哪些权限，其他的事务上有哪些权限，比如学院给每个书院都配备了空间，即书院活动室，在书院活动室启动的初期，对学生有资金的配置，从装修设计、物品的购置到使用规则，都交给学生自己来决定，学生需要自己策划活动、决定自己的财务管理。学校在重视学生自主发展的同时，也非常重视学生的发展指导，导师制是北大附中的一个特色，学生和导师之间是双向选择的。学校设有成长辅导处，由两部分教师组成：一是书院级的指导教师，会有3位老师负责规划和指导，每周均有两节课集会，讨论特色活动如何开展，如元旦晚会、达人秀等；二是有9位专职的学生导师，每位导师带80~120名学生。作为导师，要具备谈话的能力、观察的能力、解决问题和制定方案的能力，主要负责观察学生学业规划以及社交情绪上的表现，指导学生选课，协助学生做判断，保障选课的覆盖性，并逐个确认学生的课程，还要负责跟家长、老师的沟通，学生档案的记录和登记，通知的传达等事务性工作。

北京市一〇一中学则是在保留班级制的基础上，通过改变教学管理模式，在保留大班额的基础上，增加某些类型的层次性、专题性的学习组织，主要采取横向行政班的年级管理和纵向教学班的书院管理相结合的培养模式，学校成立了

"圆明书院""学森书院""国际书院",实行"年级＋书院"的经纬式教学管理模式。年级负责基础学习和主题教育,书院负责学生的学业指导和个性发展。每个书院设院长一人,首席导师 2 人,助教 1~2 人,学术项目实行双导师制(校内导师与校外专家各一人),负责项目申报、项目管理、项目指导、项目评价等。三大书院分别开发了以"人文实验班"为基础的文科拔尖创新人才培养课程群、以"钱学森理科实验班"为基础的理科拔尖创新人才培养课程群和以"国际合作班"为基础的国际名校留学预备人才培养课程群。"年级＋书院"的培养模式既可以提升课堂教学的时效性,又可以实现学生的自主选择性。

四、以促进学生发展连续性为目标的一体化培养模式

在我国,培养模式单一还表现在学制设置上。当前,我国高中学校以独立高中和初高中一体的完全高中为主,尽管对于高中阶段应该独立设置还是联合设置一直争论不休,各方观点不一,主张分开设立的,理论上多是从义务教育与非义务教育两个阶段的教育性质不同,主张联合设置的,则是从人的发展连续性的角度;而学校管理者则是从生源实际出发,大部分学校的初高中分离是在示范性高中评审时根据有关规定不得不将初中进行剥离,但近年来又陆续恢复了原有初中。近年来,部分学校在恢复原有初中的基础上,开展了与学制改革密切相关的实验,呈现出两种基本形态:一种是以十一学校、三十五中、八十中为代表的学校开展了有关初中二年、高中四年的课程改革实验,或称初中直升高中实验(简称"二四"实验);另一种是利用学校现有的十二年学制,通过小学与初中、初中与高中甚至小学—初中—高中之间进行一体化的管理与课程设计开展了学校内部的纵向衔接试验。

(一)二四实验:开启初高中一体化培养模式

"二四制"实验是指在基础教育"六三三"学制基础上,立足学校初高中六年一贯制的优势,弱化初高中学段界限,开展课程改革乃至育人模式贯通的改革实践。这类改革实验以十一学校、三十五、八十中学为代表。其外显标志主要有两点:一是初高中内部的学段调整,即缩短初中学段,延长高中学段,也就是将"三三制"(初中三年高中三年)调整为"二四制"(初中二年高中四年);二是以点突破,通常是以实验班的方式进行,而非大规模的学校整体变革。

十一学校是北京市较早探索"二四制"改革并运行较成熟的中学,已有十余年的历程。"二四制"实验班规定初中两年内完成原三年的课程教学任务,一

般是在每个年级的六个班进行实验。通过六年一贯制的整体设计，实现数学和语言类学科重心下移；科学领域学科的知识体系重心上移，实验操作体验下移；设置初高中的衔接和引起课程。将中学六年分为三个阶段：7~8年级，9年级和10~12年级。7~8年级以学生的兴趣、大量的阅读背诵积累和动手实验素养的培养为主导，不强调学科的知识体系，重点进行数学和语言类学科的整体设置，人文类学科探索综合课程和体验课程。9年级由于不参加中考，可以通过衔接和引起课程的设计，为高中的学习做好准备。数学学科可以直接进入高中分层课程选课学习，科学学科在完成初中课程的基础上，侧重初高中的衔接和适应，第二学期进入三年制高中分层课程的走班选课，语言类学科则侧重衔接、拓宽和积累。10~12年级归入学校三年制高中的课程设置与实施体系之中，提供多样化、可供选择的课程，让每一位学生在选择中找到适合自己的发展空间，形成自己的学业发展规划，还可进一步学习高端实验课程和大学先修课程等。

北京市第三十五中学自2012年开始探索实施"二四制"的课程设置，该实验建立在"六年一贯制"实验的基础上，2008年开始初一年级的两个班进入该实验。在高中阶段与该校现有的"科技创新人才早期培养班"对接，联手中科院共同培养学生。学校为学生量身订制五个课程板块，提供四大领域172个选修课程单元。北京市第八十中学自2012年开始在初三年级的两个班实施"2+4"课改实验，计划升入高中后与学校"科学创新实验班"相衔接，学生需要用一年半的时间完成基础课程内容的学习，继而根据自己的兴趣选择1~2个专修领域，学生在领域研究课程中与导师合作完成科学实验与课题研究。

总体来看，开展"二四"实验的三所学校具有如下特点：①三所学校均具有较好的办学基础。几所学校均为北京市知名学校，且为初高中一体的完全中学，在学校建制上具有得天独厚的优势，能够对学校内部学段进行一体化的管理，具备必要的课程实验条件，同时学校有较好的声誉，能够吸引较优质的生源。此外，学校还拥有丰富的校外教育资源，能够保障实验的顺利实施。②三所学校具备较好的政策支持，拥有一定的办学自主权。几所学校均为北京市首批自主排课学校，其中十一学校自1996年开始作为北京市办学体制改革试点校进行了一系列的学校内部改革。2010年开始，几所学校分别参与了国家级基础教育体制改革试验，如十一学校参与了"深化基础教育学校办学体制改革项目"、三十五中参与了"拔尖创新人才培养项目"、八十中参与了"基础教育课程教材改革项目"。2012年，十一学校、三十五中、八十中同时获准举办高中特色实验班，三十五中开办了"科技创新实验班"，八十中开办了"科学创新实验班"，十一学校开办了"科学实验班"，拥有面向全市招生的资格。③三所学校均构建了相对独立的课程设置体系。如三十五中为"二四制"项目班量身定制了五大课程套餐：基础类学科课程（将初高中国家必修必选课程进行整合）、社会实践类课程（实行小学段，每个学期有1周到10天时间外出考察、社会实践，培养学生的社会责任感）、挑战性学科课程（每个学生都要选择自己的优势学科）、国际理解课程与国际比较课程（在初中将课程尽可能压缩，高中将富余出一年的时间，与联合国教科文组织合作，整班制送往美国加拿大学习）、中科院实验探究课程（与中科院合作，设计了6个高端实验室——智能化实验室、生命科学技术实验室、航天航空实验室、纳米材料实验室、地理与信息科学，数学可视化实验室，作为将来的大学先修课程，给学生半年的时间进入实验室学习）。八十中建立了三级立体分层课程体系，即国家必修必选课程、选修课程、实践课程和特长课程，分为三个层次：第一层是国家必修必选课程；第二层是两翼，选修课程和实践课程（以读书为载体的阅研会，三个月一个学段，要有标志性的成果，可以是读书报告，也可以是实验室的实验，或微型实践活动）；第三层是特长课程，在初三还引入了微课程，主要是国际国内形势、历史、综合性课程等，同时聘请一些学科顶尖专家来校介绍学科方面的研究方向、研究方式方法等，拓宽视野）。十一学校的课程具有较强的系统性，在初中阶段实行语文、数学、英语学科重心下移，物理、化学、生物重心上移，并开设科学课（理科综合课）、历史与社会课（文科综合课）和创造课，增加音、体、美学科的教学，每周增加体育1课时，音、美适量增加课时，设置综合实践课，开设竞赛指导课；高中阶段课程基本结构包括四个方面：基础课程（以国家高中必修课程和必选课程为基础，根据需要进行重新整合）、选修拓展课程（竞赛课程、领导力课程、个性自修课程、大学适应性学习课程）、研究性学习课程（实践性的专题调查课程、探究性的小课题研究）、活动、服务类课程等。④三所学校具有较为相似的切入点，即通过对初高中六年乃至中小学十二年一贯制课程体系的重建，实现对学校课程的整体优化和设计，实现学校内部各学段课程的融通，解决小学、初中与高中课程相对分割的问题，为创新人才培养提供必要的发展环境。⑤三所学校具有一致的培养目标，三所学校的实验目标都是拔尖创新人才的培养，在学生的选拔和培养过程中都非常关注学生的潜能及意志品质、创造能力和合作精神等，注重学生的科学探究和社会实践能力的培养。⑥三所学校实验处于不同的发展阶段，相比之下，十一学校由于实验周期较长，运行较为成熟，取得了一定成效❶；三十五中是在前期"六年一贯制"实验基础上进行的，前期准备较为充分，推进思路较为清晰；八十中缺少前期基础，尚处于起步阶段。

由于学制改革一向被认为是非常谨慎的国家行为，对于学校而言也是一个非常敏感的问题，而学校开展的"二四制"实验属于学校的自发行为，因此三所学校均不认为本校所进行的改革是学制改革实验，而是一种依托项目立足于拔尖创新人才培养的课程改革实验。这些学校开展的办学体制实验、拔尖创新人才培养试验、初高中直升实验等，一方面，在一定程度上为学制改革实验奠定了基础，另一方面，在实验过程中确实触及了与学制相关的问题，如学生的中考问题、进入与退出机制及学籍问题，而且所谓的"直升"也仅局限于校内，因而难免有提前占有高中生源的"掐尖"之嫌。

学制是一个国家和地区贯彻教育方针、实现教育目的、完成教育任务在制度上的保证，学制的科学性和合理性程度直接关系着教育的质量，对整个民族的素质发展有极大的影响。学制既不像升学制度、管理体制那样直接影响教育的运行机制，也不像教师和课程那样对学校教育质量和效益有决定性的意义，但它在宏观上定位教育的多种因素和从时空分配上制约所有的教育活动。选择一种学制，既要考虑区域经济发展的可能和社会发展水平的需要，优化教育资源配置，提高整体的教育效益，又要考虑教育教学活动的基本规律，优化学校管理和学生的学习过程，提高育人的质量。学制改革是一个复杂的系统工程，需要在相关理论问题上进行必要的厘清，以期更好地指导学制改革的实践。"六三三"制作为基本学制，并不等同于唯一的学制，国家的学制决策应坚持"多种并存、富有弹性、相对稳定"的原则，应具有时代性、发展性、多样性、灵活性、终身性的特点，要反映终身教育的新理念。根据我国的国情，国家不必强制实行某种学制，只需规定基础教育总的年限，具体的学段划分由地方政府从实际出发做出选择，但每一分段的课程、教材要经过一定的审查手续，以保证国家教育的基本标准，允许地方对学制进行弹性控制，保持学制的灵活性，允许学校采取适当的组织形式和有效的教育方式在一种学制规定的时间内通过国家和地方统一的课程，学校可以选择教材、调节教学计划，促进学制的多样化发展。

（二）依托自身学制优势，实现学校内部不同学段之间的融通

人才培养是一场"接力赛"，需要各个阶段的有机衔接。高中教育对义务教

---

❶ 二四学制下的青春从倒数第二到保送清华，http://learning.sohu.com，2012-12-24。

育具有重要的引导作用,通过建立学段之间纵向衔接的"课程链",形成中、小、幼一体化育人模式。我国目前实行小学、初中、高中教育分离的学制,小学、初中、高中教育属于三个不同的学段,除了学习内容差异之外,不同学段间学生的心理特点、认知规律、思维形态、学习习惯、学习方法等都有所不同。因此,"衔接"问题的出现,是由于基础教育分段引起的一个"人为"问题,正因如此,关于中小衔接、初高中教育衔接问题的研究也是多年来的一个热点问题,该类研究主要集中在两个方面:一是学科教学、课程设置的衔接问题;二是学生心理品质培养和身心发展的连续性问题。在学科教学和课程的衔接上,比如,强调教学内容、教学方法、学习评价和师生交往等方面的衔接。在学生身心方面,则强调学习习惯、学习态度、个性特长、健康素养等方面的发展与培养。

中小学一体化改革试验高度关注学生成长的连续性与系统性,关注各学段的相互联系,整体设计学校的培养目标和课程体系,实现各学段人才培养的有效衔接。同时,充分考虑不同年龄阶段身心成长的特点和认知规律,着眼于每一个学生的个性特长,为学生提供丰富的适合个性发展需要、可供学生选择的课程和实践活动。这类改革试验以京源学校、育才学校为代表,其共同特点是在建制上都属于中小学十二年建制学校。京源学校建于1996年,设有中学部、小学部、幼儿部、国际部、金帆书画院、莲石湖分校。京源学校坚持"为人的终身发展和一生幸福而工作"的办学理念,确立"具有'真善美'品格,有能力担当社会责任和创造幸福生活的高素质人才"为学校培养目标。学校发挥中小幼一体优势,系统设计学校培养目标和课程体系,为学生打好宽厚的人文与科学素养基础,构建"纵向有效衔接,横向丰富多元"的中小幼有效衔接的育人模式。学校从人文、科学、艺术、身心健康与生涯发展五个领域进行了中小幼一体化课程建设,初步形成了纵向有效衔接的"课程链"。如,一体化的阅读课程链,在人文基础素养培养方面,重点开发了中、小、幼一体化的系列《经典阅读课程》,规定了幼儿园小班(3岁)至高中年级(18岁)各学段的阅读书目,编印国学经典课本中、小、幼各一册。制定了《中、小、幼一体化阅读课程实施纲要》。逐步提高学生的感性认知能力、分析评价能力和鉴赏创造能力,加强我国优秀传统文化和爱国主义教育,积极培育和弘扬社会主义核心价值观。一体化科学素养培养课程链,提出京源学生要做的450个科学实验和活动。学校系统设计与整合了一系列科学问题、科学实验和科学活动,初步构建了中小幼一体的科学素养培养特色课程体系,旨在保护学生好奇心和"问题意识",激发他们的科学兴趣,培养他们的科学精神和创新能力。横向丰富课程开设了人文、科技、艺术、外语、体育五大类三十多种选修课和特色社团，为特殊需要的学生开设了美术、音乐、多语种（英、法、德、韩、西班牙）的特色课程。学校整合了初高中主要课程，制定实施了六年一贯制的课程试验方案，为志愿参加此项试验的同学成立了试验班，尝试建立中小学一体化大教研机制，整合中小学课程，尝试九年一贯制课程体系的建设研究和学制实验。学校还充分利用寒暑假及春秋季节的小长假，带领学生走出校门、走近自然、走进自然、走入社会、走向世界，开展科学探索、人文考察、艺术采风和创新实践等体验式活动，开展系统而丰富的科学探索与实践课程，将其"第三学期课程"。其课程目标是：①让学生在行走中了解社会，学会带着责任感投入学习和工作；②让学生在交流中认识世界，不断拓宽视野进而胸怀天下；③让学生在探索中增长本领，尝试把知识和能力转化成认识、解决实际问题的智慧；④让学生在体验中丰富人生阅历，给自己的青少年时代留下值得回忆的经历和故事。学校与中国科学院相关部门合作，开展了有关火山地质、海洋生物多样性、沙漠与草原、湿地、热带雨林、中草药、野生动物、昆虫、鸟类保护、植物分类与识别、高山植物的垂直分布、恐龙及考古、天文学、少数民族文化、少数民族建筑、茶文化、古街道测绘、城市建筑与排水、科学公园等科学探索、人文考察活动，师生的学习足迹遍布祖国的四面八方。通过第三学期实践体验活动，激发了学生发现自然之美、探究自然奥秘的兴趣，也激发了同学们学习的热情和创造的欲望。

育才学校根据学校历史、发展现状及优势分析，确定了"发挥学校十二年学制优势，促进全校学生全面发展学有优长"的学校发展目标。学校成立课程开发领导小组，实行校长总负责制，统一领导，全程管理，系统研究十二年学制下的整体课程设计，进一步将初一与六年级课程完全整合，整体安排四年的课程设置。2010年起，围绕《水资源保护与可持续发展》等一系列实验研究，结合小学、初中、高中三个学段的学生知识背景和认知特点，根据中学地理、化学、生物、小学科学、品德与生活等相关学科的教学内容，将"饮用水安全保障技术"与"污水处理技术"的相关科技成果转化设计成30个教学活动单元。此外，为进一步培养拔尖创新人才，2005年，学校与中科院心理研究所签订协议，正式作为"超常教育研究基地"，成立"因材施教儿童教育实验研究"实验班。实验班首先在学制上进行改革实验，用五年的时间完成小学教育任务，目前，实验班已经走过了近10个年头，形成了适合超常儿童发展的工作体系。

由于每个人的天赋潜能各不相同，所获得的教育条件也各不一样，其发展基础和发展水平也不可能是一样的，学制改革的根本目的就是要使每一个学生都能获得最充分的发展。透过上述两种模式的试验不难发现：随着《教育规划纲要》的颁布实施及国家基础教育体制改革项目的启动，北京市高中多样化有特色发展的局面已基本形成，在这一背景下，各校更倾向于立足自身发展实际，结合本校特点来谋求发展空间，注重开发与利用本校及周边社区资源，根据学生的个性发展特点与社会未来发展需求，试图打破当前学段分布上的僵化格局，通过学校内部学段的纵向衔接及不同类型学校的横向联合，以期更好地为学生的个性发展和全面发展服务。虽然上述学校的实践不是直指学制改革，但确实为打破学段壁垒、双轨界限，实现教育系统内部的融通奠定了基础，学制改革的声音已呼之欲出。

近年来，随着基础教育综合改革的深化，为了推进区域教育的优质均衡发展，各区兴起了举办小学、初中、高中一贯制的建设热潮，据不完全统计，截至2016年9月，北京市共有75所十二年一贯制学校，如何实现一所学校内不同学段之间真正的一体化，上述学校的实践为一贯制学校的发展指明了方向。

五、以职业技能教育为目标的普职融通培养模式

我国高中阶段实行双轨制，普职分离不利于人才成长，普职融通培养模式势在必行。《教育规划纲要》中多处明确提出普通教育和职业教育需要相互沟通的问题："鼓励有条件的普通高中根据需要适当增加职业教育的教学内容。探索综合高中发展模式。采取多种方式，为在校生和未升学毕业生提供职业教育。""建立区域内普通教育、职业教育、继续教育之间的沟通机制。""促进各级各类教育纵向衔接、横向沟通，提供多次选择机会，满足个人多样化的学习和发展需要。"借助上述政策引导，北京市部分普通高中学校结合生源实际，自2011年开始进行普职融通的实践探索，着重从两个层面来开展普职融通教育。

一是教育发展路径层面上的普职融通，即分属普教与职教的不同办学机构之间的交流与合作。如，位于东城区的165中学与北京国际职业教育学校合作，不仅充分利用了该校的师资，学生还走入北京国际职业教育学校的财会、金融、计算机、烹饪、服装设计、模特等多个培训现场，零距离接触职业技能课程。165中学还派出历史、地理两个学科的教师到职业学校任课，将普通高中课程引入职业高中，实现了普职课程的双向融通。位于朝阳区的119中学与北京求实职业学校、劲松职业高中等职高学校及北京农业职业学院、北京财贸职业学院、北京政法职业学院等高职院校建立了合作关系。这两类学校在以往多年的办学过程中都是各自为政、互不往来的，"普职融通"教育打破了两类教育之间的壁垒，从服务学生发展的角度出发，走上了开放、合作、互助、共赢的发展之路。

二是教育内容层面上的普职融通，即课程与教学的融通，这是普职融通教育的核心。课程主要包括两大类：一类是生涯规划指导课程；另一类是职业技术类课程。165中学通过贯穿高中三年的了解自我、认识社会、职业体验、职业思考等系列和环节，引导学生思考职业追求与自身发展的关系，萌发规划人生的思考，认识到适合自己的职业就是最好的职业。学校先后开展了"一日职业体验""参观职教学校实训基地""职场人物访谈""成功职业人物传记读书活动"等一系列课程。其中"一日职业体验"是最受学生和家长欢迎的一项活动，学校先后组织学生走入200多家单位进行实习体验，涉及公司经理、教师、医生、文秘等几十种职业。该校还开设了《北京导游》《金融实务》《旅游英语》《服装设计》《园林绿化》等5门职业技能课程，并自主开发了职业教育课程《学生理财》。这些课程并非"原版引进"职业教育课程，而是由职教教师根据学生需要，为普通高中学生"量身定做"的特色课程，如金融实务课程中的点钞、珠算等活动，服装设计课程中的"绿叶服装设计""无纺布手机袋的设计"等活动，其成果展示环节有效提升了学生的自信心。

"普职融通"在适应学生的差异性及促进其个性发展上具有普职分离所难拥有的优势，可较好地兼顾学生的全面发展和个性培养。一方面普职融通让学生们接受普职两类教育以得到较为全面的发展，另一方面经过一段共同课程的学习后学生可更加清晰地认识和发现自我，从而把握和选择好适合的发展方向。高中阶段的普职融通，增加了学生自主选择、合理规划人生的机会，促进了学生的自主发展，对于丰富高中学生在校生活及其对未来发展的影响也是不言而喻的。

普职融通教育既可以视为对现有办学模式的一种补充，也可以看作是对现有学校教育内容的一种完善。特别是新一轮高考改革赋予学生更多的选择权，在选科、选课、选考、报考等方面需要在自我认知的基础上，对未来专业与职业进行选择，为此，许多高中学校开展了生涯规划教育，开设了生涯指导课程，指导学生进行多种形式的职业体验活动等，在高中教育综合改革的进程中，普职融通作为一种更加贴近学生现实生活、贴近学生未来发展的教育，无论是从解决当前高考所提出的落实学生选择权的角度，还是着眼于学生未来成长成才的发展之计，在开展生涯规划教育的同时，更要倡导一种"普职融通、普职等值"的观念，促使高中教育能够更好地满足这一阶段学生成长的特殊性所带来的教育需求，从而使普职融通教育不再是个别学校的短期试验，而是所有普通高中学校基本的教育教学内容。

上述五种类型是当前北京市普通高中学校培养模式多样化的典型实践，是在现行教育体制下，普通高中学校内部培养模式多样化的探索，也是最为贴近学校发展实际、最具可行性的尝试，代表了当前高中学校发展的基本样态。

第四节　以学校类型多样化为特征的区域培养模式

学校特色建设是高中多样化发展的基础，但学校特色的形成并不意味着高中教育多样化局面的出现，即使每一所高中学校都形成了自己的特色，也并不意味着高中教育就是多样化的，这既需要学校结合自身实际明确定位、找准方向，更需要政府、教育行政部门进行宏观规划管理。当前我国普通高中学校的发展模式基本上是以升学为指向的纵向分层发展，实现高中多样化发展，需要优化高中教育发展结构，完善高中学校培养模式，兼顾学生个性发展与学校特色发展需求，打破横向与纵向隔离状态，改变高中教育发展方式，构建一种"横向分类发展＋纵向分层定位"相结合的发展模式，为形成多样、灵活、开放的高中教育新体系奠定基础。

普通高中区域培养模式多样化是指同一区域内的不同学校，面向不同的学生群体，确定不同的培养目标，设置不同的课程体系，实施不同的教学方法，采取不同的管理制度和评价标准，满足不同潜质学生的发展需要，完成针对不同学生群体的培养任务。区域培养模式多样化是学校和政府的共同责任，需要政府顶层设计、合理规划，只有每一所学校内部形成多样化的文化氛围，才有望实现区域内培养模式多样化的格局。

区域培养模式多样化旨在打破普通高中学校单纯根据教学质量（升学率）进行纵向按层次划分而出现的"千校一面"的大一统局面，在明确普通高中教育职能的基础上，依据不同学校的育人目标和办学能力进行横向分类与纵向分层，做整体性管理，从整个社会大系统的视角来思考普通高中教育系统的优化问题，以追求普通高中教育整体功能的充分发挥。"分类发展＋分层定位"的区域发展模式立足整体，能够改变"千校一面"的同质化倾向，充分调动和发挥所有普通高中学校的主动性与积极性，是高中多样化发展的必然选择。具体而言，一方面，根据育人目标的不同将普通高中学校进行横向分类；另一方面，在同一类型学校内再根据办学水平的不同进行纵向分层。在高中多样化发展背景下，以分类发展面向多样性需求，在发展中提高并动态地形成不同类别中的能级并自然形成分层，这种模式可称为分类发展基础上的分层模式。

发达国家的高中学校类型多种多样，一般划分为学术高中、职业高中、综合高中和特色高中等类别，为学生提供多样的选择机会与发展方向。我国由于受单一的教育质量评价标准影响，无论是哪种层次的学校都将高考升学率作为学校最重要甚至唯一的追求，培养模式同质化是我国普通高中学校普遍存在的一个现象。由于学校发展阶段、办学条件及生源的差异，决定了不同学校具有不同的办学目标，普通高中学校之间在办学上只有录取分数的差异，在培养目标、课程内容、培养方式、教学评价等方面均表现出高度的趋同性。高中学校要么没有自己明确的办学理念、培养目标；要么不同学校间办学理念与育人目标趋同，难以体现学校的发展历史与办学追求，也难以体现学校的独特性，更缺少对学校文化的高品质追求。这种趋同的育人模式致使具有特殊天赋、能力和特长的学生及某些特殊的学生群体发展的需要难以满足，同时也难以满足社会对多样化人才的需求。随着社会经济的发展，人们的物质和精神需求不断提升，单一的供给模式难以满足人们的选择需要，要求各行各业提供多样化的发展环境，以满足人们日益增多的发展需求，比如，医院，既要有科室齐全的综合医院，也要有专业见长的特色门诊及专科医院；商场，既要有大型的综合购物中心，也要有某一品牌的专卖店；饭店，既要有菜系丰富的综合饭店，又要有特色主题餐厅或主打某一菜系的特色餐厅，等等。作为为民众提供公共服务的学校教育也不例外，同质化的培养模式已难以满足社会多样化发展和学生个性化发展的需要，尤其对于北京市基础教育而言，根据《北京城市总体规划（2016—2035年）》要求"北京的一切工作必须坚持全国政治中心、文化中心、国际交往中心、科技创新中心的城市战略定位"。围绕"建设一个什么样的首都，怎样建设首都"这一重大问题，北京基础教育必须站在新的历史发展起点上，回答"建设一个什么样的首都教育，怎样建设首都基础教育"的问题。高中阶段是连接基础教育和高等教育的关键环节，对基础教育具有重要引导作用，同时肩负着为高等教育输送合格毕业生，为社会经济发展输送建设者的重任，北京高中教育工作必须紧紧围绕实现'都'

的功能来布局和推进'城'的发展，落实城市发展战略定位，优化提升首都核心功能。需要从北京多元化的发展定位和国家多样化的人才培养战略出发，调整基础教育阶段的学校布局，丰富普通高中学校类型，既要提供促进学生德智体美全面发展的学术型普通高中，也要提供能够使学生掌握一技之长的技能型职业高中，还要提供满足部分学生兴趣爱好特长发展的特色高中，如艺术高中、科技高中、语言类高中等。同时，当前我国中高考改革的总体趋势是强调选择性，无论是中考科目的 5 选 3 还是高考科目的 6 选 3，都是主张适性扬长，各得其所，中高考改革与普通高中学校分类发展的思路是相衔接、相一致的。

在学校类型划分上，分类发展模式遵循差异公平理论，与中高考改革相适应，根据社会发展需要、学校培养目标及学生天赋、专长的不同，打破单纯从办学水平和教学质量的角度，将普通高中学校分为重点（示范）高中与非重点（非示范）高中的单一模式，在普通高中内部将学校类型进一步细化为学术型高中、科技高中、艺术高中、外国语高中、一贯制特色学校、一体化特色学校、普职融通高中等多种类型，优化高中学校布局，更好地满足学生的选择需求。改变普通高中培养模式单一化发展局面，需要引导不同区域、不同类型的普通高中找到各自办学定位，形成自主的办学理念和独特的培养模式，彰显学校的办学优势与特色。

1. 建设学术型高中

学术型高中是在高中教育阶段，以学术探究为主要教学方式，以增强学术素养和培养创新人才为目标的一种办学模式。世界发达国家一向重视英才教育，如英国的第六学级、美国的特殊高中、日本的升学指导重点高中、俄罗斯的集美纳佳、利才学校等均承担着精英教育使命，保证一批批最优秀的人才进入名牌大学。2010 年深圳中学率先提出"建设学术型高中，培养创新型人才"的全新办学目标，北京十一中学也提出"建学术型高中，促学校内涵发展"的办学新理念。当前，学术型高中成为中国重点中学争相效仿和学习的建设目标，学术型高中的实践经验和理论探索也日渐充实与丰富在建设人力资源强国的时代背景下，我国高层次拔尖创新人才缺乏已是不争的事实。2017 年，北京市普通高中一本录取率已经达到 30.50%，即超过 30% 的学生升入了研究性大学，在高水平普及下留住并培养这部分拔尖学生，发展一批学术型高中（数理高中、人文高中等）既是国家人才培养战略的迫切需要，也是一部分优质高中的内在诉求。目前北京市部分示范高中已呈现出明显的学科优势，仅以西城区为例，北师大实验中学的数学学科，北京八中的语文学科，北京四中的物理、化学、生物学科，北师大二附中的历史、地理、政治学科等，以学科优势为基础建设一批学术型高中已是大势所趋。通过开设竞赛类课程、创新实验课程、大学先修类课程等，对学生进行学术思维、研究方法、研究能力的培养与训练，为学生升入高一级学校奠定基础。同时，发现总结学术型人才早期培养的规律，对于人才强国战略具有深远意义。

2. 建设科技特色高中

高中阶段承担科技精英的前期培养工作，有必要通过创办选拔性科技特色高中，进行专、精、尖人才培养，明确这类学校的培养目标，增强学术研究性，形成针对性的培养体系，发现并培养早期科技创新型人才。发达国家普遍重视科技人才培养，如，韩国设有科学高中，日本设有超级科学高中，纽约市9所特殊高中里就有3所是科技特色高中，其中号称"英才的摇篮"的布朗克斯科学高中，建于1938年，已培养出7位诺贝尔奖获得者，为世界各国高中学校之最，其毕业生几乎在所有领域都取得了成功，在科学和数学方面尤其突出。学校的入学竞争也十分激烈，2011年有19587名学生报名参加招生考试，其中只有1044名学生被录取，录取率仅为5.3%，被录取的都是英语和数学成绩优秀的学生。布朗克斯科学高中以自然科学类课程为特色，尤其注重学生的动手能力，要求学生修读技术制图和科技实验课程，主要包括工程建筑制图、电脑制图、机器人技术和医学成像等。学校的课程体系主要由各学科教研组室来构建，各学科的课程体系又从深度、广度两方面扩展。我国要建设科技强国，需要培养造就一大批具有国际水平的战略科技人才、科技领军人才、青年科技人才和高水平创新团队。高中阶段承担科技精英的前期培养工作，北京"科技创新中心"的城市战略定位也对高中阶段教育提出了新要求。北京市普通高中学校有较好的科技教育传统，有必要在现有科技特色学校中选择、扶持、评选、创办科技高中，加强科技创新教育，并在招生政策上给予一定倾斜，面向全市选拔具有科技兴趣与潜质的学生，进行专、精、尖人才的早期发现与培养。

3. 建设外国语特色高中

经济全球化导致各国之间相互依存性增强，同时也导致不同国家、不同民族的文化冲突和融合加剧。各个国家、各个民族的文化都有其存在的合理价值，未来教育应该是培养人们在不同文化共生和交融的时代中学会共处、学会理解。另一方面，国际分工和合作日益加深，对具有国际交往能力和专业能力的人才需求日益旺盛。在国际交流与合作日益多元化的趋势下，对人才的需求已不仅仅是拥有专业知识技能，还需要精通外语，了解国际规则，熟悉各国风俗礼仪。因此，北京高中学校的办学目标应为培养具有深厚家国情怀和广阔国际视野的复合型国际化人才，即培养具备能够适应国际化倾向、多元文化社会和全球经济以及与国际劳动市场相关的知识和技能的复合型人才。

当前，国际大都市的高中都非常注重多语种课程的设置。如，位于纽约华尔街的史蒂文森高中以科技和数学见长，开设多种外语课程，语种多达十几门，超过一般大学程度，其中不乏意大利语、希伯来语、韩语和阿拉伯语等小语种。北京市的高中学校也设有外国语高中，但除月坛中学将日语教学作为第一外语外，大部分外国语高中均将英语作为第一外语，语种单一且特色不够鲜明。随着我国的国际影响力、感召力、塑造力进一步提高，尤其是共建"一带一路"的倡议得到了沿线国家的积极响应和北京"国际交往中心"的城市定位，急需大批多语种人才，有必要加大政策引导与支持力度，建设一批以多语种为特色的外国语高中，提升首都中学生国际素养，满足经济社会发展的需要。所谓国际素养通常具有以下几个特征：第一，具有全球视野、全球胸怀；第二，具有与国际对接、交流、沟通的能力；第三，具有适应在国外生存和发展，即跨文化的生存能力；第四，也是对国际化人才最核心的要求：解决问题，创造价值。部分国家将培养具有国际素养的人才的观念渗透到课程中，例如美国在《美国2000年教育目标法》中强调必须将全球观念渗透到学校的所有课程领域，学校中要有开放性的、国际性的文化氛围，日本也将"世界中的日本人"作为21世纪教育的培养目标等。

外国语高中需围绕培养学生国际素养构建课程体系。一是加强外语教育，开设多种外语课程，尤其是"一带一路"国家的小语种教育，提升学生的语言交流能力；二是加强国际理解教育，开设国际文化赏析类课程，开展多种国际文化交流活动，帮助学生了解国际文化、风俗、礼仪，使学生通晓国际规则；三是开设国际问题课程，帮助学生了解国际形势，联合国教科文组织曾指出：国际问题的教学不论是穿插在不同学科的教学中或是单独作为一门课程都是合适的，每一个教育机构都应有足够的关于国际事务和问题的文献资料；四是增加学生参加国际交流活动的机会，使学生对国外的文化、经济等方面有更深层次的认识和理解。近年来，在高中特色建设背景下，部分高中学校呈现出如下新特点：一是语种不再单一而是更加注重多语种，外语课程开设由高中向初中、小学延伸，如北京市第一〇九中学引入了西班牙语、阿拉伯语、日语、法语、意大利语等，北京外国语大学附属外国语学校开设了德语、西班牙语、韩语、日语、法语等，两所学校均为十二年一贯制学校。因此，有必要进一步加大政策引导与支持力度，建设一批以多语种为特色的外国语高中。

4. 建设艺术特色高中

艺术教育在对学生人格塑造的过程中起着十分重要的作用。没有艺术，没有美，使人如置沙漠之中，艺术教育环境下才能培养出身心健康全面发展的人才。艺术高中是指为有美术、音乐、舞蹈等爱好、兴趣、专长的学生提供适宜的发展环境，为有艺术潜能学生的专业发展及职业选择奠定基础，以准专业人才培养为目标的艺术特色高中。调查显示：北京市绝大部分高中学校都非常重视艺术教育，有较好的艺术教育传统，部分高中形成了艺术教育特色，如工美附中、徐悲鸿中学、六十五中、大成学校、红螺寺中学等学校均有较好的艺术教育基础，在本市乃至全国都有一定的影响力。为适应北京"文化中心"的城市定位，进一步提升首都学生的艺术素养，一方面要使艺术教育面向全体学生，提升全体学生的艺术修养；另一方面鼓励有一定特色基础的学校发展艺术特色高中，为学有专长的学生提供更广阔的发展空间。通过发展艺术高中，为在美术、音乐、舞蹈等方面有一定爱好、兴趣、特长的学生提供适宜的发展环境，为其专业发展及职业选择奠定基础。

5. 建设普职融通高中

调研显示：生态涵养发展区和城市发展新区的高职专科录取比例远高于首都功能核心区和城市功能拓展区，是后者的两倍多。但职业技能教育在这两类区域并没有引起足够的重视，有必要结合学生选择倾向和区域产业结构特点，顺势而为，发展普职融通高中，建立普通高中和中等职业学校合作机制，在完善课程实施、学籍管理、考试招生等方面提供支持政策，引导学校探索课程互选、学分互认、资源互通的新机制，为学生提供更多选择机会。从办学模式的角度优化高中学校布局。

6. 建设一贯制特色学校

当前高中建制的国际趋势是朝向一贯制类型转变，把学生发展的连续性放在第一位，建立多样化的学段连接形式，不受义务教育与非义务教育的禁锢，打破学段分割，为学生铺设连续性的一体化的教育是必然趋势。在招考环节上，当前国际上都在大力淡化初中升高中招生环节的分数选拔体制，没有所谓的"中考"，而是通过提供多种多样的学校类型，促使学生根据自身的兴趣、爱好、特长及未来的发展志向等来选择适合自身发展的特色，即用"特色选择"替代"分数选择"。如莫斯科高中招生时将口试作为一种检测学生综合能力的方法，并为学生提供补录机会，此外还特别重视奥赛成绩。巴黎高中则是在初中四年级的第二学期，学生和家长在商议之后根据孩子的成绩评定和未来的职业兴趣提出定向要求，学生的高中升学志愿会递送到相应类别的高中，高中审查学生资料后，由学区督学根据学生志愿和学校容量决定所辖学校录取名单。近年来，为扩大优质教育资源覆盖范围，发挥高中学校的引导作用，部分区域陆续建立了十二年一贯制学校，目前全市已达55所，其中，城市功能拓展区的十二年一贯制学校数量最多，首都功能核心区和生态涵养区则较少；城市发展新区和生态涵养区呈现出纯高中数量较多、高中数量较少，学校内年级规模偏大的特点。因此，有必要加大对十二年一贯制学校特点与优势的研究，从学校建制的角度优化高中布局。

7. 建设集团化特色学校

近年来，在北京市深化基础教育综合改革的背景下，城乡教育资源统筹力度不断加大，基础教育阶段合作办学的趋势日益凸显，呈现出大学办附中、科研院所办实验学校、优质高中组建城乡一体化教育集团等多种办学方式，有效扩大了优质教育资源的覆盖范围。有必要进一步总结这类学校的办学特点与优势，从办学体制多样化的角度优化高中学校布局。

上述多种办学类型，是根据学校办学优势而确定的，每一种类型只表明学校的主要发展方向，并不意味着学校可以单一发展，高中阶段依然属于基础教育，无论何种类型的高中，都要注重教育内容的全面性与基础性，如特色高中、综合高中仍然要完成国家规定的各种必修课程的学习，国外的一些优秀的科学高中虽然以理工类为主，但无不强调自然科学和人文科学，为学生提供丰富的人文社科类的课程和活动；而学术高中在培养学生学术能力的同时依然要发展学生的某一方面特长。与此同时，学生健全人格、社会责任感、公民素养的培养仍是各类高中的首要任务。学术高中与特色高中的不同之处在于：学术高中是以培养学生全面综合素质为主，以为高等学校输送人才为目标，体现升学预备职能，注重学术型课程教学，入学条件一般要求学生的文化知识基础好、学业成绩较高，喜欢进行理论性知识的学习与探讨。当前大部分示范高中有望建设成为学术型高中，是北京市普通高中学校的主体，可根据其办学传统与优势，进一步将学术高中细化为数理高中、人文高中等。特色高中基于学校的办学传统和优势，以培养具有科技、艺术、外语等特长或对某一领域感兴趣的学生为主，如科技高中、艺术高中、外语高中等，体现高中教育的选择性与准专业性。特色高中的核心在于提供较为专业的特色课程，为有特殊兴趣与特长的学生提供更专业化的教育，为这部分学生的未来职业发展奠定基础。特色高中的形成是一个漫长的过程，是学校特色项目发展到一定阶段的产物，这既需要学校干部教师的不懈努力，更需要政府的政策引导和扶持。我国的普通高中教育将成为人才培养的瓶颈，改变的途径之一是创建特色高中，在我国普通高中的未来发展道路上，特色高中会是其中一种非常重要的形式，特色高中的存在意味着我国普通高中办学模式和培养模式的多样化，也是主动响应社会多样化发展趋势对普通高中教育今后的发展方向提出的要求。[1] 普职融通高中是以培养高素质的技能型劳动者为主，体现职业预备职能。通过开设各种普通和职业课程，尤其是要为学生提供较多的职业技能课程和职业体验活动，增强其实践操作能力，可快速适应某一职业的需要。在美国学术科学生占学生总数的43%，其课程设置比例为，普通课程占到总课程的92%，实践课程占8%。我国普职融通高中内所设置的学术教育科一定不能走之前普通高中文理分科的狭隘教育路线，而是要降低普通课程的难度，加入生存技能课，加入公民课程，这样才能培养出人格丰满的学术型人才。

第五节　普通高中分类发展的实施策略

20世纪70年代以来，各国对教育公平的追求开始趋于多样化、多元化且注重个性化"选择"，即公平的标准不再局限于同一的平等，而是在平等前提下开始逐渐认识、承认并接受差别，体现一种差异公平观。公平不是基于相同性给予同样的对待，而是基于差异性，让不同能力的人接受不同的教育，使教育适合每个人自身的特点和要求，从而使每个人都能得到应有的发展。平等的入学机会和相差无几的办学条件只是为实现教育公平提供了客观条件和发展可能，而学生是

---

[1] 许广云. 普通高中培养模式多样化问题研究［D］. 江西师范大学硕士论文，2012（5）：30.

否真正受到公平的教育，除了起点的平等、机会的均等，更重要的是教育是否适切个体本身，受到平等而有差异的教育才是教育公平更深层、更本质的内在要求。

一、尊重差异，提供选择

人与人之间是有天赋与个性差异的，学校之间由于办学理念与文化不同，特色发展方向不同，发展阶段各异，每所学校各有所长，不可完全类比。差异公平倡导学校走一条因校制宜、差异发展的道路，学生可根据自身爱好或优势或发展水平"择校"，寻求最适合个体发展的高中。但这种"择校"有别于传统的"择校"，是学生结合自身实际进行的主动选择，而非被动的"选拔"或被迫的"选择"，这种选择主要体现在三个环节，首先，在高中教育的入口导向上，高中学校通过办学类型与办学层次的多样化，提供足够多的学校类型，为不同需求的初中毕业生在学校类型上提供方向选择，保证不同发展倾向和发展水平的初中毕业生有均等的入学机会，是高中教育多样化发展的最现实体现；其次，体现在培养过程中，是通过课程设置和活动设计的多样化来满足进入不同学校、具有不同特点的学生在高中阶段获得更好发展，保证学习过程和学习参与程度的均等；最后，体现在高中教育的出口导向上，从一种简单的升学驱动或生存驱动转化为发展驱动，打破升学和就业的二元对立，使得高中教育的出口真正指向国家人才培养战略和学生个体自主发展。因此，如何从高中教育的入口、过程及出口三个关键环节为不同禀赋及发展趋向的学生提供均等的选择与学习机会，提供适合不同孩子发展需要的适切性教育，恰恰是高中教育新的发展方向，也是普通高中多样化发展的价值取向。

发达国家都非常重视英才教育，重视高中与大学课程的衔接，学生可通过选修大学预科课程、荣誉课程等来满足求知欲望。学术型高中作为学校多样化发展的一种类型，是在承认高中学校发展的差异性和学生多样性发展需求和个性特征的基础上，所做出的一种选择，其追求的正是一种基于差异的公平。学术型高中在培养模式上与传统高中有着本质不同，即从关注知识的受授式学习到关注思维和思想的研究性学习，学术型高中不是简单地使每一个学生占有相同的高中教育资源，也不是单纯追求教育结果的同一化，而是致力于打造有利于创新人才成长的学校整体育人模式。当前大部分示范性高中的优势主要来自于生源和师资，而对于培养未来创新人才的核心内容——高智慧含量的课程体系，尚缺少足够的重视和建设能力，因此首批学术型高中首先要从课程体系来考量，优先考虑已构建起分层分类课程体系、设有荣誉性课程的优质高中。我国单一的普通高中学校类型是人才培养的瓶颈，改变的途径之一就是创建特色高中，特色高中是基于学校的办学传统和优势，以培养具有科技、艺术、外语等特长或对某一领域感兴趣的学生为主，满足不同潜质学生的发展需要。在普通高中的未来发展道路上，特色高中将是一种非常重要的形式，特色高中的存在意味着我国普通高中办学模式和培养模式的多样化，也是对"四个中心"的积极响应。

二、政府引导，分步实施

高中多样化发展需要政府和教育行政部门进行整体设计与合理布局，首先，要根据社会对人才规格的需求和学校育人目标，引导不同层次、不同类型的普通高中学校在分类发展的基础上，对学校进行科学合理的定位，形成适合学校发展特点的育人模式，保证一个区域内学校特色的丰富性与多样性，要有不同类别的学校供不同发展需求的学生进行选择，实现学校培养模式的多样化；其次，政府要结合区域经济发展特点、区位优势、产业布局及人口结构等，合理谋划高中教育的布局结构，统筹区域教育分类发展、差异发展，合理分布区域内学校类型。在改革初期，教育行政部门要提供几套指导性的分类发展方案（规划），供学校选择改革方向。这方面，韩国、英国的经验值得借鉴，如 2008 年，韩国新一届政府上台后，启动了以创建 300 所新型高中为核心的"高中多样化 300 工程"，包括在农村地区创建 150 所寄宿制高中、在地方创建 100 所自律型私立高中、产学联合创办职业教育的 50 所"达人高中"等。其中"达人高中"的专业设置大多与新兴产业有关，例如：电子、机械、造船、半导体、钢铁、汽车、能源、港口物流、医疗器械、手机、机械自动化设备、新媒体技术等，"达人高中"的最大特点在于可与企业保持密切联系。对于未入选高中多样化 300 工程的高中，教育科学技术部计划实施了"特色学校建设项目"，目的在于改变"平准化"时代千篇一律的高中课程模式，使各学校课程尽量符合不同学生的不同需要，特色学校建设项目将"建设学生和家长都满足、自豪的学校"作为办学目标，以各学校的特点与条件为基础，设置和发展诸如"与紧邻校建立课程连带""培养领导能力""过敏与肥胖预防"等特色课程。20 世纪 80 年代，随着城市技术学院（CTC）的异军突起，英国政府曾将普通高中分解为技术类、语言类、体育类、艺术类、商科类、数学和计算机类、科学类、综合类、音乐类和社会科学类等

10多种类别，供所有学校进行选择。

北京市在推进高中多样化发展进程中，结合学校已有基础及社会发展需要，为满足学生个性化发展需求，可采取分类发展的方式，优先发展一批不同特色类型的学校：一是支持部分办学基础好、办学质量高、社会满意度高、课程把控能力强的优质高中开展创新人才培养试验；二是支持部分办学质量较好，周边百姓认可度高的一贯制学校及承担集团化办学任务的学校，开展中小学一体化试验；三是支持部分办学特色鲜明、教育风格独特的特色高中开展人文、科技、艺术、体育、小语种等领域的特色人才培养贯通1＋3试验，学生在初二年级结束后进入试验学校，不需参加中考，直升高中，保证特色人才培养的连续性；四是支持农村地区部分学校创办综合高中，开展普职融通育人模式改革，融合升学预备教育和职业技能教育，形成多元选择的课程体系，灵活多样的教学管理，富有成效的创业教育，根据区域经济发展需要，探索与高职院校合作办学，实行学籍流动和学分互认，开展技术技能人才贯通培养试验；五是通过政府购买服务、教师输出、组建教育集团等措施支持社会责任感强、办学质量较好、社会满意度较高的民办学校，形成以政府办学为主体、全社会积极参与、公办教育和民办教育共同发展的格局，发挥民办学校特点与优势，为学生提供多样选择；六是鼓励城区公办优质高中寄宿部、国际部迁至郊区办学，探索多元办学机制，扩大教师聘用、经费管理等自主权，在迁入地快速建成优质学校，满足当地教育需求，探索多元体制学校。针对上述六种不同类型的学校，拟采取成熟一个批准一个，因校施策，选取先期试点学校，不搞"齐步走""一刀切"。

政府和教育行政部门要改变过去行政命令的方式，由管理控制转向引导服务，由自上而下的行政管理转变为自上而下和自下而上相结合的公共治理，与学校、社区、学生乃至家长协商确定学校未来发展之路，将学校发展的主动权还给学校和学生，引导每一所高中学校科学定位，合理选择适合自己的发展方向和空间，找到适合自身发展的"坐标系"。在教育公平和秩序维护方面，教育行政部门要彻底扭转过去分层发展所造就的"高坡填土、肥肉加膘"的做法，在政策、资金等方面给予薄弱地区和学校大力支持，使不同类型与层次的高中学校获得同样的发展与选择机会。通过优化高中教育发展结构，在一个区域内尽量减少"同层竞争""同质竞争"，而是各美其美、美美与共，从而实现办学类型与办学模式的多样化。

三、分类发展，办出特色

横向分类发展是指打破单纯从办学水平和教学质量的角度将高中学校分为重点（示范）高中与普通高中的单一模式，根据普通高中学校培养模式的不同和学生个体天赋、专长的不同以及高校专业、未来职业和地区产业需求等进行横向分类，将学校划分为学术型高中、特色高中、普职融通高中、一贯制及集团化特色学校等多种类型。学术高中是以培养学生全面综合素质为主，以为高等学校输送人才为目标，体现升学预备职能，注重学术型课程教学，入学条件一般要求学生的文化知识基础好、学业成绩较高，喜欢进行理论性知识的学习与探讨。当前的示范高中大部分属于学术高中，是北京市普通高中学校的主体，可根据其办学传统与优势，进一步将学术高中细化为数理高中、人文高中等。特色高中是基于学校的办学传统和优势，以培养具有科技、艺术、外语等特长或对某一领域感兴趣的学生为主，如科技特色高中、艺术特色高中、外国语高中等，体现高中教育的选择性与准专业性。特色高中的核心在于提供较为专业的特色课程，为有特殊兴趣与特长的学生提供更专业化的教育，为这部分学生的未来职业发展奠定基础。特色高中的形成是一个漫长的过程，是学校特色项目发展到一定阶段的产物，这既需要学校干部教师的不懈努力，更需要政府的政策引导和扶持。我国的普通高中教育已成为人才培养的瓶颈，改变的途径之一是创建特色高中，在我国普通高中的未来发展道路上，特色高中会是其中一种非常重要的形式，特色高中的存在意味着我国普通高中办学模式和培养模式的多样化，是主动响应社会的多样化发展趋势对普通高中教育今后的发展方向提出的要求。❶ 普职融通高中是以培养高素质的技能型劳动者为主，体现职业预备职能，通过开设各种普通和职业课程，尤其是要为学生提供较多的职业技能课程和职业体验活动，增强其实践操作能力，可快速适应某一职业的需要。一贯制特色学校和集团化特色学校是从学校建制和办学体制的角度，通过一体化办学保证学生发展的连续性，通过多种形式的合作办学扩大优质教育资源的覆盖面，丰富高中学校类型。

由于每所学校所处的地区不同，办学历史、文化传统、社会资源、师资力量、生源特点也各不相同，决定了学校办学理念、育人目标的独特性与多样性。近年来，随着课程改革的深化，北京市大约 1/3 的高中学校拥有完善的课程体

---

❶ 许广云. 普通高中培养模式多样化问题研究 [D]. 江西师范大学硕士论文, 2012 (5): 30.

系，既有学校整体的课程体系，也有分类、分层的学科体系。依据新高考改革"分类考试，综合评价，多元录取"的要求，每所高中学校都要构建以办学理念为统领、以育人目标为主线、以发展学生核心素养为轴心的分类分层课程体系，为不同层次、不同发展倾向的学生个体提供丰富多样、可供选择的课程与活动，形成适应高考改革发展要求的课程教学新常态，凸显学校优势学科乃至特色学科群，更好地满足学生选课选考的需求，形成丰富多样、各具特色的育人模式。

四、分层定位，自主发展

纵向分层定位是在同一类型学校中，根据学校办学能力、办学水平的不同进行层次定位，将某一类型学校划分为精英高中、大众高中、普及性高中。精英高中是以培养社会精英人才或专门人才为目标，对学生进行严格的学业选拔或专业测试，整体水平显著高于平均水平。我国高中培养的单一模式导致了人才培养的趋同化、标准化，即使对那些天赋非常好的孩子也只是对他们进行应试训练、竞赛训练，致使一部分孩子的特殊潜能没有得到充分开发。发达国家都非常重视英才教育，重视高中与大学课程的衔接，学生可通过选修大学预科课程、荣誉课程等来满足求知欲望。当然，在一所精英高中内部，学生之间的兴趣与倾向也各不相同，如，在一所侧重理科的学术高中内，有的学生可能喜爱数学、有的擅长物理、还有的喜欢生物等，需要在课程设置与教学管理上进行分类设计，以满足不同学生的发展需求。大众高中是数量较多的一类高中，面向大多数普通学生提供基础教育和特色专业技术教育，升学与就业并重。普及性高中则需要达到普通高中的基本要求，注重职业导向，降低学术要求，学生毕业去向以升入高职院校为主。

分层定位是在对普通高中学校进行分类的基础上，对每一类型学校所做的层次划分。学术高中内的精英高中、大众高中、普及性高中类似于目前的示范性高中和一般性高中，比较容易理解，而特色高中内的精英高中、大众高中、普及性高中由于学校培养目标的不同，会对学生质量提出相应的要求，学生要选择与自身能力与水平相一致的学校，如同为美术特色高中，中央工艺美术学院附中（工美附中）、北京市徐悲鸿中学、首都师范大学附属红螺寺中学在学生来源及育人目标上是不同的，对学生的质量要求自然存在差异。普职融通高中由于定位在职业技能教育为主，在层次划分上主要包含大众高中和普及性高中两个层次。

普通高中分类发展是示范性高中可持续发展的路径，也是基础相对薄弱学校跨越式发展的动力和方式。当然，普通高中分类发展模式的实施是有前提的，首先是职业观问题，要破除普教与职教的等级之分，随着社会对人才需求结构的改善，职业技能型人才需求日益增多，职业教育地位的改善将促进人们职业观的更新。其次是质量观问题，目前家长依然把高升学率作为孩子选择学校的主要依据，随着高中多样化局面的形成，特色教育、特长发展成为主流，"适合的教育就是最好的教育"将逐渐成为家长和学生选择学校的基本出发点。

第八章 Chapter eight

普通高中学生发展指导的实施策略

人本主义心理学家马斯洛认为,作为潜能,人的本能天性只为自我实现这一人类终极的价值选择提供"必要的种子",而良好的环境则是人性潜能赖以生长和实现的阳光、空气和水,人的最大潜能只有在良好的条件下才可能实现。从促进自我实现或促进健康的角度来看,理论上的良好环境应该是这样的:提供所必需的材料,然后退到一边,让机体自己表达自己的愿望、要求,自己进行选择。因此,个体的发展主要取决于两个方面:一是外部条件对个人才能的实际发展所起的推动作用,如果外部条件对个体的发展不提要求或没有提供丰富的外部条件,个体的发展将是一句空话;二是个体的发展由可能性变为现实性更大程度上取决于个体自身的条件,也就是个体的主动发展的意识。由此可见,自主发展的实现是价值引导与自主实践的统一、整合与升华,教育就是要使教育对象成为个体成长的主体,掌握自身成长的主动权,个体将在发展的过程中拥有无穷的力量和不竭的智慧。

学生发展是高中多样化有特色发展的终极目标。学生的发展是一个主动的过程,是一个自内而外的过程,是内在自然与外在条件协同作用下的发展,发展不可能是别人给予的,必须通过完善自我认知和实践活动体验来获得。由于学生个体的天赋差异与兴趣爱好不同,使得学生在高中这一特定阶段的发展需求呈现出多样与多元的状态:一方面,多样化发展使得政府和学校在学校类型、课程设置、教学方式、社团活动乃至职业体验等方面为学生发展提供了多种选择的机会和可能;另一方面,高中阶段是学生许多重要行为形成的关键期,包括智能的发展、学业的进步、人际关系的建立、异性的交往、价值观的确立及社会规范习惯的养成等，这就需要学生协调好自身成长与未来发展的关系，面对多种选择，能够做出符合自身现实需求与长远发展需要的理性选择，而高中阶段的学生仍处于未成年阶段，其理性尚未完全觉醒，缺乏足够的自主判断力，面对发展中的各种迷茫、困惑与问题，单靠学生自己的努力是难以完全解决的，亟须来自学校和成人的有效指导，以帮助其找到自己在学习、工作和生活中的位置，学会规划和选择，并能够为自己的选择承担责任。与此同时，当代社会对人才的需求是多层次、多规格的，新一轮高考改革将高中教育定位在人才培养上，这就要求学生首先认识并肯定自己，然后根据自己的学习需要选择相应的内容与形式，从而成为最优秀的自己，这与传统的高中教育倾向于完成选拔功能，高中学生的学习目的就是如何在选拔中取得比别人更优秀的成绩截然不同，当前高中学生的学习过程是通过富有选择性的教育，有针对性地促进学生个性成长，而不是以牺牲学生个性换取成绩，这就要求高中教育必须从满足个体发展需要和社会对人才培养规格需求这两个角度出发，为学生提供相应的指导和帮助。从各国实践情况来看，学生指导不是高中这一学段独有的工作，但就高中学生的特殊性来说，学生指导具有独特的、不可替代的价值。

第一节 高中学生发展指导的基本原则

马克思关于人的全面发展理论认为：人的全面发展包括人的劳动活动的全面发展、人的社会关系的全面发展、人的素质的全面提高和个性的自由发展，既强调人的素质全面发展，又重视每个人的个性自由发展。雅斯贝尔斯认为"教育的目的在于让自己清楚当下的教育本质和自己的意志，除此之外是找不到教育的宗旨的"[1]。怀特·海也主张"学生是有血有肉的人，教育的目的是为了激发和引导他们的自我发展之路"[2]。范国睿教授将学生发展的特征概括为："①发展的持续性，即发展是一系列发展阶段组成的'发展链'，各阶段的发展之间存在着相互依存、互为条件的关系，特别强调眼前的发展是未来发展的基础，眼前的发展要为未来的发展做准备；②发展的共同性，即发展的整体性、发展者的各因素之

---

[1] 雅斯贝尔斯. 什么是教育［M］. 邹进，译. 北京：生活·读书·新知三联书店，1991（3）.
[2] ［英］怀特海，著. 庄连平，王立中，译. 教育的目的［M］. 文汇出版社，2012（10）.

间的协调性等；③发展的公平性，即强调各发展主体都有平等的生存与发展的权利。"❶ 高中阶段教育是学生个性形成、自主发展的关键时期，除了要在进一步扩大和加深学生的知识与技能上做出贡献、满足学生的升学需要外，这一时期更要关注学生完整的经验、生活与生命，为学生的生存和发展奠定基础。为此，开展高中学生发展指导工作需要遵循以下基本原则：

1. 全面性原则

全面性、综合性、整体性、共同性是对人的发展的基本要求。一方面，人是由身心两部分构成的，身心全面发展、协调发展是人的内在需求；另一方面，现代社会对人的要求的多样性、人的生存环境的复杂性、社会实践活动的多样性等都要求学生在身体、知识、技能、品德等方面要有比较全面的发展，否则难以适应迅速变化的社会。为此，国家强调"坚持以人为本，树立全面、协调、可持续的科学发展观，促进经济社会和人的全面发展"。教育是促进人的全面发展的基本手段，教育中的德育、智育、美育、劳动教育，是与人的全面发展的各个维度直接对应的。正是基于这一逻辑基础，在学生发展指导过程中更加强调培养学生的综合素质，通过适宜的方式方法、手段途径等，引导和促进学生综合素质的全面提高。

2. 主体性原则

高中阶段是学生个性和才能开始显现和发展的时期，自主发展、个性发展是高中学生能力发展的核心要素，自主性意味着能够独立思考，有主见，会选择，不盲从，充分凸显个体的主体地位。人是自然的一部分，人的发展既受到外在的自然环境的制约，也受到自身内在自然的制约，人的内在的自然就是先天的生长可能性或倾向性。对于学生的内在自然，夸美纽斯、卢梭、裴斯泰洛齐、福禄贝尔以及杜威等教育家、思想家都曾有过精辟论述，他们一致主张学校教育教学必须尊重或适应学生的内在自然，激发它、诱导它。同时，需要个体在与外部交流互动过程中，能够不断地排除外界的干扰或阻碍因素，通过发展指导，促使其自我觉察与反思，能够重新认识自我，建立自信，进一步唤醒主体意识，培养自我设计、自我评价、自我磨砺、自我调节、自我超越的能力，增强自我选择判断的能力，实现自主发展。

---

❶ 范国睿. 可持续发展战略与教育改革 [J]. 华东师范大学学报（教育科学版），1998（1）.

3. 发展性原则

对于个体而言，发展主要包括终身发展和整体发展两个方面。高中阶段是个体人生中的第一个十字路口，这一时期的学生必须对自己未来的人生道路做出郑重的选择。高中阶段学生已经有了一定的自主性，但未成年学生的理性尚未完全觉醒，从课程中获得的理性认识，还不足以形成他们的自主判断力，发展中面对的各种迷茫、困惑与问题，单靠学生自己的努力是难以完全解决的，处于青春期的学生亟须来自学校和成人的有效指导。一方面，学校要针对学生的个性差异和发展提供多条路径、多种方式，提供相应的资源保障，使其能够充分利用学校提供的各种有利环境，主动吸收有利于自身发展的营养元素，促进自身发展，同时学校还要针对学生成长过程中出现的共性或个性问题、困惑或需求，提供的一系列方法指导和方向指导，帮助学生发现不同、发展不同，促进学生个体潜能得到适宜地发展；另一方面，学校在解决学生现实问题、满足学生发展需求的同时，也在不断完善、改进学校各项教育教学及管理工作，教师作为指导者，通过与学生之间的交流互动，有助于发现和改进自身教育教学工作中的优势与不足，在满足学生需求的同时，也促进了自身的专业发展。由此可见，学生指导作为连接学生、学校与教师的纽带，在三者之间发挥了相互促进、相互协调、共同发展的作用。

第二节　以健全人格培养为根本目标

人格是人的性格、气质、能力等特征的总和。人格一词来源于拉丁文"persona"，原意是戏剧装饰用的面具、脸谱。关于它的具体界定，法学、心理学、哲学、社会学、伦理学等不同学科各有不同的理解。法律上的"人格"是指人作为权利、义务主体的资格。哲学上的"人格"是指具有自我意识与自我控制能力，即具有感觉、情感、意志等机能的主体，它是唯一真实的存在，是一切其他存在的基础。心理学上的"人格"即"个性"，指个人稳定的心理品质，包括两个方面，即人格倾向性和人格心理特征，前者包括人的需要、动机、兴趣和信念，决定着人对现实的态度、去向和选择等；后者包括人的能力、气质和性格，决定着人的行为方式上的个人特征。这两方面有机结合，使个性成为一个整体结构，由于个人的遗传素质尤其是社会实践活动各不相同，形成不同的人格，即个别差异，这种个别差异不仅表现在人们是否具有某种特点上，而且还表现在同一特点的不同水平上。伦理学上的"人格"亦称"道德人格"，是一个人做人的尊严、价值和品格的总和，是一个人在社会化过程中形成的一种比较稳定的精神结构和"人的社会特质"，具有意志自主性、自我同一性和主体完整性的特征。就人的尊严而言，人格是平等的，作为价值和品格的总和，人格在现实性上有不同的层次。由此可见，人格就是人们在社会生活中通过自身的言、行、情、态等所表现出的为人的品位或格调，是借助人的社会活动，把渗透在言、行、情、态中的人格水平以一种可以被他人知觉的方式呈现出来，由此完成一定社会个体的人格定位。那么，到底何谓"健全人格"？自20世纪50年代以来，一些心理学家根据他们的临床经验，提出了许多"健全人格"模式。美国人格心理学家奥尔波特提出"成熟者"模型，认为"健全人格"是：①有自我扩展的能力；②与他人热情交往，关系融洽；③情绪上有安全感，自我接纳；④具有现实知觉；⑤客观地看待自己；⑥有多种技能，并专注于事业；⑦行为的一致性是其人生哲学。美国人本主义心理学家马斯洛提出"自我实验者"模型，认为"健全人格"是：①能够充分地、准确地认识现实；②对自己、对他人、对整个自然能做到最大限度的认同与宽容；③真诚、朴实、善待别人；④人际关系和谐；⑤民主的价值观；⑥充满自信，情绪乐观；⑦有创造性，不消极地适应现有的社会文化类型；⑧高品位的鉴赏力。对于如何"培养学生的健全人格"，本研究认为其实就是要进行"全人教育"。全人教育（Holistic Education 或者 Whole-person Education）的思想在西方可以追溯到古希腊时期，柏拉图的"和谐就是善"，裴斯塔洛齐的"和谐发展教育"以及亚里士多德的"自由教育论"，在本质上都体现了全人教育的理想。在近代，文艺复兴时期的人文教育家和18世纪法国启蒙思想家，从人性和人的自由出发，将人的个性的全面发展作为教育的目标。19世纪初，德国教育家洪堡提出了造就"完全的人"的教育目标。19世纪末20世纪初，美国实用主义教育家杜威提出"教育即生活"，主张在生活中、在活动中发展儿童的潜能和创造性。20世纪以来，随着人本主义哲学的影响不断扩大，全人教育的思想得到了充分的发展。芝加哥大学校长赫钦斯认为教育的目的在于促进人的理想、道德和精神力量的最充分发展，培养完美的人、完整的人、自由的人而不是片面发展的工具，极力推行通才教育。罗杰斯则明确主张教育要培养"完整的人"（the whole man）——"躯体、心智、情感、精神、心灵力量融会一体"的人。日本教育家小原国芳认为"全人教育"应该由六个方面组成，即

"真、善、美、圣、健、富"——"学问的理想在于真，道德的理想在于善，艺术的理想在于美，宗教的理想在于圣，身体的理想在于健，生活的理想在于富"。1990年6月通过的《2000年的教育：全人教育的观点》提出全人教育的十大原则，即：为了人类发展的教育；欣赏每位学生的特色；重视人的生活经历；实践全人教育；教育者的新角色；学生选择专业、学科和学习过程的自由；体现合作和民主意识的教育；培养地球公民；培养具有生态环保意识的人；注重精神教育。1996年，国际21世纪教育委员会主席雅克·德洛尔向联合国教科文组织提交了一篇《教育——财富蕴藏其中》的报告，该报告重申了一个基本原则："教育应当促进每个人的全面发展，即身心、智力、敏感性、审美意识、个人责任感、精神价值等方面的发展。应该使每个人尤其借助于青年时代所受的教育，能够形成一种独立自主的、富有批判精神的思想意识，以及培养自己的判断能力，以便由他自己确定在人生的各种不同情况下他认为应该做的事情"。"全人教育"也是中国传统教育的目标，孔子所谓的"志于道，据于德，依于人，游于艺"，实质上就是一种全人教育。20世纪初，王国维和蔡元培等先贤也标举过全人教育的理想，王国维于1906年在《论教育之宗旨》一文中说"人是知情意的综合体"，蔡元培指出"教育是帮助被教育的人，给他能发展自己的能力，完成他的人格，于人类文化上能尽一分子的责任"，这种教育思想深刻影响了20世纪上半叶的中国教育。中华人民共和国成立后，德智体美劳全面发展的教育方针是对全人教育的进一步深化，但在教育实践过程中，却往往表现出强烈的实用主义色彩，重"才"而轻"人"，重当前功利，轻长远效益，忽视了人的主体性和教育的发展观，时至今日，这一状况还未得到真正改变，教育功利性、工具化的倾向依旧明显，从"应试教育"到"专业教育"的人才观已使教育发展举步维艰。

总之，健全人格培养的目的就是培养学生成为有道德、有知识、有能力、和谐发展的"全人"，使人独立自主，视野开阔，兴趣广泛，产生对知识和真理的渴望，并且能够形成一种崭新的思维方式，最终成为一个文明的人，有教养的人，有健全人格的人。也就是说，全人教育首先是人之为人的教育，其次是传授知识的教育，最后就是和谐发展心智。全人教育的核心思想在于培养目标的确立，培养目标是对学校"培养什么人、怎样培养人"的价值认同与理解。近年来，世界各国对高中教育的性质、定位和培养目标以及课程设置的原则，都发生了一些变化，表现出综合多元的发展趋势，大多做到了育人、升学、就业三种功能的兼顾与综合。当前，国内基础教育领域对于学生培养规格的"理念""话题"层出不穷,甚至有理念泛滥之势,在某一理念兴起时,通常是人云亦云地纳入教育实践之中,虽然这个理念未必能够指导教育实践,但实践却喜欢披上新理念的外衣粉墨登场,通常一阵风后,又不知其所踪。究其原因,便是对教育本质的认识与培养目标的模糊与偏离。教育要把人培养成为一个真正的人、一个具有尊严和价值的人,而不是要把人培养成作为工具的人、片面发展的人,从"半人"教育走向"全人"教育,应成为我国教育培养目标的改革取向。全人,是真正全面发展的人、完善的人、是具有主体性并能够把握自己命运的人、是作为人的人而非作为工具的人、是整全的人而非残缺的人。健全人格培养不等于要学生样样都要学,而在于让学生获得比较均衡的其他学习经历,教育不仅仅是为企业培养后备劳动者、为国家培养建设者,更应充分发掘人的潜能,促使人完整发展,即在身体、知识、技能、道德智力、精神、灵魂、创造性等方面都能得到充分发展。这样,学生才有机会发挥自己的兴趣和潜能,以及引发其可持续学习与发展的动机。王慧玲认为[1]高中生健全人格是指个体作为高中生这一特定社会角色所表现出的心理行为特征,是高中生在接受教育过程中自觉地选择自己做人的范式,培养道德品质,完善内心世界的过程,是高中生内在心理品质和外在行为的统一体。具体表现在以下几个方面:第一,唤醒个体的自我意识和超越意识,引导学生正确认识自我,增强其自信心和自我效能感;第二,引导学生认识生命的意义,珍爱生命,敬畏生命;第三,养成高度的社会责任感;第四,培养人的独立气质和自主能力;第五,进行适当的挫折训练,培养吃苦精神、面对困难的勇气和战胜挫折的毅力;第六,养成和谐的人际习惯。

  基础教育改革必须从源头抓起,进一步明确基础教育的定位,突出教育的培养健全人格的功能,对于高中阶段教育而言,健全人格培养应是"升学"和"就业"的前提和基础,要将"全人教育"作为高中教育的首要任务。2016年9月,中国学生发展核心素养研究成果发布,《中国学生发展核心素养》将"学生发展核心素养"定义为:学生应具备的、能够适应终身发展和社会发展需要的必备品格和关键能力。核心素养是基础、关键的素养,是每个学生必备的素养。依据学生发展核心素养体系,建构可理解把握、可操作实施、可观察评估的培养目标,使不同学段育人目标彼此衔接,上下贯通,避免培养目标过于宏大而没有边界,过于庞杂而结构不明,避免什么都从娃娃抓起而无视学生的年龄特点。该成

---

[1] 王慧玲. 高中生健全人格的培养研究 [D]. 西北师范大学, 2005 (11).

果将学生核心素养划分为六大素养，包括人文底蕴、科学精神、学会学习、健康生活、责任担当和实践创新，具体化为国家认同等十八个要点。学生发展核心素养是落实立德树人根本任务的一项重要举措，是适应世界教育改革发展趋势、提升我国教育国际竞争力的迫切需要，是当前全面深化课程改革的风向标，也为学生发展指导指明了方向，对于学校特色发展也具有重要的导向作用。

第三节　以系统化设计为基本策略

"指导"，原是日常话语，《现代汉语词典》中对"指导"一词的解释是"指示教导；指点引导"。杜威在《民主主义与教育》中把"指导"界定为帮助学生确立正当的行为方向并向着正当方向不断调节自己的行为，通过合作来帮助被指导个体发展自然能力。他认为，通过共同的社会生活，使人们享有共同的观念，引起理性上的认同，并为了共同的目标而协同行动，这才是最好的指导。"指导"有广义和狭义之分，广义地看，就学校教育而言，应该说每一项工作对学生都具有指导意义。狭义地看，"学生发展指导"是指在学校教育中，将"指导"作为学校教育的基本职能之一，在办学理念、校园文化、课程建设、社团活动等方面创设适合学生发展的环境，为学生提供多种选择的可能，实现全体学生的共同发展，同时，兼顾学生个体发展的实际，从学生的个性特点、兴趣、特长或发展潜质出发，针对学生面临的实际问题及各种疑惑，围绕学生主体的发展需求，采取适宜的方式，对其学业、心理、理想、择业等方面提供有针对性的方向指导和方法指导，促使其不断挖掘自我潜力，实现主动发展。

学生发展指导在国外已有上百年的历史，从最初解决就业矛盾与心理问题，发展到在指导内容、指导人员、指导方式、机构设置等方面均已形成比较完备的指导体系，成为学校教育的基本职能，在学生学业发展、情感疏导、就业抉择等方面发挥了重要作用。我国中小学一直实施班主任制度，学生指导工作主要由班主任承担。相应地，中小学校普遍设立了政教处、德育处等行政组织，这些制度和组织在学生指导方面做了大量的工作，但这些机构在学生发展指导方面的职责是不够明确的，很容易被其他事务所干扰，学生指导并没有成为学校教育的基本职能。规范的学生发展指导在我国刚刚起步，需坚持系统性原则，从宏观、中观、微观三个层面进行整体思考、系统设计，宏观层面的学生指导是指在政策的支持与保障方面,即在教育理念层面要真正树立"以学生发展为本"的素质教育观,树立学生发展第一的观点,在国家的教育政策、法规制定以及社会舆论导向上都是以学生发展为指向的;中观层面的学生指导是指学校在办学理念、育人目标、课程设置、制度建设、活动安排等方面营造与学生个性发展相适应的内部环境与文化氛围;微观层面的学生指导是指在指导内容、指导方式、实施途径等具体环节形成完备的体系,为学生提供切实的指导与帮助。

一、整体营造学生发展的氛围

是指从宏观层面,营造良好的教育发展外部环境,构建社会支持系统。教育及其学校是社会发展的重要组成部分之一,当前的学校教育体系受外部社会的影响日益显著,在众多影响教育的外部因素中,政府对教育的影响最大,政府对教育的干预主要体现在政策的制定与落实及舆论导向上,政策是最重要的资源,教育政策对教育实践具有重要的引导和带动作用。《教育规划纲要》明确提出了"推动普通高中多样化发展",一方面,要求政府在提供基本公共服务的基础上,引导并充分利用社会力量和资源参与教育发展,在确保提供合格基本教育的基础上,鼓励高中学校多样化有特色的发展,满足人民群众选择教育的需求;另一方面,需要重塑教育质量观,改变单一的仅凭分数作为衡量人才标准的错误做法,坚持"育人为本",将普通高中教育改革的重点放在全面提高全体学生的综合素质和满足学生多元化的个性发展需求上,做到"适合的教育才是最好的教育"。与之相适应,《教育规划纲要》明确提出了建立学生发展指导制度,强调学生发展指导的教育思想,不仅满足了教育改革与发展的诉求,也有助于引导全社会树立多元的人才观、发展观,营造学生发展为重的社会氛围。党的十八大报告明确提出"要坚持教育优先发展,全面贯彻党的教育方针,坚持教育为社会主义现代化建设服务、为人民服务,把立德树人作为教育的根本任务,培养德智体美全面发展的社会主义建设者和接班人。",党的十九大报告进一步提出"要全面贯彻党的教育方针,落实立德树人根本任务,发展素质教育,推进教育公平,培养德智体美全面发展的社会主义建设者和接班人……普及高中阶段教育,努力让每个孩子都能享有公平而有质量的教育。"由此可见,关注学生的发展,培养德智体美全面发展的社会主义建设者和接班人是党和国家的鲜明主张。当然,建立学生发展指导制度,仅仅依靠教育行政部门和学校的力量是远远不够的,还需要学校主动与外界建立广泛的合作关系,充分开发和利用社区教育资源,开展形式多样的社会实践活动，构建起强有力的社会支持系统。

二、优化学校内部发展环境

是指从中观层面，通过优化学校内部发展环境，为学生发展指导工作提供基本保障。为学生成长提供适宜的发展环境是学校的职责所在，学校应在办学理念、校园文化、课程建设、社团活动等方面创设适合学生发展的环境，为学生提供多种选择的可能，通过课程学习、活动体验以进一步了解社会、认识自我、明确自我发展的目标与要求。在与各种环境及资源互动的过程中，学生也必然会产生一系列的问题、困惑与需求，而学生发展指导正是建立在学生对自我了解和认识的基础上，适时介入，以促进学生个性发展为目标，关注对学生自我教育能力的发掘，使学生最终担负起对自己和社会的责任。

1. 明确"指导"的职能地位，营造良好的育人氛围

在普通高中建立学生发展指导制度是一项复杂的系统工程，现阶段，首要的问题是明确"指导"在学校教育中的独立职能。赫尔巴特认为学校的职能体系主要包含学生管理、训育和教学三项基本工作，其中"训育"就包括对学生的指导和训练，也就是说，指导和管理、教学、训练一样，属于学校的基本职能，是实现德智体全面发展教育目的的基本手段。但长期以来，指导在我国没有得到应有的重视，尽管在教育教学中也存在指导，但这种指导通常是依附在教学、管理与训练中的，以管理代替指导、以训练代替指导的现象较为普遍。从学校教育的职能来看，如果说学校的教育和管理更多的是一种从外向内的训育和教化，那么指导就是让学生实现由内而外的自我潜力的发挥，是一个"助人自助"的过程。指导者和被指导者之间通过建立互信、坦诚、真诚及同感的关系，从而帮助被指导者明白、接纳及解决现有的成长困难，使之逐渐独立自主，最后积极地迈向自我实现的目标[1]。因此，将指导作为现代学校教育的一项基本职能势在必行，使其与管理、教学、训练一样成为实现德智体全面发展教育的基本手段，共同支撑起普通高中教育的平台。发挥学校的指导职能，首先要运用统整的思路和方法，整合现有的职能机构，如政教处、心理咨询室等，并与原有的班主任制、导师制等管理制度及选课指导、人生规划教育等内容相结合。实践中，有的学校成立了学生发展指导中心，指导人员由班主任、心理教师、学科教师等兼任，指

---

[1] 胡健. 学生发展指导制度的现代取向与价值分析 [J]. 教育科学论坛，2011（12）.

导内容涵盖学生的学业、心理、情感、职业及现实生活等问题，核心是"帮助学生树立人生内在的轴心，克服'想要'的迷茫，建立'需要'的理性，成为高中学生实现理想、健全心理、成就学业的重要支撑"[1]。明确"指导"的独立职能，需要在干部、教师、学生之间进行广泛宣传，对其重要性达成共识，形成潜移默化的认同。指导职能的确立将对学生日常行为产生更为具体、及时、长远的影响。

2. 完善学校的课程体系，满足学生多种需求

课程是学校教育的核心，也是进行学生发展指导的重要载体，课程指导是最为系统的指导。《教育规划纲要》中明确指出，"创造条件开设丰富多彩的选修课，为学生提供更多选择，促进学生全面而有个性的发展。"当前随着课程改革的深入开展及高中特色建设的推进，这一要求已逐渐变为现实。目前，北京市普通高中学校均已拥有符合学校发展特点的、较为完备的课程体系，能够为学生提供多种选择的需要，部分学校还开设了与学生发展指导相关的课程，如，心理指导课、生涯规划课、研究性学习课程、职业技能指导课等指导性课程，帮助学生学会选择。为确保学生发展指导工作落到实处，一方面，需要在现有的常规课程与教学中加入"学生指导"的元素，将"指导"理念渗透在各个学科之中，教师在学科教学中，应有意识地将学科教学与学生对相关职业的认识联系起来；另一方面，整合现有的与学生发展指导相关的课程，改进课堂教学方式，通过活动体验和实践感悟，实现师生间、学生间的对话、互动和成长。"所有的知识都是在个体与外部世界的相互作用中，通过个体与经验世界的对话而建构起来的"[2]。

3. 开展丰富的课外活动，为学生提供多种选择机会

创造丰富多彩的校园生活，是促进学生发展的本质需求。在学校生活中，特色课程和各种活动是学生接触外部世界的重要途径。学生通过课程、活动与外部世界的互动过程中，不再是被动的接受刺激者，而是需要采取多种探索活动，对外部信息做主动的加工、选择和批判，从而获得新知识。高中学生社团作为校内学生自治组织，在培养兴趣、发挥优势、开阔视野、增长才干等方面具有独特的作用。学生社团活动也是一种合作性活动，通过学生之间的分享交流与展示，有

---

[1] 刘启迪. 正确解读普通高中学生发展指导——基于课程文化自觉的视角 [J]. 当代教育科学，2010（20）.

[2] 任长松. 探究式学习——学生知识的自主建构 [M]. 北京：教育科学出版社，2005：12.

助于锻炼和增强学生的团队意识和协作能力，学生间的分享交流与展示，能够培养学生的开放思维、表达能力、质疑精神等品质，这些都是现代社会所倡导的个体必备的基本技能。同时，社团活动也搭建了同伴教育与指导的机会，有效弥补了教师指导的不足。

4. 建立以"导师制"为核心的学生发展指导制度

人们常说"一位好校长就是一所好学校"，体现了校长在学校发展中的重要作用，其实并不尽然，按照现代学校发展的理论，一所学校的发展不仅需要一位好校长，更需要清晰的发展目标、健全的组织机制、明确的发展制度做保障，使学校成为一个可持续发展的组织。可以说，学生发展与教师发展在本质上是需要依靠学校制度的。导师制是学生发展指导的基本保障，也是学生发展指导制度的重要组成部分。导师既要对学生进行科学文化知识上的指导，又要对学生思想发展、人格的形成作指导，还要承担为学生提供就业和升学信息指导、心理咨询等多项工作，真正做到教书、育人相统一，对于发挥教师创造性，提升专业水平，增强师生的了解和沟通也具有重要意义。鉴于当前导师制在高中学校的实施状况，还需结合学校办学实际进一步明确导师的职责，确定导师的类型与人选，加强导师培训，提高导师的指导能力，建立并完善导师制运行模式。同时，导师制并不是孤立存在的，应将学生发展指导的思想与要求渗透到学校发展与特色建设的实践过程之中，与学校其他的改革机制或制度相配合、相统一，共同助力学生发展。

三、建立健全学生发展指导体系

从微观层面来看，需要通过规范学生发展指导的关键要素与环节来建立健全学生发展指导体系。调查表明：尽管干部教师普遍认为有必要开展学生指导工作，也开展了一些相关活动，如，许多学校开展了心理辅导工作，部分学校实施了导师制，有的学校开设了生涯规划课程、学法指导课程，开展了人生规划教育等，部分学校还成立了学生发展指导中心。这些活动的开展一定程度上满足了学生发展的需求，但由于大部分内容是针对学校整体工作而言，关注的多是学生发展中的共性问题，且缺少相应的组织管理机构，一般都是兼职教师负责，尚不能满足绝大多数学生个体发展的需要。同时，也存在学校所提供的指导内容、指导方式、指导重点与学生的需求、期望不相适应等问题。因此，学生发展指导制度的建立是一个系统工程，需要在指导人员、组织机构、指导内容、指导方式、实施途径等方面不断明确、落实，形成健全的学生发展指导体系，提供切实的保障。

1. 在指导内容上，加强对学生专业选择、职业发展方向指导

高中阶段是学生个性形成的关键时期，学校在围绕理想、心理、学业等方面内容对学生进行发展指导时，一定要兼顾学生个体发展的实际，从学生的个性特点、兴趣、特长或发展潜质出发，针对其面临的实际问题及各种疑惑，给予指导与帮助。首先，方向指导和方法指导应是高中学生发展指导的着力点，当前，高中学生最渴望得到专业选择和未来职业方向的指导，可通过生涯规划课来认识自我，明确自身的优势与专长，还可以通过模拟人生、职业体验、开设有关职业技能课程及有关高校专业的专题讲座等多种方式让学生了解高校及其专业，引导学生能够从现有成绩、自身兴趣出发选择适合自己发展愿望的专业，在明确的目标引领下，激发学习动力，调动学习的积极性。此外，高中阶段是学生"三观"形成的重要时期，"价值引导"必不可少，应引导学生将自我价值的实现与社会发展、人类进步有机结合，进而确立个体的发展目标，进行初步的生涯发展规划。随着新高考改革进入实质阶段，从选课选考志愿填报专业选择等各个环节都需要学生对自己有明确的认识，对专业乃至职业有更加全面而深入的了解，在高中阶段开展生涯规划教育已不再是可有可无的思辨性讨论，而是如何做、怎样做的实践操作问题。

2. 在指导方式上，实施"对话式指导"

调研表明，尽管大部分学校在学生发展方面做了许多工作，但效果却不够理想，原因之一就在于现行的以升学为指向的学校教育仍属于一种外控型的说教式指导，学校与学生之间、教师与学生之间是一种垂直的、居高临下的关系，由于彼此之间缺乏有效的沟通、对话，在指导内容、指导方式的选择上存在较大的"供需"矛盾，学校的教育意图学生并没有感知到，而学生的困惑与需求也没有引起学校及教师的足够重视，也就无法有效解决学生发展中面临的现实问题。因此，需要倡导"对话式指导"，通过营造一种有利于学生自由表达意愿的教育环境，打通师生之间的沟通壁垒，建立一个更加民主、平等、自由、畅快的交流通道，根据个体的现有状态，实现自我潜力的发展。"对话式指导"是一种润物细无声的、不露教育痕迹的指导方式，是一种不经意的教育，将对学生个性发展产生积极的影响，建立在"对话"基础上的学生指导要求教育者首先是一个好的

引导者，引导学生表达出想要表达的东西，以一种伙伴的态度介入到学生的学习与发展之中，是主体性原则的有效体现，是一种适合高中学生特点的指导方式。

3. 在指导人员上，组建以导师为主、学长与同伴为辅的指导队伍

就参与实施高中学生发展指导的人员而言，学校领导、班主任、任课教师、家长等都可以成为高中学生的指导者，但无论是以什么身份出现的指导者，真正的指导都要以学生为中心，而不是以指导者为中心，因此，需要具有一定专业知识或接受过专业训练的教师来承担学生的指导任务，为学生配备成长导师也就被视作最为行之有效的方法。导师的角色主要是"导"，在指导过程中，应以学生为主体，不能包办代替，更不能把自己的意愿强加给学生，导师要充分了解学生，要依据学生的个性特征、教育背景、家庭背景及社会发展趋势等，并根据学生的体验与需要，提供相应的支持与帮助。受传统教育惯性的影响，来自成年人的指导，难免都带有"经验"的色彩，难以有效解决学生发展中面临的多种问题，因此，除了成长导师外，在环境适应、经验分享方面，学长具有得天独厚的优势，而在情绪疏导、行为改变方面，同伴的影响最为关键，所以要充分发挥学长和同伴独特的教育价值与作用，提供全方位多角度的指导。

4. 在实施途径上，与生涯规划教育相结合协同推进

前期调查表明，在学生指导的途径上，干部教师普遍认为与生涯规划教育相结合是高中学生发展指导的有效途径，生涯规划课程是被学校广泛采用并深受学生喜欢的最佳载体。现阶段，在学生指导没有成为独立的学校教育职能，指导体系尚不健全的情况下，有必要运用统整的思路和方法，与现有的班主任制、导师制等管理制度相配合，将学生发展指导内容有机渗透到心理辅导课、生涯规划课、研究性学习及综合实践活动之中。随着学生指导意识的增强及教师指导能力的不断提升，有必要整合现有的职能机构，成立学生发展指导的专门机构——学生发展指导中心，负责指导课程的开设、导师的选配与培训、校内外资源的统筹以及管理评价等，进而形成明确的学生发展指导制度。

5. 在指导策略上，外部引导与自我反思相结合

从人的发展实现途径来看，主要有外塑培训与内塑自主两条道路，学生在校的学习时间毕竟是有限的，而基于自我完善的内塑自主发展则是伴随终身的。因此，对学生进行发展指导，一定要适时适度，防止"指导过度"，过度的指导一方面会造成学生逆反，另一方面如果学生缺少必要的自我反思，依然难谈自主发

展。在当前的学校教育中,学生的大部分时间都被规定的课时和班级集体活动所占据,学生难得有自己独立思考和自由支配的时间和空间。调查显示,几乎所有的高中学生都感觉自己的时间不够用。因此,学校管理者一定要考虑如何给学生"留白",一定要为学生提供足够的时间和机会,促使其进行自我反思与觉察、自我改进与完善。学生自我反思的过程也是学生与自我对话的过程,教师要有意识地引导和培养学生全方位、多角度地进行自我反思,这不但有利于培养学生的反思能力,提高学习质量,更有利于学生不断地提升自我、完善自我,提高自主发展能力。

第四节 以"对话式指导"为基本手段

在古希腊,教育的原初意义是"引出""导出"。"教育绝非单纯的文化传递,教育之为教育,在于它是一个人格心灵的唤醒,这是教育的核心所在。教育的最终目的不是传授已有的东西,而是把人的创造力量诱导出来,将使命感、价值感唤醒,一直到精神生活运动的根"[1]。那么,"指导"与"教育"之间到底是一种什么关系呢?琼斯(1968)对此作了如下区分:①若把教育看作一种个人自我改变的历程,则指导不存在;②若认为教育就是教学,则帮助学生选择目的或方法的教学才是指导;③若教育是引导个人有效参与社会活动并满足其需要的有意识的努力,同时,单靠学生个人努力是难以完成的,指导才会发挥作用。吴武典(1980)则认为:①一般学校教育以传授知能及学习活动为主,指导则以生活的适应及困难问题的解决为主;②教育在情感及意识世界的建立中,具有是非价值的客观标准;指导则以个别需要为依据,并无绝对客观的标准;对某一学生所使用的指导方法或原则,并不一定能适用于其他学生;③教育是以人类的全部发展为范围,指导则在提供"帮助"的教育活动范围之内;④指导在整个教育计划中是一种个别化的活动,其主要目的是帮助学生了解自身的能力、兴趣、专长与需要,协助教师因材施教。因此,学生发展指导不仅仅与对教育的认识有关,也与对指导本身的认识不无联系。指导对于教育,犹如催化剂、触媒剂或润滑剂,其主旨在于增加教育的效能。当我们把指导当作"好的教育",即通过告诉

---

[1] 张增田,靳玉乐. 马丁·布伯的对话哲学及其对现代教育的启示 [J]. 高等教育研究, 2004 (2).

学生应该做什么和怎么做，引导其向好的方面发展时，那么指导可以作为一种教育的手段。当我们把指导当作"更好的教育"，即在具有良好意图的基础上，还要根据学生特定的情况，以他能够理解并信服的方式告诉他该做什么和怎么做，这种情况下，指导与教育最为接近。

在学校实际工作中，与学生行为规范相关的教育活动中提及最多的是"管理"。从"管理"到"自主管理"，引导学生的行为从"他律"到"自律"，这种过渡都是在一定前提下实现的，单纯靠行为管理是难以完成的，需要借助指导的力量。黄向阳认为：学生管理与指导是学校中密切关联但又严格区别的两项工作，管理无法替代指导。第一，管理旨在制止学生的不当行为，是对学生违规行为的管束，是强制性的，指导则是指引学生正确的行动方向和行为方式，进行方法上的指点，不带有强制的特点；第二，管理适用于迟到、作弊、打架、欺负弱小之类的行为问题，不适用于早恋、厌学、上网成瘾、考试紧张焦虑等思想或心理问题，只能通过指导、辅导、疏导等方式予以解决；第三，指导不仅适用于解决学生内部思想问题，也适用于解决外部行为问题，具有矫正错误行为的功能；第四，指导和管理一样具有预防的功能，但管理常以惩罚的威慑来预防过错，指导则以晓以正确的应对方式来避免过错；第五，指导还有强大的发展功能，能够针对学生的兴趣、特长和发展潜质，引导和帮助学生了解自己、了解社会、了解教育、了解职业，开展丰富多彩的活动，建立广泛的友谊，发展多方面的兴趣和特长，树立生活的理想、信念和价值观，规划自己的人生，逐步实施自己的人生规划。陈桂生认为：专门"指导"问题的发生，同对学生行为管理的理解相关。按照现代学生行为管理的观念，对学生行为的管理，以通行或约定的行为规范为准绳，评价学生的行为，并约束学生的违规行为，而学生的行为规范有合理和不合理之分。其界限是：学生的行为如果可能导致对自己身心的伤害，或妨碍他人及群体活动的自由，他人及群体便有理由对这种行为加以干涉。反之，如果个人的某种行为既对自身没有伤害，又不妨碍他人及群体活动的自由，他人及群体对这种行为便无权干涉，以保障个人自由的权利；然而，未成年的学生未必懂得如何合理地运用自己的自由权利，其自由活动也就未必都有益于个人的身心健康，甚至还可能妨碍自己正常的生活与学习，因此，学生的健康成长离不开成年人的有效指导，指导是教育的手段之一，是更高明的管理方式。

那么，到底采取何种方式进行指导才最为有效？"对话"作为一个教育论题兴起于20世纪后期的西方国家，我国对于教育对话问题的探讨始于近年来的基础教育课程改革。当前国内研究者对于教育对话的研究概括起来主要体现在以下几个方面：一是教育对话方法论，认为教育对话就是一种教育教学方法，课堂教学乃至整个教育都是以对话的形式进行的；二是教育对话理念论，认为对话是一种教育理念，教育教学应秉持对话的理念来进行，将对话作为整个教育教学的指导思想，贯穿教育的方方面面；三是教育对话本质论，认为以沟通、交流为特点的对话是教学的本质，是相对于传统的"灌输式"教学而言的；四是教育对话手段论，认为对话是一种以师生、学生交互对话为教学表征与载体的教学活动；五是教育对话学习论，认为对话是一种学习方式，是在师生互相尊重、互相信任、平等的基础上，通过倾听与言谈而进行的一种师生双向沟通、共同学习的方式。总之，"对话"已经成为人们追求的一种状态，渗透在政治、经济、文化、教育等领域，同时也成为人们达成目的的有效策略。

一、基本内涵

"对话式指导"是相对于"说教式指导"而言的，是指由于教育理念的不同，教师在对学生施加影响时会采取不同的方式，即"说教式指导"和"对话式指导"。"说教式指导"是一种传统意义上的指导，是建立在师道尊严基础上的外控型指导，目的在于使自己的意愿变成对方的意愿，甚至要将自己的意愿强加给对方，是基于管理或控制的需要而采取的矫正性与预防性指导，通常是就事论事的；在实施方式上，多以团体指导（包括班级授课）为主，也有个别指导，也有因违规违纪时的个别指导，通常是一种批评教育；在指导人员上，多是成年人（父母、班主任、学校领导）对年轻人的教导，是一种居高临下的关系，当前学校中的指导方式多是这种说教式指导。"对话式指导"则是通过为学生提供多种实践机会，开阔视野，增强活动体验，在学生个体对某些事物进行深入、具体了解的基础上，根据学生的体验与需要，提供相应的支持与帮助，是建立在平等关系上的一种对话与交流，它不是用一种观点反对另一种观点，也不是将自己的意愿强加给对方，而是着眼于对方需求的满足或解决问题方法的掌握；在实施方式上，既有团体指导，但更注重个别指导；在指导人员上，既可以是成长导师，也可以是同学或学长，通常是一种平等合作的关系。也就是说，"对话式指导"是一种润物细无声的、不露教育痕迹的指导方式，是一种不经意的教育，会对学生个性发展产生积极的影响。建立在"对话"基础上的学生指导要求教育者首先是一个好的引导者，引导学生表达出想要表达的东西，以一种伙伴的态度介入到学生的学习与发展之中,是主体性原则的有效体现,对话能对人的成长产生作用,是一种适合高中学生特点的指导方式。"说教式指导"通常包括课程教学中的学习指导和思想品德中的行为指导,是以基于问题解决的矫正性与预防性指导为主,通常是就事论事的,旨在制止不当行为的发生,关注具体问题的解决,在实施方式上多以班级授课为主,关注整体而非针对个体,个体在高中阶段教育中的首要地位难以体现。真正促进学生发展的指导,绝不是传统意义上的说教式指导,而是以学生个体为对象,着眼于人的个性与创造力、情感与潜意识,充分调动、发挥人的主体性,追求人的不断发展,按照个体自由选择的理想、设计的计划超越他自身而趋向未来。具体地讲,就是从高中学生的个性特点、兴趣、特长或发展潜质出发,针对学生面临的实际问题及各种疑惑,围绕学生主体的发展需求,采取适宜的方式,对其学业、心理、理想、择业等方面进行的方向指导和方法指导,促使其不断挖掘自我潜力,实现其主动发展的过程。在这一过程中,方式的选择至关重要,从高中学生的心理特点来看,那种直接告诉、简单命令、详细指示等具体明示的方式易引起高中学生的心理抵触,而间接的、不明示的、不命令的、不作详细指导的平等交流更易奏效,这种交流方式便是罗杰斯所主张的"非指导",对话便是这种"非指导"的主要形式之一。

"对话"通常发生在两个或多个行为主体之间,针对具体的问题而展开的交流与探讨,是人与人之间的一种谈话方式,是谈话各方通过互动表达自己的思想和意愿。对话是建立在平等关系上的一种交流,不是用一种观点反对另一种观点,也不是将一种观点强加于另一种观点之上,而是一种共享:共享知识、共享经验、共享智慧、共享人生的意义和价值。对话是各方以相互尊重、相互信任、相互理解为基础,通过思想和精神的相遇、相通、包容,寻求真知,建构意义,从而达到生命质量的提升和精神世界的完满的存在行为。因此,"对话"是现代意义上的一种沟通方式,是不同的思想意识或文化差异的主体间相互理解的桥梁,对话主体之间相互启发、相互影响,都有可能获得知识和见解。有学者认为"教育本质上就是一种对话",因为"没有了对话,就没有了交流;没有了交流,也就没有真正的教育……教育的意义在于将儿童从一个没有什么对话能力的潜在对话者转变成一个现实的卓有成效的对话者"[1]。建立在"对话"基础上的学生指导要求教育者首先是一个好的引导者,引导学生表达出想要表达的东西,以一

---

[1] 夏正江. 对话人生与教育 [J]. 华东师范大学学报(教育科学版),1997 (4).

种伙伴的态度介入到学生的学习与发展中,是主体性原则的有效体现,对话能对人的成长产生作用,是一种适合高中学生特点的指导方式。

二、理论基础

对话,古已有之,在教育的历史中,堪称对话教育大师的有中国的孔子、古希腊的苏格拉底、奥地利的布贝尔和巴西的弗莱雷。由于时代背景的不同,他们的对话教育各有特色。《论语》记载的就是孔子与学生的对话,《理想国》也是以苏格拉底与人对话的形式写就的名著。在教育发展史上,从孔子的启发式教学,苏格拉底的精神助产术,到今天的"对话教学",教育的发展历史无不彰显着"对话"的价值。

孔子的对话教育方法可概括为"不愤不启,不悱不发,举一隅不以三反,则不复也。"适时指导和举例证明是孔子启发教育的要义。尽管对于《论语》中孔子与弟子的语录是不是对话一直是个有争议的问题,但孔子采取对话的方式与学生进行平等交流,以学生为中心,让学生在学习过程中自始至终处于主动地位,让学生主动提出问题、思考问题,引导学生主动去发现、去探索,教师只是从旁边加以点拨,对学生的学习确实起到了指导和促进作用。这些做法与孔子主张的"有教无类",人人都应接受教育的平等观念相呼应。虽然由于时代的局限性,师生关系具有一定的等级性,但不可否认孔子和学生进行了一定意义上的"对话",可以说是开了对话教育之先河。苏格拉底的对话教育法通常用"助产术"来概括。他在施教时,并不直接向学生来讲解各种道理或传授具体知识,而是通过对话的形式,在一问一答之中,使学生受到了教育。苏格拉底与美诺等人那场著名的对话,被看作是当时教育的经典。对话从美诺的疑问"美德究竟从何而来?"开始,苏格拉底没有直接回答他的问题,而是引导美诺自己得出答案。实际上,苏格拉底把对答案的解释融入对美诺的质疑当中,使美诺获得真正理解,从而达到了良好的指导效果。

20 世纪以来,最早认识到对话的教育价值的是奥地利哲学家布贝尔。在其代表作《我与你》中,强调人生虽由"我—你"关系与"我—它"关系构成,但"我—你"关系才是正确的态度,并一直致力于"我—你"关系的呼唤。他认为,真正的教育在于师生之间的对话,教育的实质是一种对话关系,只有师生之间平等的交流、对话,既不过分强调教师的权威也不过分强调学生的自由,才能真正体现教育的本质。巴西教育家弗莱雷在其代表作《被压迫者的教育学》

中提出了"解放教育思想",倡导"对话式教学",他认为教育具有对话性,教学应是对话式的,对话是一种创造活动。主张"师生间的双向性的相互交流,这种交流是一种平行、平等、民主、真实、积极的交流",对话是教育的主要途径之一。弗莱雷认为,平等、爱、谦虚、信任、希望和批判性思维构成了对话实现的条件。20世纪六七十年代,罗杰斯的"非指导性教学"在世界教育改革浪潮中引起强烈反响。"非指导"并不是不要指导,而是另一种方式的指导,完全不同于传统指导中的"教导",这一指导较少地或不采用直接告诉,简单命令,详细指示等方法,较多地采用间接的、不明示的、不命令的、不作详细指导的方法,它着眼于人的个性与创造力,着眼于人的情感与潜意识,充分调动、发挥人的主体性,追求人的不断发展,人应按照他自由选择的理想、设计的计划超越他自身而趋向未来。

我国学者夏正江[1]认为:在教育过程中,培植学生形成一种对话理性,引导学生过一种对话人生,理应成为教育的一种责任和追求;教育的意义在于将儿童从一个没有对话意识与对话能力的潜在对话者变成一个现实的卓有成效的对话者。王向华[2]认为:从对话的视角看,人类的学习现象是学习者不断与客观世界对话,获得知识,建构客观世界意义的活动;是学习者不断与他人对话,建构自己的社会关系的活动;也是学习者不断与自我对话,探索与塑造自我的活动。这样,学习者与客观世界、他人以及自我不断对话、建构知识、获得意义也就构成了人类的学习活动。

三、实施策略

将"对话"引入学生发展指导领域,其内涵主要包括以下三个方面:一是理念层面,即把对话作为一种教育理念、一种思想或精神,在促进学生发展中具有导向性、前瞻性等特点;二是作为一种教育手段,倡导以师生平等为基础,以问题为导向,以学生自主研究为特征的对话指导,是在教师的引导下,通过师生之间、学生之间的启发和讨论,给学生以方向与方法上的指导;三是作为一种学习方式,对话者之间的关系是平等的、相互尊重的,双方追求的共同目标是事物的真理性,通过倾听与言谈,丰富彼此的思想,生成新的意义,成为师生双向沟通、共同学习的方式。在学生发展指导中,对话不仅是一种思维方式和论证方

---

[1] 夏正江. 对话人生与教育 [J]. 华东师范大学学报(教育科学版),1997(4).
[2] 王向华. 对话教育论纲 [M]. 北京:教育科学出版社,2009:180.

式,也是个体之间进行问题研讨、思想感情交流和沟通的主要方式。对话的过程强调精神和意义的构建,强调构成教育的各个因素自由、平等、和谐与共享,对话体现着教育的本意——精神成长。指导不能停留在方法层面,必须进入教育思想,贯穿教育全过程的全方面,基于指导的本质要求,教师要自觉参与到学生发展指导的过程中,最关键的问题就是教师必须学会与学生对话。这种对话要求教师尊重学生,以学生为中心,以接纳学生为基础而帮助学生和支持学生。学校管理者及教师要养成对话的意识和习惯,凡是关乎学生参与的活动时要尽力去倾听,学生是具有能动性、可塑性的,教师必须面向具体的生命,允许学生自主参与,学生指导在本质上是一个双向互动的过程。教师实施学生发展指导,不论是专门的课程指导,还是学科教学中渗透指导,都必须掌握具体的指导方法和技巧。

1. 培养师生对话意识,使对话成为学生指导的一种基本理念

长期以来,人们对于"指导"的理解更多地停留在"指示教导"层面,对"指点引导"认识不足,提到"指导"通常都是一种居高临下的垂直关系,而不是一种民主平等的平行关系。因此,对话意识只有通过对话氛围的"陶冶"与"唤醒",才能使师生感受到一种"我—你"关系,在精神上得到塑造。对话的前提是平等的师生关系,对话着眼于师生关系的重构。尤其是在新高考改革背景下,师生在诸多问题面前是站在同一起跑线上的,现代科学技术的发展和网络时代信息的迅捷性,使得教师与学生可以同样便利快捷地获取他所需要的信息,这时要求教师的,就不单单是信息概念的提供传递,而是教师如何对信息概念进行加工整合,如何让学生能够基于自身经历和体验在对话过程中生成意义,形成智慧。首先需要教师有一种对话意识,能够从社会的"代言人"和真理的"拥有者"的神坛上走下来,成为班集体中"平等中的首席",学生的"知音",学生能够从这种平等的、权力相当的师生关系中表现出自己真正的意愿,在一次次敞开心灵的对话中,在一次次真实的交流中,师生之间产生情感共鸣,学生才能觉得自己与老师是朋友。这种情感共鸣可以使师生双方以情激情,及时疏导、排解内心的不愉快;可以使学生真正感受到老师平等的爱,进而由衷地信赖教师,亲其师而信其道,从而使对话成为师生交往的一种基本理念,指导才会产生应有的效能。

由于每个人都拥有各自的生活世界,对于人生往往有着与众不同的看法与感受,当来自不同的生活环境、不同的成长历程、不同的知识领域的不同主体,就

某些共同关心的主题自由地发表意见和看法时，常常能够克服个体因知识经验和生活领域的局限所带来的认识的闭锁性与狭隘性，从而不断超越自我。对话是在差异性基础上的分享意义、创生新意的过程，其结果不是消除差异，而是对话双方在经验共享中的相互影响和相互造就。这就意味着，师生之间不再是一种授受关系，而是一种平等的合作关系；传统的知识传授将走向在对话与合作之中的知识的建构和生成；教育不再是机械性的、复制性的，而是一种生产性的、建构性的过程；知识的价值也不再是给人以现成的东西，而是在于提供不断创造的生成点。

2. 培养对话能力，使对话成为促进个体成长的一种基本手段

对话的载体是问题，没有问题就没有对话，而对话的"问题"绝不是简单的认识性问题，而是针对学生发展中面临的现实问题。对话过程中，对话者应以民主与平等、言谈与倾听、沟通与合作、开放与互动为基本原则，启发和促进对话者积极思考，通过对话，师生双方获得理性和德行的升华。同时，有效的沟通交流，需要一定的对话能力，这种对话能力至少应体现在以下几个方面：一是感受能力，在对话过程中，不可避免地掺杂了个人的情绪与情感，需要能够感受自己及他人情绪与情感的能力；二是倾听能力，即善于"听"人讲话的能力，不仅指听懂别人言谈字面上的意义，还包括听懂他人的话外之音，了解表面话语背后所隐藏的意义；三是表达能力，要善于运用适当的方法表达自己意见与看法的能力，掌握有关人际交往互动的技巧等。

与传统教育相比，对话在学生发展中，关注的不只是师生间民主、平等的交流、合作关系，也不只是知识的传授和学习，它更为关注的是通过营建一种民主的氛围，师生之间围绕学生自身面临的现实问题与需求，在学生主动思考的基础上，通过教师的引导与点拨，促使学生反思与行动，正如弗莱雷所指出的，"对话"可以提升学生的三种能力：自我意识、自我反思及自我批评能力。对话是润物细无声的，不露教育痕迹的，正是通过这样一种方式，对学生个性的良性发展产生积极的影响，使学生指导成为一种有意义的教育。

3. 养成对话习惯，使对话成为校园生活的一种基本方式

现代教育既要关注学生的"科学世界"，更要关注学生的"生活世界"，对话致力于实现二者的融合，使知识传授与精神发展成为一种相辅相成的关系。学生发展指导不应是一种就事论事的问题处理，而是着眼于学生整体发展中面临的

各种问题，在具有对话精神的学生指导中，教师既关注学生的知识、技能、智慧的形成与发展，也关注他们健康的人格与个性品质、良好的生活与学习习惯、积极适宜的社会性品质、良好的情绪等各方面的和谐发展，对话的过程也是学生健全个性形成的过程。因此，在学生发展指导中，需要遵守一定的对话规则：一是在内容选择上，要以学生现有的兴趣、问题、经验、认知水平等作为对话的出发点，这是对话的前提；二是在对话过程中，要创设与学生现实生活紧密相连的情境、话题、问题、疑难等，让他们亲身体验、相互碰撞、真切交流，这是对话的基本条件；三是教师要充分尊重信任学生，让他们充满信心地表现自己，表达自己，这是对话得以持续的保证；四是在对话交流中要注意引导学生学会倾听、理解、包容，敢于批判、质疑、创造等，这是对话的途径；五是要鼓励学生在对话中对自己的想法、观点再次反思、整合、改组、完善，乐于用自己的语言表达方式来展示自我，这是判断对话成效的基本标准。

学生是在对话中成长的，教育是上一代人与下一代人的对话，是历史与现实的对话，是教师与学生的对话，是人类的历史经验与学生个体的对话。仅就对话的对象而言，对话不应仅仅局限在师生之间，还应发生在学生同伴之间、学生与学校领导之间、学生与家长之间以及学生与任何打交道的个体之间，无论是在寻求问题解决、化解矛盾还是满足发展需求、处理危机，有必要将对话作为一种基本理念、一种主要手段，并逐渐成为一种习惯，使对话成为在校园内随时随地都可能发生的一种助人自助的行为，成为师生校园生活的一种基本方式。

第五节 以生涯规划指导为主要内容

我国于 1977 年恢复高考以来，进行了多次的高考改革，但历次改革，一直停留在考试科目、内容难度、时间长度、组卷方式、组考形式等方面的变化上，而所有这些变化，都是在高校录取的"总分匹配"模式下进行的。一成不变的"总分匹配"模式所带来的种种弊端积累，给大学教育和高中教育造成的深层伤害也是显而易见的。就高校建设而言，单一的总分录取模式，让大学的起点竞争过分集中于录取总分的高低，"只见学校不见专业"，这在客观上抑制了大学对专业建设的积极性，对大学的专业建设是极为不利的；另一方面，长期的"总分匹配"模式，让中学教育形成了路径依赖，加剧了高中学校对高校层次的追求，考生填报志愿时，往往只关注大学的招牌，只求分数利用最大化，只在意专业是否热门，而不管专业是否适合。这极大地阻碍了学生在大学的学习积极性和专业的有效学习，极大地浪费了宝贵的大学教育资源，也给许多大学生的个人发展带来了困扰。北京市自2007年启动高中课程改革以来，生涯规划教育逐步走进高中学校，但由于考试招生制度没有改变，生涯规划教育并不能与学生升学紧密联系，在学校中一直处于可有可无的位置。2014年9月，国务院颁发《关于深化考试招生制度改革的实施意见》，由此开启了新一轮高考改革进程。新高考改革强化了学生的自我认识和自我选择，要求学生了解自我、了解社会、了解专业，全面考虑，有针对性地选择高中课程和大学专业。选择权的增加给予学生更多机会和权力去思考规划未来的专业方向和职业道路，促使学生更早地思考人生，选择满意的生活方式，进而寻求个人价值和幸福。通过生涯规划教育，学生对自己的兴趣、优劣势和身处环境等方面会有更加清晰的认识，对高中学习、大学专业、未来职业、自我需求和社会需要有了更加准确的认知，进而进行客观地、主动地选择。基于此，经过学生认真思考、评估后的选择会有助于强化学生的学习目标，促进学生自我管理，形成良好的生活习惯，从而有助于其终身发展和自我实现。新一轮高考改革实行"分类考试、综合评价、多元录取"的考试招生模式，采取"必考科目＋6选3"的考试科目和"专业＋学校"的录取方式，意味着高中学生从此正式告别简单的文理分科，对学业、未来职业有了更大的选择权。在增大学生选择权的同时，促使学生不得不提早明确自己的专业发展方向，清楚自己的学科优势和专业意向，认识自我，学会选择。新高考改革倒逼高中学校强化生涯规划教育，学校如何结合自身办学特色和学科优势，引导学生学会认识自我，掌握科学的学习方法，明确专业发展方向，协助学生做出适合自身发展实际的理性选择，成为当前高中学校面临的新课题。

一、生涯规划指导的必要性

未来社会更加关注每个人独立存在的价值，重视个体的感受、体验和创造，强调自我价值与自我实现，学生了解自己是谁比任何具体知识都有意义，只有当学生清晰地认识自己的擅长领域、自己的价值选择、自己的内心需求、清楚自身的优势与劣势时，才能对自己有合理的定位，才会对自己未来的人生有更加明确和准确的判断和规划，才能自己选择决定成为什么样的人以及如何把握安身立命之根，不断地追逐自己的梦想，并为实现梦想而努力。因此，根据学生的发展倾向进行因势利导、实践体验是使不同智能学生发挥优势的最佳途径。

根据埃里克森（Erikson）的观点，高中生正处于自我认同与角色混乱阶段，该阶段主要任务之一是形成稳定且积极的生涯认同，其生涯发展水平在一定程度上制约其未来的职业和生活质量。高中生已经具备一定的生活经验，了解自身兴趣，并能逐渐觉察和认识到个体与社会环境存在关联，但他们生活经验还不足，对社会的认识也不够全面、深入。因此，学校要协助他们更好地挖掘自己的特点，明确个体真实的需要。高中生因主要角色是学生，对职业世界了解不足，也不会主动搜集信息，需要教师和他人的指导。开展高中生生涯辅导对其加强自我了解，增进其自我概念及自我认同感，帮助其积极寻找切合实际的人生方向，有效做出生涯决策，具有重要意义。生涯规划是一个人对生涯的妥善安排，在这种安排下，个人能依据各计划要点在短期内充分发挥自我潜能，并运用环境资源达到各阶段的生涯成熟，最终达到既定的生涯目标❶。中学生生涯规划主要目标不仅在于学生的自我探索、生涯平衡、职业规划意识，更重要的是培养他们对自身中学学习阶段学业、生活发展的认知能力，为学生的终身发展奠基❷。

"生涯教育"这一理念于 1971 年由美国当时的联邦教育总署署长马兰博士（Sidney P. Marland）在全美中学协会年会上首次提出。认为生涯教育可以消除学术与职业之间的人为藩篱，为每个学生提供接触工作世界的机会，为他们提供选择，以及支持此项选择的学识和职业技能，帮助学生获得成功的生涯设计并达到生涯目标，由此能够解决各种社会问题❸。同年 5 月，美国教育总署对生涯教育进行了定义：生涯教育是一种综合性的教育计划，其重点放在人的全部生涯，即从幼儿园到成年，按照生涯认知、生涯探索、生涯定向、生涯准备、生涯熟练等步骤，逐一实施，使学生获得谋生技能，并建立个人的生活形态。随着人们对学校教育与个体未来发展关系认识的不断深入，生涯教育逐渐从一种教育理念转变为各种具体的教育措施，其内涵也得到了充实与发展。生涯教育有广义和狭义之分，广义地说，生涯教育包括学校的一切课程与教育活动，其目的是为了学生的终身发展和有意义的幸福生活，可以说是将终生发展观落实到学校教育的具体体现；狭义地说，生涯教育是帮助学生树立主动发展的观念、掌握生涯规划的知识

---

❶ 马丽莉. 高中生生涯规划教育实践路径研究［J］. 天津教育，2017（12）.
❷ 李海燕. 基于核心素养的普通高中学生发展指导［J］. 内蒙古师范大学学报（教育科学版），2017（6）.
❸ 许智伟. 美国生计教育［M］. 台北幼狮文化，1982：65.

与技能、确立生涯发展目标、进行生涯决策、寻求最佳生涯发展路径的专门性的且有计划的教育活动[1]。

生涯规划指导是高中学生发展指导的主要内容，对高中学生进行生涯规划指导是深化普通高中课程改革、促进高考招生制度综合改革的重要举措。开展生涯规划指导能够帮助学生进一步认识自我、了解社会、自我规划，切实体现选择性教育的理念。通过生涯规划指导使学生逐步明确自我生涯目标、唤醒自身潜能、调动学习热情、形成强大的内驱力，推动每一位学生的可持续发展能力。由于目前我国基础教育各阶段生涯规划教育整体缺位，特别是高中阶段，高中生升学愿望强烈，过分关注学业成绩，学校大部分的教学时间都是用来指导学生应试，较少引导学生进行深入的自我探索；学生投入知识学习较多，没有时间参与社会实践，缺乏职业体验；生涯规划指导属于新生事物，缺少专业的师资力量，大部分学校不知如何去做；在新高考改革背景下，不论是高考学科的选择，还是专业志愿的填报，都旨在提高学校对学生成长方向的引领水平，旨在培养学生对自我成长方向的掌控能力。新高考改革以"专业优先"为导向，强调优势学科组合，如何根据新高考改革要求，使学生发展意愿与学科优势、学校特色有机结合，相互促进等一系列问题，对生涯规划指导提出了若干要求。学校要引领学生成长的方向，就意味着要为学生学习和成长提供丰富的选择机会，从而推动学生的个性成长。学生掌控自我成长的方向，就意味着学生要在选择的过程中不断提高自己的选择能力，从而推动自己主动成长。前者需要学校变革育人模式，并根据学生的选择和需要配置师资和相关教育资源。由于选择过程又必须以具备选择能力为前提，因此需要在选择的过程中培养学生的选择能力。新高考改革倒逼高中学校生涯规划教育，除了为学生开设生涯指导这门课程之外，还需要在学校创设各种各样以选择为特征的学习机会，如请当地行业领袖到校演讲，要求学生利用假期体验不同职业的生活，在学生社团中加入了各种各样的职业体验活动等。

新高考改革的推进使这一任务尤为具有现实性和紧迫性。根据自己的兴趣与学力合理地选择学科的能力，只是学生需要学习的诸多选择能力的一种，除此之外，以选择能力为核心的人生规划能力具有更加广泛的内涵，至少应该包含三方面：一是学业规划能力，即能够正确评估自己的学术兴趣与专长，能根据自己的学习特点与兴趣特长选择恰当的学习科目，合理规划学业发展，能够制定阶段性

---

[1] 李金碧. 生涯教育：基础教育不可或缺的领域 [J]. 教育理论与实践，2005，25（4）：15-18.

目标等；二是职业规划能力，包括关注、了解、收集社会职业发展相关信息的能力，学会思考自己的职业志向与职业理想，能够对自身职业道路进行初步规划等；三是生涯决策能力，包括确立符合实际的个人发展目标的能力，能初步评估实现该目标所需要的条件及需要考虑的各类要素，制定个人发展的中长期规划以及在特定情况下做出决断的能力等。因此，生涯规划指导既要着眼于学生在高中阶段所面临的成长与升学的特殊需求，培养学生以选择能力为核心的初步的人生规划能力，帮助他们顺利完成人生的初步选择，还要面向未来，在把握知识经济时代职业变化规律的基础上，培养学生能够适应职业变化所需要的核心能力与重要品格，对于学生的未来发展具有基础性和发展性。

二、高中生涯规划指导的内容

根据新高考提出的现实要求，结合高中生的生涯发展特点和需求，高中生生涯规划指导内容既要涉及学生关注的当下问题，也要帮助学生谋划未来发展，为学生终身发展服务，核心是增强学生的自主发展意识，提高自我管理能力，将当前的学业学习与外来的专业发展有机结合起来。

1. 培养学生生涯规划意识

发展是个体自己的事情，高中阶段的学习也不例外。生涯规划指导首先要唤醒高中生的生涯意识，让他们对当前的自己有所认识，在充分认知自己和职业、教育信息的基础上，建立起自己和世界、未来的关联，知道自己为什么要学习，为什么喜欢学习某些科目，在知识和技能上帮助高中生掌握基本的决策知识和规划能力，明白自己选课、选科、选活动的依据和考量。生涯辅导的落脚点是让学生学会为自己的选择负责和担当，这也与新高考"落实学生选择权"的倡导相吻合。关于专业、职业的信息数不胜数，个体只有对自我有足够的认识与了解，才能缩小职业信息的搜索范围，新高考提出学生要根据自己的兴趣和特长选考科目就是对这一内容的体现。高中生生涯辅导要帮助学生剖析自己、了解自我，树立正确的自我意识。高中生可在教师的指导下综合运用自我评价和他人评价相结合的方式，分析自身的优势与不足，做出全面认知和评价以及了解相应学科、专业和职业所需的心理品质及其要求。高中生的自我认知主要包括兴趣、性格、能力和价值观，教师在指导学生进行自我认知的时候，也要引导学生意识自我的可塑性，促使学生保持自我的开放性，指导学生学会结合目标，通过教育和自我学习等方式不断地完善自我。新高考改革使学生从高一起就要对未来发展方向进行思考与设计，学生若未能对生涯有所规划，不清楚自己的目标方向，就容易迷惘，也缺乏学习动力，因此生涯规划指导的首要任务是帮助学生增强生涯发展意识。

并在一次次真实的选择中提高自己的选择能力，学校要帮助学生体验未来发展、觉察生涯规划的意义、思考高中学习与未来职业发展的关系以及帮助他们意识到生涯发展的不确定性，进而触发他们思考高中期间以及未来的发展。

2. 运用生涯规划理论思考生涯发展

生涯规划教育在不同的时期不同的国家曾分别被称为"职业指导""生涯辅导""生涯规划指导"或"生涯发展教育"等，经历了从最初帮助受指导者"找一个好的工作"到"引导学生过一个好的人生"的转变。1909 年美国弗兰克·帕森斯（Frank Parsons）提出的"人—职"匹配的职业选择理论开辟了职业指导的先河，1959 年霍兰德（Holland）发表了职业指导的人格类型理论，注重人的发展与职业定向之间的"确定性"，即强调在对受指导者的个性特点、能力倾向等发展取向进行分析的基础上，建议其选择与之相匹配的具体职业。20 世纪 50 年代，美国学者萨帕（Donald E. Super）提出了职业生涯发展理论，认为"生涯"是指"一个人生活中的各种事件的演进方向与历程，统合了人一生之中从事的各种职业与所扮演的各种生活角色，并由此表现出个人独特的自我发展的形态"。1973 年吉斯伯斯（Gysbers）和摩尔（Moore）提出了终身生涯发展观，"把焦点从工作、职业扩展到了整个人以及人的生涯"，明确把"生涯发展"的视野与生涯指导的实践贯穿于人终生发展的历程。在培养学生生涯规划意识的过程中，学校要注意生涯理论的融入，让学生学会初步解释自身可能存在的生涯困惑。如，用生涯匹配论帮助学生意识个体差异的客观存在；用生涯发展论领会生涯发展的时空性；用社会认知论帮助学生领会与环境互动及学习的重要性；用生涯适应论理解生涯发展要兼顾现实；用信息加工论学习问题解决的思路；用生涯混沌论觉察生涯的不确定性等[1]。学校尽量通过活动体验帮助学生领悟学习生涯理论的意义，唤醒学生为自己的成长负责的生涯规划意识。

---

[1] 陈宛玉，叶一舵，杨军. 新高考背景下高中生涯辅导的必要性、内容及实施途径 [J]. 教育评论，2017（11）.

3. 帮助学生做好专业与职业认知

生涯问题的决策既要求高中生加强自我认知，也需要其对大学、专业和职业等领域有一个深度的了解。新高考的选科与大学专业选择存在一定关联，也影响着未来的职业方向，学生如果缺乏对大学、专业和职业的体验与了解，决策时容易不知所措。学校在学生探索工作世界的过程中既要帮助个体认识到教育对个人职业选择的影响，认识大学或其他途径的终身学习对个人生涯发展的意义和作用，也要帮助学生初步了解国内外大学与专业的设置情况，认识到目前的科目选择、专业选择和未来职业三者的内在关联，并帮助他们了解多元化的求学途径，以便选择适合自己的成长路径。教师要帮助学生了解不同职业对个人素质的要求，使其对职业初步形成感性认识，并让其在职业选择时能综合自身和环境因素思考大学与专业的选择。教师在帮助学生探索大学、专业和职业内涵与意义的同时，也要引导学生意识到当前的工作世界是变化发展的，要时刻保持获取职业信息的习惯，以便应对工作世界的变动。

4. 指导学生做出专业选择

生涯规划教育通过加强学生自我认知和职业认知，为学生选科与升学提供帮助。新高考最为突出的改革是前置了生涯决策，将高考科目的选择权交给学生，并且前置到高一甚至入学之初。选科和升学本质是做出生涯发展决策，学校要帮助学生全面了解新高考的各项变动并掌握选考策略，综合考虑心理素质、学业水平、社会发展、职业要求和大学专业要求等选择与职业发展方向密切相关的科目、高校及专业。在指导选考科目时，学生首先要对自身兴趣和爱好做出动态预判，要将学生的兴趣爱好特长与学科优势、学校办学特色及社会发展需求相结合，多方听取意见，掌握选择高考科目的具体操作方法。在志愿填报时，学校要指导学生掌握一些具体的填报策略，从高校招考条件、自身成绩排名及各批次的提档线为依据，结合自身特点、未来职业意向和家庭情况做出理智选择。另外，学校还要指导学生处理与决策有关的情绪调节技巧，避免在负面情绪的氛围下做出非理性的决策，当专业发展意愿与父母期望不相一致时，能够理性分析冲突。

5. 为学生提供职业体验机会

再美好的愿望都需要行动来达成，学校在开展生涯规划教育时不能坐而论道，而应该积极开发和利用校内外教育资源，为学生提供多种职业体验的机会，通过职业探索、体验，将理想与现实有机结合，并能够根据职业需求不断补充完善自身的缺陷与不足，树立目标，形成志向，更加自信地完成高中学业。直接的活动体验对高中生而言是难能可贵的，因为高中阶段的学业任务相对较重，要根据高中生的需求设计多元的课外活动和社会体验，为他们提供有价值的学习体验和职场感受，没有针对性的社会体验活动很难对学生产生积极作用。对处于生涯探索阶段的高中生来说，生涯教育的主要任务是给中学生提供丰富、多元、优质的生涯体验，让其有机会在不同领域、不同方向的尝试中逐渐认同自我，激发生涯的自主性与能动性。

三、北京市生涯规划教育的实践探索

北京市中小学生涯教育愈来愈受到教育行政部门的高度重视，2012年7月，中共北京市委教育工作委员会、北京市教育委员会、北京市人民政府教育督导室联合发布了《北京市中小学德育工作行动计划（2012—2015年）》，该文件中指出，"全面推动中小学开展生涯教育……推动青少年社会实践体验营活动，引导学校将教育与职业生涯规划相结合，为学生发展兴趣、学习深造、就业选择奠定基础。"2012年，开展了"《北京市中小学生涯教育实施意见》制定与试用"项目研究工作，初步构建起北京市高中生涯教育目标与内容框架，包括自我发展、生涯探索和生涯管理三个模块，各模块的要点见表8-1[1]。

表8-1 高中生涯教育要点

自我发展	全面、深入地认识自我，形成并保持积极的自我概念	形成稳定的兴趣并了解自己的优势、性格、价值观与生涯发展需求，反思个人经历、家庭、同伴、社会等内外部因素如何影响自我概念的形成；能科学合理地使用测量工具进行自我分析与评估，并结合他人反馈和现实情况形成对自己客观的认识
	发展与社会人群积极交往的技能	尊重不同国家和区域的文化多样性，能与家庭、学校、社会等不同人群积极的交往与合作，并了解良好的人际关系对个体生涯发展的促进作用
	适应高中阶段的生活方式与发展任务	了解高中生活与初中阶段的不同，根据自己的兴趣、优势和性格特点形成自己的专长领域；了解高中后教育的学习情况，能积极地自我调节并保持学习与发展的动力

---

[1] 朱凌云. 北京市高中生涯教育研究报告，2014（9）.

续表

生涯探索	掌握各种知识技能与终身学习的能力	注重学习能力、问题解决能力和创新实践能力的提升，丰富自己的知识领域，具有终身学习的意识与能力
	准确、有效地获取各方面生涯信息	能够利用网络、社会实践等渠道有意识地获取准确、有效的生涯信息，了解未来受教育与就业的途径，分析参与社会生活的多种选择，并借鉴到自己的生涯规划中
	掌握社会实践能力	积极参与家庭劳动、社区服务、职业参观、职业体验、实习等实践活动，具有独立生活能力、一定的职业能力和社会交往能力，形成正确的生活态度、工作态度与职业道德
	了解社会的发展及其对个人发展的影响	了解社会科技、政治、经济、文化等不同方面的发展变化，将个人的发展与社会的发展关联起来，具有促进社会发展的责任意识
生涯管理	制定符合自己特点的生涯目标	能够制定明确且可行的发展目标，包括短期目标与长远目标，具有时间管理能力并通过努力实现每一个阶段的目标
	掌握生涯决策能力	掌握科学的决策方法，学会综合分析社会发展因素和个人特点，在参考成人的建议下对未来的学业、发展方向、生活方式做出决策
	根据社会环境的变化调整生涯规划	了解影响生涯发展的各种内外部因素，分析未来升学、就业等多种发展路径，能够积极争取并把握机遇，根据现实条件对生涯目标进行调整
	平衡高中学生的各种角色	了解自己在高中阶段的各种人生角色，平衡个人、学习者、工作者、社会公民、家庭成员和休闲者等各种角色，了解不同角色所承担的责任与享有的权利，形成充实、有意义的生活方式

这一框架既符合北京市高中教育的实际情况，也与国际公认的生涯管理胜任力标准相一致，在统一的能力框架指导下，学校、家庭以及各类社会机构可以处于同一话语系统之中，对生涯发展以及生涯教育的内涵、意义和实施过程达到普遍共识。该框架中部分内容已被纳入 2014 年 4 月北京市教育委员会发布的《北京市中小学心理健康教育工作纲要（修订）》之中。这一文件把生涯规划作为心理健康教育的重要内容之一，强调了帮助学生建立学校学习与未来发展的关联，实现个人与社会发展的统一，从心理健康的视角凸显了生涯教育对学生发展的重要意义。

除了市级层面开展的研究与实践工作，很多学校从不同方面进行了有益探索，为北京市高中学校生涯教育的开展提供了典型经验。例如，北京师范大学附属实验中学开展了"以专业的课程资源建设引领生涯教育"的研究，成为全国首例把生涯教育纳入必修课的学校。2011 年 10 月，在专业团队的共同努力下，实验中学校本教材《生涯规划（高中）》教材由商务印书馆出版发行，全书分为"点亮高中生活""唤醒自我潜能""链接外界环境""提升生涯智慧"四个部分。该教材重视实践和自我反思，引导学生深度参与与生涯教育相关的基本概念、基本原理的讨论，通过学生自主的探究活动，为学生未来的发展打下坚实的基础。从2013年开始，该校还开发建设了生涯探索实验室，使学生在模拟的职业场景中进行自我探索。2014年9月，北师大实验中学将生涯教育从一门课程扩展为一系列课程，形成具有学校特色的课程群体系，除了原有的《生涯规划》课外，还有电影课堂、生涯探索实验室、潜能探索、职业见习/真人图书馆、生涯绘本和领导力培养等内容。学生可以根据自己能力水平和实际需求从中选择一门或多门课程参加学习。首都师范大学附属苹果园中学于2009年下半年，开发了一门名为"蒲公英生物技术学生公司"的综合实践活动课程。学校通过调查发现，86%以上的学生对于公司中的一个或者多个职业岗位有了切身体验之后，修订了个人的"生涯发展规划书"，增加了对某种能力的自我训练。生涯教育的实质是帮助学生将学校学习与个人的未来发展建立联系，苹果园中学在生涯教育中整合了多门学科的知识，为学生提供了在真实情境中运用知识解决问题的机会，帮助学生感受到知识的应用价值和对个人未来发展的重要意义。北京市玉渊潭中学以生涯规划教育为主线，以课程建设为载体，构建适合学生兴趣、特长和职业发展倾向的多样化、多层次的课程体系，形成了人生规划课程、基础性课程、基本职业素养课程和创意设计四类特色课程。同时，学校还借助各类研究项目，充分发挥学生的主体作用，利用学校优越的地理位置和教育资源，为学生发挥优势搭建平台，将社会资源与校内课程紧密结合，极大地满足了不同潜能学生的发展需求。学校开设了模拟飞行、航模等科技课程，开发了太极扇、茶艺、3D打印、STEAM课程、学生公司、青年理财等特色课程和主题游学活动，更有星空探秘、VR虚拟世界等体验项目和国际理解教育课程、全球学生领袖培养项目等，使学生能够从课程、社团活动中进行工作角色试探，了解兴趣、性向、性格、能力、价值观与工作之间的关系，并做试探性的决定。学校还为喜欢经济、政治、哲学、管理、公司运作、理财等职业的学生提供延伸知识和职业体验，学生根据自己的职业倾向深入十家企业进行体验，经过考察、调研，同学们对自己选择的职业方向的工作性质、职业发展路径、职业对人的能力、素质的要求等有了更直接的了解，对职业的认识更加理性，部分学生对某些特定的领域逐渐表现出职业偏好，更加清楚高中阶段的学习应为未来的职业做好准备。职业体验促使学生更加注重培养自己的兴趣爱好志向，主动思考将来的发展方向，同时学会了尊重他人，提高了与人沟通交往的能力，增强了自我控制、自我管理的能力。各学科结合学科特点，积极发挥教师优势，建立适合学生优势发展和职业选择的学科课程群，如政治学科在经济生活、政治生活、文化生活、生活与哲学等国家课程的基础上，结合教学内容和学生所选择的经济、政治、文化等职业发展方向，并发挥各自优势开设了"学生公司""青年理财与创业""时政评论""电影赏析"等课程，为学有特长的学生提供了比较丰富的学科课程群，直接服务于学生的成长和职业发展需要。

生涯规划指导进一步激发了学生的学习动力，帮助学生树立未来发展的信心，让学生在学习中体验成功，重拾自信，使学生在职业目标的激励下完善自我，形成贡献社会和发展自我的意愿与能力。学校以学生的当前生活为重心，建立起学生生命成长经历与学校生活、当前的学校生活与个人未来发展的关联，建立起学生自我与外部世界的关联，这一过程也使生涯规划教育的必要性得到凸显。

四、生涯规划指导的建议

生涯规划指导是一项综合性的教育活动，为全面达成高中生涯规划指导的内容，唤醒学生的生涯规划意识，需要学校进一步整合资源，丰富生涯指导途径，在实践中不断丰富学生的认知，做出合理的选择。

1. 站在高中教育综合改革的高度统筹规划

对高中生进行生涯发展指导，是教育发展到一定历史阶段对学生发展个性化需求的回应，是现代高中教育发展的题中应有之意，是落实培养目标多样化的具体体现，高考改革所提出的"落实学生选择权"的问题只不过是恰恰契合了生涯规划教育的这一重要功能。高考所提出来的增加学生选择权、落实学生选择权的问题，绝不是一个只要提高课程选择性并帮助学生选择自己合适的学科就能解决的"战术性"问题，而是一个关于推进高考引领的人才培养方式转型、构建高中教育多样化发展"大格局"的"战略性"问题[1]。因此，无论是从解决当前高考所提出的落实学生选择权的角度，还是为学生成长成才的长远发展计，都应当超越"问题导向"的思维，以更广阔的视野、更深邃的眼光，在高中教育综

---

[1] 刘静. 高考改革背景下高中生涯规划教育的重新审视[J]. 教育发展研究, 2015（10）.

合改革的进程中综合考虑生涯规划教育的目标、任务与实施方式，推动高中教育能够更好地满足这一阶段学生成长的特殊性所带来的对教育的需求。高考改革背景下的生涯规划指导，更为重要的任务是培养有目标又能适应社会变化的青少年。通过自我探索，鼓励学生基于自身个性发展差异进行自主选择，把学生的升学驱动转变为发展驱动，把升学成绩目标转变为人生价值目标，把教师和家长安排学习内容转变为自主选择、自主安排学校生活。通过这样的自主选择和体验，最终把一段段割裂的被动人生转变为连续生长的主动人生，把无意义的生活转变为自我赋义、充满意义的生活。在推动高中学校办学类型和课程设置多样化的过程中，将生涯规划指导作为学生"分类选择、自主发展"的关键一环，尤其是对于北京高中学生而言，首都"四个中心"的城市战略定位，在世界一流城市和国际大都市建设过程中，一定是多元文化的交融、新业态的出现以及新兴职业的层出不穷，要求生涯规划指导着眼学生未来发展，引导学生认识自我，将个人发展与国家发展需求有机结合起来，从知识、技能、态度与价值观等多个方面提升自我，规划未来，才能适应未来社会与职业的需要。

2. 站在学生终身发展的角度系统设计

从生涯规划教育的国际发展趋势来看，高中生涯规划指导的目标绝不仅仅是培养学生的学科选择能力与职业规划能力，而是在"对个体的生命历程也有宽广而深远的透视"的基础上，教给学生适应未来社会发展所需要的关键的知识、技能与态度，学习如何平衡人生历程中各种社会角色的关系，使之在人生的任何阶段都能主动、智慧、持久地适应社会，从而使他们更有可能"过一种好的人生"。理想的生涯规划指导是从站在学生终身发展的角度进行系统思考，将生涯规划教育的目标"融于"学校整体发展规划之中，将生涯规划课程"融于"整个学校课程之中，将生涯规划活动"融于"学校整体活动之中，从高一入学开始结合高中三年的发展任务制定各年级阶段性培养目标，各个年级再结合生涯规划指导要求制订具体行动计划和选择有效的途径，设定各个目标完成时间，引导学生提升各项能力，循序渐进推动生涯发展。以增强学生体验为核心，创新活动形式，结合高中课程改革，探索如何根据区域与学校实际情况，充分利用校内外教育资源，整合生涯规划教育实施的各类载体，在学校课程实施的框架下形成各年级纵向衔接、各类课程横向贯通的生涯规划教育实施体系，增强职业信息搜集能力，养成健康的生活方式，保持对未来职业世界的好奇和关注。

3. 站在学校可持续发展的角度具体实施

生涯规划指导对学校而言是一项系统工程，在统筹规划、系统思考的基础上，要将一些具体工作做细、做实。

首先，要进一步拓宽生涯规划指导的途径。生涯辅导课程相对能满足共性需求，但无法很好照顾学生的个性化的需求，学校还应尝试多种辅导形式提升高中生涯辅导的有效性。在生涯规划指导中，学校可利用一些测评和生涯探索平台，通过生涯心理测评、学科倾向测验、升学指导测验、职业导航等加深对自我和职业的认知。也可通过校园网站、校报、广播、黑板报及新媒体等途径向学生宣传普及生涯理念。学校要注意建立健全个体生涯辅导机制，为有生涯困惑的学生提供针对性的服务，协助他们分析问题，处理情绪，做出更好的规划与决策。生涯规划指导的开展还需组织形式多样的活动，比如举行职业知识竞猜、模拟选考科目、高考志愿模拟填报、模拟求职等活动，让学生预演各种生涯情境。生涯规划指导还要注重学生的切身体验，可以举行生涯榜样交流、生涯访谈汇报、高校体验等活动，多鼓励学生利用社区服务和社会实践了解不同职业的工作性质和要求，了解职业的发展与变动。为增进学生的生涯管理能力，学校还应组织丰富的活动给高中生创设自我展示和提升的机会，比如组织生涯规划大赛、创新创业大赛、生涯演讲、征文等，让学生在活动中发现自己的优势。

其次，要有效利用家庭教育资源。生涯规划是一个复杂的系统，家庭、社区和社会都有义务对高中生的生涯发展产生影响。在开展生涯规划指导时，学校要多利用社区、家长和校友等资源发挥作用。充分利用家庭资源开展生涯规划指导，父母不仅要为子女的学业、专长发展等提供物质、信息等各方面的支持，还应通过亲子交往，影响子女对自身发展与社会关系的认识以及对未来发展的选择。当前，家长参与学校教育的积极性较高，学校要重视家庭在学生生涯规划中的重要地位，从单向地指导家庭开展生涯规划教育转变为与家庭建立平等的合作关系。通过家校联合机制，充分利用家长会、家长委员会、家长教师协会等制度了解家庭在生涯教育方面的需求，既要对家庭教育进行指导，也要吸纳家长的积极建议，充分利用家庭的社会资源协助学校组织实践活动。学校既要面向家长开展生涯辅导讲座，也要邀请部分有经验的家长来校开展讲座，或发挥家长自身资源优势为孩子提供职业体验机会。

此外，要建立多方合作机制。在新高考改革背景下，生涯规划指导首先面临的是学生选科、选考等具体问题，学生选择科目的"自由"是需要高校招生专业对考试科目要求的"适度从宽"来保障的。2014年7月，上海普通高中学校作为高考改革先行试点地区拉开了高考改革的序幕，遵循"三年早知道"原则，2015年2月，上海市37所普通本科高校公布了2017年高考专业（类）选考科目要求，在涉及1096个专业或大类中，有655个专业不对选考科目提任何要求。这一规定为学生依据自己的学习兴趣、认知特长、专业志向自行选择学习科目，尤其是为选修横跨不同学习范畴的科目组合提供了保障。目前，北京市高校还没有公布专业（类）选考科目要求，因此需要教育行政部门、考试管理机构、高等院校站在普通高中学校的立场，尽快提供及时、准确的招考信息，为高中生涯规划指导提供主要依据。

生涯规划指导的目的，是帮助学生将当前的学业与他们未来的社会角色建立联系，因此了解社会、体验职业必然是生涯教育的重要途径。学校要充分利用社会大课堂等社会资源，与各类企业、政府部门、高校、公益组织等机构建立联系，推进学生的社区服务和社会实践活动，为学生提供职业体验和学习实践平台。与高等教育机构和培训机构建立密切联系，帮助学生了解进入高等教育阶段的学习与生活状态，帮助学生了解不同专业毕业后的就业信息。在社区资源利用方面，学校可与社区范围的各类企业、政府部门、高校、公益组织等机构进行合作，开展社区服务、社会实践等活动，为学生搭建生涯体验和学习实践平台，邀请各行业的代表人士与学生面对面交流，增进与高校的互通。学校还可定期邀请校友回校做专业和职业的介绍，汇报个人生涯体验及成功经验，增强学生对大学专业和职业的感性认识，为学生的生涯成长提供参考。

当前学校与社会机构合作的最大瓶颈在于，如何调动起社会机构参与学校教育的积极性，承担起育人的职责。针对这一问题，我国可以效仿发达国家的做法，如政府将教育财政经费直接划拨到社会机构，通过有偿购买的方式使各类文化场馆、企事业单位承担起教育的职责，从而使他们主动与学校进行合作。学校既可以利用家庭的社会资源，还可以邀请部分社会机构人员担任学校的名誉职务，设立校外导师制，形成校外教育基地，对积极参与学校生涯教育的社会机构和人员给予表彰和宣传，建立促进学校与社会合作育人的激励机制。

第九章

普通高中分类发展的推进策略

高中多样化发展是党中央、国务院在新世纪新阶段对普通高中发展方式的重大政策定向,是普通高中从价值观念到行为实践的一次重大变革。推进普通高中分类发展离不开顶层设计,这种设计主要体现在两个层面:一是通过政府和教育行政部门的整体设计与合理布局,引导不同层次不同类型的普通高中学校办出特色,分类发展,保证一个区域内学校特色的丰富性与多样性,体现校际间的不同,实现学校类型的多样化,使不同发展需求的学生能够选择到适合其发展的学校;二是每一所高中学校根据社会对人才规格的需求,结合学校办学理念、育人目标,通过课程设置、社团活动、校外基地等的多样性与独特性,寻求适合学校自身的发展道路,实现学校内部的多样化,满足不同层次不同类型学生多元化发展的需求,形成适合学校发展的育人模式。

第一节 区域推进策略: 项目推动 层类结盟

2010年下半年,教育部启动了国家级基础教育体制改革实验项目,"开展高中特色发展试验"是七大项目之一。北京、上海、黑龙江、新疆、南京5省市作为首批实验区开展高中特色试验。各地相继出台了方案或意见,如《黑龙江省普通高中多样化、特色化发展试点工作方案》提出:建设综合高中类、高二分流类、艺体特色类、外语特色类、理科特色类、人文特色类、科技教育特色类、创新型拔尖人才培养类八种类型特色高中。南京市启动了"高中多样化发展工程"，提出要重点建设20所富有鲜明办学特征的高水平普通高中，即综合改革高中、学科创新高中、普职融通高中和国际高中，以形成特色鲜明、课程丰富、资源开放、评价多元、育人全面的普通高中发展新局面。上海市教委提出对普通高中的分类指导策略，一部分高中聚焦拔尖创新人才培养，一部分高中聚焦创新素养培育的实践和研究，一部分高中加强特色办学。通过高中的差异定位和分类指导，实现优质多样的整体布局，并以项目推进的方式，推动高中多样化发展。为此，上海市教委还启动了"上海市探索建立创新拔尖人才实验项目"和"上海市普通高中学生创新素养培育实验项目"。前者主要依托上海中学等4所优质高中，聚焦学生志趣，突破现有的课程结构，为学生量身定制培养方案，以实验班的形式开展实验；后者则以22所学校为项目实验学校，面向校内全体学生。《辽宁省教育厅关于加强特色普通高中建设工作的意见辽教发〔2011〕102号》提出，到2015年全省形成50所科技、艺术、外语、体育、数理、人文等特色普通高中。《北京市开展高中特色发展试验项目实施方案》提出"引导学校发掘特色文化，以课程等多种内容为载体，在办学体制机制、教学内容方法、招生评价方式、学校管理和学校文化等方面进行试验，为学校探索更多的学生培养模式，为有特长的学生成长搭建平台"。同时，以学校特色建设为抓手，组织全市16个区县70所普通高中学校进行试验探索，以委托专项的形式，由北京教科院基础教育科学研究所负责项目的具体实施工作。从2010年到2016年，历经方案制定、组织实施、中期评估、过程指导、成果交流、结题验收、成效调研、成果推广等一系列环节，在增强学校特色发展意识，改变单一的学校类型，促进学校内涵发展，引导不同类型的学校结合自身实际确定特色定位，形成个性化的办学理念和独特的育人模式方面发挥了重要作用。经过几年的实践探索，70所项目学校都形成了较为稳定的特色发展方向，彰显了学校的办学优势与特色，有效地激发了高中学校的办学活力，推动了北京市普通高中多样化发展局面的初步形成，为建立多样、开放、可选择的普通高中教育新体系奠定了基础。

《教育规划纲要》的颁布实施，意味着普通高中进入多样化发展的新阶段。与以往过度关注升学率的重点中学政策相比，多样化发展在价值层面有两方面含义：一是从关注极少数重点校与精英学生转型为关注每一所学校与全体学生；二是从重视普通高中的升学预科职能转型为重视普通高中基本的育人职能。多样化发展对于普通高中学校来说充满挑战。示范性高中作为基础教育领域"先富起来"的群体，在基础教育中的地位业已形成，其"示范"作用毋庸置疑。对于示范性高中如何发挥示范作用，尽管有诸多论述，但大多停留在依法治校、办学思想、校风建设、课程改革等常规思路。对于示范性高中如何顺应社会对人才规格的多样化需要及学生个性化发展、带动其他学校共同发展的研究偏少，而处于转型时期的大部分普通高中学校，面对高中多样化发展的要求往往无所适从，亟须示范性高中提供全方位的引领、示范与辐射。

一、示范性高中的作用

1. 价值引领

办学理念是学校办学过程中所产生的一系列教育观念、教育思想及教育价值追求的总和，决定着学校发展的定位、模式、方向与特色，是学校灵魂形成的基础。前期有关调查表明❶：示范性高中与非示范性高中在学校发展的多项指标上存在差距，其中在价值层面，大部分示范性高中有明确的办学理念和育人目标，且能够在办学实践中得以贯彻落实，成为学校教育教学活动开展的依据，而大部分非示范性高中要么缺少明确的办学理念，要么办学理念与育人目标、与教育教学活动脱节，办学理念难以落地。因此，示范性高中首先要发挥价值引领作用，成为现代教育思想的发起者、先进办学理念的传播者、普通学校发展的引领者。

体现以办学理念为统领的学校核心价值观。学校核心价值观是学校所推崇的基本理念和奉行的行为指向与准则，是对教育的意义和学校存在价值的一种终极判断，回答"学校是什么""学校具有什么使命""学校发挥什么作用"等一系列基本问题，从深层次影响学校成员的思想方法与行为方式❷。办学理念集中体现了学校的核心价值观，是对办学思想、培养目标和社会需要的综合性表述。先进的办学理念，以其鲜明的价值立场和目标向社会表达了学校坚持什么、发展什么、倡导什么、反对什么，符合时代和社会民众的要求。学校要具有示范的水平并发挥示范作用，关键是学校的办学理念必须体现特定时期的先进的教育思想，并在先进的教育思想的指导下从事成功的教育实践活动❸。例如，北京四中作为一所百年老校，拥有深厚的人文底蕴，围绕"以人育人，共同发展"的办学理念，构建起由"生命教育＋生活教育＋职业教育＋公民教育"的教育价值体系，努力办成世界一流的学校。

---

❶ 殷桂金. 校际差异：普通高中分类发展的现实基础 [J]. 北京教育（普教版），2016（12）.
❷ 陈如平. 以理念创新引领学校变革 [J]. 人民教育，2007（21）.
❸ 刘长铭. 继承与创新：示范性高中的示范作用是客观形成的 [J]. 中小学管理，2005（8）.

体现以协同发展为己任的社会责任感。示范性高中作为区域教育发展的一面旗帜，还应具有勇于担当的精神，能够主动承担社会责任，把社会发展和学校发展的共同利益放在首位，努力追求社会责任的最大化，大胸怀、大气魄是示范性高中群体的共同特点。近年来，北京市在深化基础教育综合改革过程中，重组和整合基础教育优质教育资源，充分发挥示范性高中的作用，通过加大优质教育资源统筹力度，盘整资源，横向联合，纵向贯通。主要遵循如下三条路径：一是建立市级优质高中教育资源统筹机制，充分利用考试招生政策的杠杆调节作用，通过调整中考招生计划下达方式，安排部分优质高中招生计划跨区县分配到校，让不同区域孩子享受优质教育资源的机会趋于公平，为更多的孩子提供升入优质高中的机会；二是支持、引导部分示范高中到郊区办学或通过组建教育集团的方式扶持一般高中，扩大优质教育资源覆盖面；三是各区县通过学区制、教育集团、集群、协作区等多种方式，增加优质学位，横向扩展优质教育资源，构建协同发展新模式。为此，人大附中、北京四中、首师大附中、北师大附中、北师大附属实验中学、第一〇一中学等一大批示范性高中积极响应，在组建教育集团、形成教育集群、推进学区化管理、实行学校托管、城乡学校结盟、名校办分校、优质管理输出、优秀教师特派等方面发挥表率作用，有效扩大了优质教育资源的供给。人大附中秉承"尊重个性，挖掘潜力，一切为了学生的发展，一切为了祖国的腾飞，一切为了人类的进步"的办学理念和"道德心·中国魂·创造力"的育人目标，提出既要"创造适合每个学生发展的教育"还要"让更多的孩子享受优质教育"。通过建立人大附中联合总校，探索优质资源输出共享的途径和模式，先后创办了人大附中西山学校、人大附中朝阳学校、人大附中通州学校等，为这些学校选派并培训优秀校长和教师，共享人大附中优质教育资源，提升了区域教育的整体质量。这些措施在一定程度上，拓宽了优质高中教育资源的覆盖范围，消解或缩小了示范高中与一般高中之间的发展差距。

2. 行为示范

教育的目标大多是相似的，只是由于每所学校发展境遇的不同及认识水平的差异，不同学校提出的解决路径各异。其中一部分学校经过长期的实践与积累，逐渐确立其学术权威，其办学成果得到了社会的认可与推广，示范性高中便是如此。由于其办学成效在本地区高中学校中享有较高的声誉，更容易得到其他学校的学习和效仿。"学术性"是示范性高中内涵发展的核心特征与动力源泉，体现在办学的全过程，渗透在学校教育教学管理的各个方面。

学校文化建设的示范。学校文化是学校整体变革的关键,是学校发展的灵魂,也是凝聚人心、展示学校形象、提高学校文明程度的重要体现。学校文化最能体现学校的个性与特色,具有导向性与统摄性。学校是传播文化的场所,学校文化的核心是育人,育什么样的人、怎样育人、怎样促进学生的发展,是学校文化建设的出发点和落脚点。学校文化要与学校的办学理念、历史传统、优势特点及价值追求等相一致,创生与传承并举,关注学校整体发展,关注学生的生命质量,对学校文化进行分析是学校品位提升和成功改进的前提和根本。近年来,学校文化建设得到了越来越多高中学校的重视,学校文化在提升学校办学品位中发挥了重要作用,学校文化影响着人们思考、感觉和行动的各种方式,是学校改革的发动机。文化具有多样性,学校文化建设为高中多样化发展提供了更大的空间。强调示范性高中在学校文化建设中的示范作用,既肯定了示范性高中在学校文化建设中的表率作用,更希望这种文化示范性能够带动更多的普通高中学校回归育人的本质。

特色发展的示范。以特色建设为突破口推动普通高中多样化发展已成共识。示范性高中通常拥有优良的办学传统和"文化基因",是优质教育资源的"富集地",大部分示范性高中在优质办学的基础上不断谋求办学特色。有的学校是以培养或提升学生某一素养为核心的特色,如艺术素养(美术、音乐、舞蹈等)、语言素养、心理素养、科学素养及人文素养等;有的学校则是以办学理念为统领,在一所学校内同时具有多种特色,这些特色渗透到学校教育教学管理之中,以学校文化的方式呈现,形成学校的整体办学特色。与以往追求少数学生特长发展的特色项目不同,当前示范性高中特色发展的着眼点放在了学生未来发展和全面提高学生素质的基点上,注重因材施教,引导学生追求适合自己个性专长的方向上发展,通过为学生提供多样化可选择的学习环境,满足学生个性发展需要,为未来专业选择和职业发展奠定基础。特色发展作为普通高中新的发展方式,无论是示范性高中还是非示范性高中都有很大的探索空间。

管理机制的示范。学校管理机制的高效运转,离不开现代管理理念和方式,崇尚科学,提升学术管理水平,激发教师的价值创造活力和自主经营能力是提高管理效能的必由之路。"学术性"体现在学校管理机制上,就是要摒弃传统的行政管理方式,在常规制度基础上,由学术组织来规划学科发展方向,选择发展战略,激励学术创新,使学校达到一个更高级的状态,其目的在于创造学术自由的氛围,求得学校专业发展。由单一的行政管理转向行政管理与学术管理兼容,营造民主、平等的学术氛围，以科学、专业的学术标准，激发教师的创造活力。部分示范性高中在机构设置及运行机制上进行了大胆探索，如有的学校成立了学术指导委员会，涉及学校学术发展及教师专业发展的问题均由学术指导委员会负责；还有的学校将传统的教学处进一步细化为课程部、评价部、学研部、教研部、科研部等，德育处下设常规部、社团部、活动部等，使各职能部门的工作更具专业性、指导性。

教学方式的示范。教学方式作为师生的教学活动方式，包含师生对教学活动的认识方式和在教学活动中的行为方式，是由教学认识方式和教学行为方式构成的有机体。教学认识方式反映了师生教学存在的方式，其核心是教学思维方式。教学思维方式指导和支配着教学行为方式，而教学行为方式检验和发展着教学思维方式。受传统思维影响，部分非示范性高中在生源不利的情况下依然追求升学率，沉迷于"灌、练、训、测"等传统教学方式而难以自拔。大部分学校也试图改变这一现状，在近年来的基础教育教学改革实践中，各种新鲜的教学方式层出不穷，但被其"冲击"过的教学活动变化并不大，教学质量的提高仍然乏力。造成这种局面的原因是多方面的，其中一个深层次原因便是仅限于教学行为方式的变革，而缺少对学校文化特别是教学思维方式的深入思考，导致教学方式变革要么照搬照抄、水土不服，要么从众追风、流于形式，不能有效地支持教学改革。教学形式、方法、手段的多样化是高中多样化发展在教学上的具体体现，探索行之有效的教学方式是普通高中学校的当务之急。

课程（活动）供给的示范。课程（活动）供给是学校发展的核心竞争力。示范性高中凭借完备的硬件设施、优秀的师资力量和丰富的社会资源，把学科课程与活动课程、校内课程与校外课程、基础课程与特色课程有机结合在一起，使课程的内容由学科拓展到活动，由书本、课堂拓展到整个社会，形成了门类齐全的课程供给体系。前期有关调查表明[1]：示范性高中与非示范性高中在课程资源供给的多项指标上存在显著差异，如在特色校本课程开设数量上，示范性高中平均每校开设44门，有的学校多达上百门，非示范性高中平均每校开设19门；在特色活动基地的数量上，示范性高中平均每校活动基地近9个，有的学校多达30个，非示范性高中平均每校的特色活动基地为5个，最少的只有1个；在特色社团活动数量上，示范性高中平均每校22个，非示范性高中平均每校仅10个。示

---

[1] 殷桂金. 校际差异：普通高中分类发展的现实基础[J]. 北京教育，2016（12）.

范性高中的供给优势不仅仅体现在课程或活动的数量上,而且在课程结构与体系上呈现出多层次、多门类、多领域、立体化的特点。

学术研究的示范。一所学校的办学质量取决于学术研究的水平。学校发展的过程也是发现问题、研究问题、解决问题的过程,学术研究规范并引领学科乃至学校的发展。学术研究强调创新意识,关注发现新问题、把握新情况、明确新目标,努力推动理论创新、技术创新和社会变革;强调接受新知识、学习新方法、形成新观念,把创新意识贯穿于研究的全过程,勇于超越别人和自己;强调关注实际、了解实际、深入实际,善于从实际问题中抽象出理论并回到实际中接受检验,不断丰富和发展理论;强调重视方法论的转换与创新,重视不同学科研究方法的借鉴与整合,通过模仿创新、综合创新、原始创新,不断提高科学研究的整体水平和社会效益;强调建立创新机制,激发创新活力,探索更加灵活高效的科研组织形式,形成更加有利于科学创新的宏观管理体制和微观运行机制,营造更加有利于创新型人才脱颖而出和发挥作用的良好环境。用研究的方式解决问题,用学术的方式引领专业,不仅仅适用于教师,更适用于一个个富有探索精神的学生。示范性高中凭借自身的师资与生源优势,通过研究性学习、项目学习、小课题研究等多种方式,帮助学生在高中阶段接受早期学术研究训练,满足了部分学生自身的兴趣需要,为其今后专业的选择奠定了基础,对其职业选择和未来发展都具有重要意义。

3. 成果辐射

学校为社会而办,存在于社会之中,学校的一切活动信息,总会通过各种渠道传递给社会,并引起社会一定的反应,形成"口碑"。尤其是当今自媒体时代,大部分学校都非常注重办学成果的宣传与推广,努力提高学校办学特色和办学业绩的社会影响,获取社会对学校的肯定性评价,体现学校存在的社会价值。示范性高中的成果辐射途径是多种多样的,从辐射主体来看,主要有两种形式:一是学校的自我宣传,通过书籍、报刊、获奖成果、网站、网页及公众号等多种媒介宣传学校的办学理念、具体措施、办学成果等,以便赢得社会对学校的信任与支持。二是主管部门的推广,包括主要围绕学校的办学理念、教育内容、教育与管理模式、方法等具体操作模式的经验推广,使之通过星火燎原的效应,为同一地区不同学校提供学习借鉴,能够形成同类办学特色;还包括学校精神的推广,主要推广学校如何发扬创新精神,讲究科学的态度和方法,探索办学规律,其目的是在同一地区形成多种特色。此外,还有一种隐形的成果辐射方式,即通过一届又一届的毕业生自然而然地传播学校特色及办学质量。示范性高中办学成果之所以能够进行辐射与推广，其内在根据是办学理论在一定范围内的普适性和办学经验的可迁移性，其外部条件则是非示范性高中对示范性高中见贤思齐的心理倾向性。

二、区域推进策略

示范性高中作为精英化教育阶段基础教育政策的主要产物，在普通高中教育发展中具有举足轻重的地位。自示范性高中诞生之日起，政策制定者、教育研究者便在讨论示范性高中应该发挥哪些作用？在示范学校建设的初始阶段，示范性高中的建设重点放在了物质条件方面，争取资金、改造校舍、扩大规模是其主要建设模式，虽然也有示范功能，但作用有限，被其他学校认可和效仿的可能性很小。而今，我国教育已进入注重内涵发展的多样化发展新阶段，推进高中多样化、特色化发展是新时期对教育的要求，高中多样化发展是大众化阶段之后普通高中发展的必然选择，是我国普通高中从精英化阶段跃进到大众化阶段之后发展的新范式或新思路，如何进一步提升一般高中的特色发展水平依然是当务之急。示范性高中如何在输出交流办学思想、管理模式、突出办学特色、提高师资水平、培训各级管理人员等方面带动一般学校，如何发挥自身优势去增强一些薄弱学校的"造血"功能，从而使之"脱胎换骨"，是一项长期而艰巨的任务。

多年的重点中学政策使得示范性高中与非示范性高中之间形成了一道鸿沟，非示范性高中只能"仰视"和模仿示范性高中，相互之间缺少沟通，更难谈合作。如何将城区示范性高中的办学成果辐射到郊区高中，需要行政部门的政策导向，更需要教育研究部门发挥"中介"作用，在示范性高中与非示范性高中之间搭建"对话—交往"平台。2016年"高中统筹——推进普通高中多样化发展"项目组结合高中特色建设过程中所呈现的不同区域、不同层次学校间存在的差异，充分利用示范性高中的资源优势，根据郊区高中及城区非示范性高中的需求，为其提供相应的智力及资源支持。秉持"相互认同、自愿结合"的原则，创新思路，通过组建跨区域高中特色发展联盟的形式，将同类不同质的两所学校结合在一起，将城区优质特色高中的先进办学理念和育人模式进行有针对性的宣传与推广，郊区高中及城区非示范性高中通过近距离地观察、剖析和借鉴，结合自身实践对照、反思与提升，达到了预期效果。

1. 自评与他评结合，定位学校发展新坐标

任何事物发展到一定程度后，都会出现速度和质量的差异，高中学校特色建设也不例外。经过几年的普通高中学校特色建设，学校特色建设能力大幅提升，70所学校在育人模式、学校文化、素养教育、学校管理、教学方式、国际化教育、普职融通等领域进行了卓有成效的探索，在整体办学水平或某一领域或多个领域已形成鲜明的办学特色。由于学校发展基础不同，特色水平各异，特色建设水平依然呈现出明显的校际差异，根据70所高中学校的特色成熟程度，采取学校自评和项目组评估相结合的方式，将这些学校大体划分为三个层次，即示范带动学校、自主发展学校、跟踪指导学校。示范带动学校是指学校在整体办学水平或某一优势领域居于全区乃至全市领先地位，具有鲜明的办学特色，形成较为系统的研究成果，有25所高中学校可纳入此列，其中示范性高中18所；自主发展学校是指学校在整体办学水平或某一优势领域已寻求到适合自身发展的路径，办学特色初步形成，办学成果需要进一步加以完善与巩固，有28所学校属于此列；跟踪指导学校是指学校在整体办学水平或某一优势领域已有一定基础，办学特色尚不够鲜明或者学校有更高的期待，期望给予针对性的指导，实现更大程度地提升，有17所学校选择了此列。依据学校特色类型和所处层次，70所学校全部找到了发展的"坐标点"。

2. 分层与分类结盟，同类异质校际联动

在明确每一所项目学校"坐标"的基础上，以特色类型为纽带，围绕育人模式、学校文化、学校管理、素养教育、教学方式等五种类型，项目组确定10个区的10所普通高中学校作为跟踪指导学校。然后根据这10所学校的特色类型、办学层次，从25所示范带动学校中选择了10所优质特色高中作为示范带动学校。本着双方自愿、相互认同的原则，组建了10个跨区域的普通高中特色发展联盟。如围绕教学方式，位于东城区的北京市第一七一中学与密云区的密云二中结盟，位于海淀区的北京市第十九中学与延庆区的延庆五中结盟；围绕育人模式，位于海淀区的人大附中与位于大兴区的大兴一中结盟、位于西城区的北京四中与位于平谷区的北京实验学校结盟、位于石景山区的京源学校与位于昌平区的前锋学校结盟；围绕学校文化，位于西城区的北师大附中与位于顺义区的顺义二中结盟、西城区的北师大二附中与丰台区的丽泽中学结盟；围绕素养教育，位于东城区的工美附中与怀柔区的首师大附属红螺寺中学结盟、东城区的北京市第一六六中学与门头沟区的育园中学结盟；围绕学校管理，位于海淀区的北京市第一〇一中学和房山区的周口店中学结盟。同一类型、不同层次、不同区域的高中学校特色发展联盟的组建，搭建起示范性高中与非示范性高中、优质特色高中与一般特色高中之间交往、对话的平台。

3. 入区入校指导，以点带面辐射带动

多年的重点中学政策，造成城乡之间、校际之间的差距不断加大。"层类结盟"突破了区域界限，形成区域联合甚至市域内的学校协同发展，有助于增进城区与郊区学校间的相互了解，充分发挥不同区域学校在课程、师资、文化传统等方面的比较优势，进而实现优势互补。联盟采取入区专题报告与入校调研指导相结合的方式，由示范带动学校为跟踪指导区（学校）提供专业支持。入区报告面向跟踪指导区所有普通高中学校的干部教师代表进行专题培训，报告采取"1+1"的方式进行，即1个理论报告加1个实践报告。理论报告是根据跟踪指导学校所在区的需求，重点围绕高中多样化发展、学校管理与规划等宏观问题，实践报告重点介绍示范带动学校的特色建设历程及其取得的成果；入校调研指导是根据跟踪指导学校的需求，围绕学校特色类型，由项目组成员、示范带动学校、高校专家以及同类型项目学校组成调研小组，深入跟踪指导学校进行研讨交流，提供"点对点"的指导。2016年3月至10月，共举办10场入区报告，示范带动学校校长、高校教授及外省市校长等为10个区的800多名干部教师做了精彩报告，涉及"国外高中教育多样化经验""全面发展教育观下K-12体系的课程整合""基于培养目标的培养模式思考""基于育人目标的课程建设""塑造健全人格，奠定人生基石""价值引领的学校课程建设""有层次无淘汰教学文化实践与研究""立德树人，培养未来担当人才"等主题，从而达到"以点带面、点面结合、特色带动、多样发展"的联盟活动目标，有效发挥了示范带动学校的引领示范辐射作用。示范带动学校在教育教学改革策略上率先垂范与跟进分享，是推动联盟活动有效开展的重要力量。

4. 创新机制，提供不竭动力

协同理论认为，整个环境中的各个系统间存在着相互影响而又相互合作的关系，这些系统根据一定的规律和方式加以整合利用，可产生协同效应，使组织的整体效益大于各个独立组成部分的总和。学校作为社会系统中的一个组织，要主动适应环境的变化，就必须要有一种自我调节能力、自我适应能力，以及自我修复能力，通过与外界有效协作以进行能量交换，获得自身发展的动力与能量。为此，需要普通高中学校不断完善、修正现有管理机制，更好地适应高中多样化发展的需要。

建立自我监控机制。示范性高中的成功之处在于其具有"自组织"的价值追求，其教育改革的动力及行为不是单纯来自于外部指令，更多的是来自系统内部，是系统内部自生自发自觉的组织性行为。非示范性高中在学习借鉴示范性高中办学成果过程中，更要具有"文化自觉"意识，以办学理念和育人目标为导向，重新审视本校所处的文化环境，通过建立自我监控评估机制，清醒认识学校发展的优劣、长短和强弱，增强自身的"造血"功能。

建立协同发展机制。跨区域高中特色发展联盟是扩大优质教育资源供给的一种新探索，其优势在于联盟的组建、运作与发展是由专业研究机构进行组织与引领。项目组作为主导力量，主动沟通各区教委中教科及项目学校，秉承相互协作、三力合一的原则，聚焦各方力量，在精神和理念上奠定联盟的发展基调。但仅靠项目组一己一时之力是很难完成普通高中教育发展转型这一重任的，还需要政府主导或专业机构牵头建立优质高中与薄弱高中协同发展的长效机制，使合作共享成为一种常态。

建立分类评估机制。普通高中多样化发展是一项复杂的系统工程，需要在办学体制、管理机制、培养模式等方面进行系统探索，针对高中学校已有基础与发展需要，需要进一步综合运用政策和资源杠杆，建立不同类型、不同层次学校的分类发展引导评估机制，促使每一所普通高中学校明确发展方向和改革路径，为高中多样化发展提供不竭动力。

第二节　学校实施策略：系统设计　传承创新

普通高中分类发展是我国普通高中发展从精英化阶段迈向大众化乃至普及化阶段发展的新范式或新思路，是国家人才培养战略、社会多元化发展、学生个性发展的共同需要。分类发展意味着给学校赋权，同时赋予学生和家长更多的教育选择的权利和机会。分类发展一方面强调优化高中教育发展结构，在办学体制、办学模式、育人模式等方面实现多样化，意味着普通高中将不再走"重点校"或"示范校"的发展路径，而是真正关注和重视每一所学校的发展，充分发挥每一所学校的主动性与积极性,鼓励学校根据自身环境及发展现状追求特色发展,形成学校的发展特色,使每一所高中学校找到适合自身条件的发展方向与道路,由此改变长期以来普通高中教育"千校一面"的状况;另一方面,分类发展意味着学校要尊重学生发展的差异,在学校类型、课程设置、教学方式、学生指导、考试评价等方面为学生提供多元化的选择和支持,在共同发展的基础上,满足学生多样化、个性化发展需要,更好地体现普通高中这一特定学段的独特育人价值。

一、以发展规划为抓手:谋定而后动

学校发展规划是在一定历史时期,将办学理念转化为办学实践的中介环节,集中体现办学主体对学校阶段性发展的思考与实践,是学校各项工作的起点。对学校发展特别是学校特色进行规划,其意义不仅在于要制定一个规范的文本或方案,而是要突出理论指导下的有目的、有设计的实践过程,通过这一过程促进学生发展,提升教师的专业化水平,凸显学校的办学特色。"学校发展规划既是一种学校管理方式的更新,又是通过学校共同体成员来制定和实施学校发展综合性方案的过程,是为学校发展提供支持能力,并不断探索学校的发展策略,持续改进教育教学质量而进行的管理行动。"[1]

随着学校管理科学化水平的提高,越来越多的学校开始从学校发展规划制定入手,将制定学校发展规划的过程作为学校对未来发展思考、选择和策划的过程,通过深刻分析学校发展的历史和当前情况、科学预测未来发展趋势的基础上,预先处理学校未来发展的不确定性,探索学校有效发展的道路,促进学校又好又快并可持续地发展。北京市第十九中学以学校八年发展规划(2008—2016年)为抓手,推动学校多样化有特色发展。2008年,余晓灵校长到任后首先通过广泛收集资料,进行科学分析:一是对发展历史的分析,归纳提炼了《北京市第十九中学优良传统》;二是现状分析,包括对教育发展形势与政策,有利与不利因素、软件与硬件,发展环境与面临的挑战、机遇等方面的分析;三是在全面分析的基础上,提炼了办学理念和办学目标。通过问卷调查、笔谈、"头脑风暴"、鱼骨图、投票排序等方法,集思广益,找出了诸如优秀师资存量不足、不尽如人意的生源、缺少足够经费保障、教育改革与发展缺乏活力等主要问题。针对存在的问

---

[1] 楚江亭. 学校发展规划:内涵、特征及模式转变 [J]. 教育研究, 2008 (2).

题和困难，博采众长，提出相应的十大举措：一是坚持科学发展，形成先进办学理念；二是充实稳定提高，建设雄厚师资队伍；三是遵循教育规律，合理设置管理机构；四是创新激励机制，深化人事制度改革；五是搞好教育科研，促进办学水平提升；六是实施素质教育，促进学生全面发展；七是加强对外交流，扩大国际教育规模；八是完善硬件建设，提供优质高效服务；九是民主法治结合，创建平安和谐校园；十是筹措充足资金，确保目标全面实现。在广大教职工、学生、家长参与研制的基础上，召开教代会，对主文件及《教师工作考评方案》《教职工奖励办法》等11个附件进行深入细致的审议，历时近40天，最后全票通过《2008—2016年发展规划及实施意见》（简称《发展规划》）。为了将《发展规划》真正落实，学校对总体目标进行了分解，将实现具体目标的责任落实到具体部门或个人，要求研制处室规划、年级规划、学科规划和个人规划，一个都不能少。同时要求45岁以下的教师，要根据学校规划要求，结合本人实际，制定切实可行的个人专业发展计划，做到个人与学校共同发展。历时10个月，几经修改完善后，2009年将学校、处室、年级、学科所有规划汇集编印成册，发给每位教职工，以引领、指导和促进学校各方面、各层次的工作。

二、学校文化的建构：创生与传承并举

学校文化是学校整体变革的关键，是学校发展的灵魂，也是凝聚人心、展示学校形象、提高学校文明程度的重要体现，是学校发展的主线，最能体现学校的个性与特色，具有导向性与统摄性。学校文化影响着人们思考、感觉和行动的各种方式。对学校文化进行分析是学校品位提升和成功改进的前提和根本。近年来，学校文化建设得到了越来越多高中学校的重视，学校文化在提升学校办学品位中发挥了重要作用，但也存在概念过多、内涵不明、对学校历史挖掘不够、缺少逻辑、主观随意、缺少稳定性、理念与行为脱节等问题。在高中特色建设过程中将学校文化作为一种特色类型，旨在强调学校文化在学校可持续发展中的独特作用，主张学校文化要与学校的办学理念、历史传统、优势特点及价值追求等相一致，创生与传承并举，要根据校长、教师、学生乃至管理服务人员的特点、优势、专长等形成学校的文化特点，而不是先设计一个特别的文化让校长、教师、学生、管理人员适应它。

学校文化建设的维度主要包括以下五个方面：一是通过团队建设，发展学校的共同愿景，形成学校群体共享的规范、信念及价值，学校文化建设的要旨在于

"建立共识、赋权承责、各展所长",校长应构筑学校文化发展愿景,深植与传递学校文化,成为文化管理的学习型领导者;二是整理和讲述有关学校的历史、故事、语言及传说,挖掘学校文化的精神内涵与传承的载体;三是重建学校的典礼、仪式和各种活动,让学校的理念与价值在行动中得到强化与升华;四是重构学校成员相互作用的规范与制度,从而衍生出新的组织行为与人际关系;五是校园设施的特色,重视建设蕴含学校精神特质和积极价值取向的各项图腾,以营造人文化的学习殿堂。当前,北京市普通高中学校文化在实践层面主要表现出两种形态:一种是以学校办学理念为统领的学校文化,如北京师范大学附属中学基于全人格教育理念形成的"全人格、高素质"的学校文化;另一种是基于学校优势领域形成的学校文化,如北师大二附中基于学校人文教育优势形成的"人文教育"特色文化。

三、育人模式的回归:面向全体全面发展

育人模式是指为实现特定的育人目标而构建并在育人实践中总结和提炼出来的、由适切稳定的教育内容和教育方式组成的育人系统。包括育人的思想理念、目标设计、实施途径与评价反馈等,属于学校办学的"顶层设计"。"育人模式"在本质上主要回答"育什么样的人""如何育人"的问题。育人模式不同于传统意义上的人才培养模式,"人才培养模式"是以培养"人才"为宗旨,如"创新型人才培养模式""高层次科技人才培养模式""社会科学人才培养模式"等各类人才培养模式。"育人模式"则是以培养全面发展的"人"为核心,育人的真谛在于促进人的发展,促进全体学生的共同成长,它是教育的"原点",正如顾明远教授所言:"要从根本上解决诸多教育问题,首先还是要回到'人的发展'这一教育问题的原点上","无论是国家希望培养社会主义事业的建设者、接班人,还是家长希望孩子成才,首先都要尊重人的发展,促进人的发展"。因此,构建以人为本的育人模式,就是将人作为教育的立足点和出发点,发现与发展每一位学生的潜能,促进每一位学生自由、充分地发展。多年来我国大部分学校形成的育人模式由于受到应试教育的影响,往往以考试为导向,重知识轻能力,重继承轻创新,重分数轻育人,严重压抑了学生的潜能、个性、创造性的发展。把育人作为学校教育工作的根本任务,构建以人的自由全面发展为宗旨的育人模式,就是让教育回归育人本原。事实上,每一所学校都是按照某种"育人模式"进行育人的,但多数时候这个所谓的"模式"并没有被认识和概括。对学校自

身育人模式的反思与概括、改革与创新，应是普通高中学校在特色化办学过程中需要认真思考的问题。每所学校也需要根据自身发展定位和培养对象需求，构建符合校情和学情的育人模式。普通高中特色化发展应该从整体上进行系统化的设计，在办学理念的指导下，对整个育人系统进行改革与创新，以便探索出与时代要求、社会发展和学生成长需要相适应的育人模式，从而实现学校的可持续发展、健康发展和特色发展。将"育人模式"作为一种特色类型，是从特色涵盖范围来看，学校特色有整体特色和局部特色之分，"育人模式"可以视作是一种学校整体特色。从特色发展的终极目标来看，尽管每所学校特色建设的路径不同，最终呈现的都是一种"育人模式"。

从北京市普通高中特色实践来看，育人模式主要呈现三种形态：第一种是基于学制特点的育人模式，如京源学校作为一所十二年一贯制学校，提出小、初、高一体化的育人模式；第二种是基于培养目标的育人模式，如人大附中基于"道德心·中国魂·创造力"的育人目标形成了"全面发展＋突出特长＋创新精神＋高尚品德"的育人模式，以育人目标为主线，构建起三个层次（面向个体、面向群体、面向全体）五个领域（人文素养、科技素养、体艺健康、人际交往、国际交流）的课程体系；第三种是基于学校价值引领的育人模式，如北京四中作为一所百年老校，拥有深厚的人文底蕴，围绕"以人育人，共同发展"的教育理念，构建起由"生命教育＋生活教育＋职业教育＋公民教育"的教育价值体系。

四、管理体系的再造：从行政管理转向学术管理

学校管理体系是由维系学校运转的体制、机制构成的，它好比机器的动力系统，良好的管理体系既是学校全体利益相关者行使各自职责的行为准则，也能稳定地激发他们的活力，使教育科学化、教育效益最大化。"管理"是系统的运作表现，主要分为学术管理和行政管理，两种管理在功能上互相支持、互相协调、互相补充，但是在运行上又存在一定的差异和矛盾。行政可以发动、可以激励、可以保障，但是不能替代专业引领、学术研究。美国管理大师德鲁克（P. f. Durker）认为"管理不只是一门学问，还是一种'文化'，它有自己的价值观、信仰、工具和语言"。管理行为是受多种价值观所支配的，要提高管理水平，必须提高文化品位。学校管理体系是学校工作的纽带，连接学校工作的各个层级、各个环节、各方人员等，在教育领域深化综合改革的大背景下，要使学校管理机

制高效运转,就需要运用现代管理理念和方式,崇尚科学,提升学术管理水平。学校面临的是一群知识型员工,对待知识型群体,如果采用传统的垂直控制型的管理方式或辱虐性领导方式,组织的活力就没办法激发出来,而要发挥知识型员工的作用,就必须去激发他的价值创造活力和自主经营能力。推动学校教育教学工作深入开展,就必须建立起学术型管理,把教师的自主追求引导到教学研究上来。用研究的方式解决问题,用学术的方式引领专业。学术管理的基本功能是规划学科发展方向、选择发展战略、激励学术创新,使学校达到一个更高级的状态。其目的在于求得学科发展,创造学术自由的氛围,提高学校的学术水平。实践中,部分高中学校围绕学术管理进行了探索,大体可分为两种类型:一种是基于学校育人目标的教学管理模式,如北京市第一〇一中学将"培养勇于担当的未来人才"这一总的育人目标分解为十项具体目标:①尊重他人,尊重生命,有平等观念;②强烈关注人类生存和发展的状态;③有理想信念和正确的价值追求;④有为人处事的原则和独立人格;⑤具有包容的胸襟和悲悯的情怀;⑥具有高雅的艺术情趣,富有审美眼光;⑦具有抗挫折的坚强意志;⑧具有担当、创新的勇气以及自我反思的自觉;⑨具有丰富的人文知识;⑩热爱祖国,有为祖国贡献聪明才智的愿望。在此基础上,学校围绕培养学生的"自我教育"能力,试行"按年级逐步分层、分学科科学组合,多样化自主选择"的改革思路,学校成立了"圆明书院""学森书院""国际书院",实行"年级+书院"的经纬式教学管理模式,即横向行政班的年级管理和纵向教学班的书院管理相结合。年级负责基础学习和主题教育,书院负责学业指引和个性发展,对学科领域的特色课程的开发与实施,学科学习、自主研修、研究性学习,综合实践活动以及职业规划进行指导和引领。"学术管理"还体现在教学组织形式的变化,以学生学业水平进行编班,由学生根据自己的学习能力与发展需求进行自我选择的"走班制",改变了过去行政班对学生的管控。"走班制"不仅根据学生成绩开设不同层次的教学班,还根据学生的兴趣、爱好、特长编制不同的课程组合,让学生根据自身情况自主选择未来的发展道路,学校根据学生的课程选择结果,把同一时间选择同一课程的学生集中起来,形成一个临时班集体进行授课的教学组织形式。"走班制"使学生在课程选择上拥有很大的自主权,每人一张课表成为现实,进而出现"来也匆匆,去也匆匆"的现象,导致行政班组织班级活动的时间大大减少,过去的很多班级活动被迫缩减甚至取消。"走班制"赋予了学生课程选择的自主权,使其能够依据自身状况选择不同学科不同层级的任课教师。管理并不等于是

"管教"和"控制",任何班级管理措施都是为了更好地实现教育目的,其本质是促进学生的自主发展,实现教师管理与学生自治相结合。"走班制"需要两个支持系统予以保障:一个是社团,另一个是成长导师。如有的学校设立了学术委员会,学术委员会主要参与学校发展发展规划制定的调研、分析,学校研究性课题指南的研制,教师申报课题的评审,还要对全校教师的学术能力和专业发展状态进行评估,对学生研究型课程学习的过程和研究成果进行评估。同时,在学术委员会下设立课程研究院和教学研究院,课程研究院主要针对学校"综合创新力课程领域"和"领导发展力课程领域"开展相关的课程研发工作,形成课程研究院与学校研发处相互支撑的组织结构;教学研究院则与学校教学处相互支撑,主要是对基础课程体系的课程进行再开发,具体包括分层分类课程的设计、编制、学习资源的编写、修订。总之,学校的学术管理主要负责专业方面的工作,行政管理主要负责服务、协调和对外联络等工作,为学校发展提供资源支持。

为了给学生自主发展创造时间、空间和资源条件,依据不同发展方向,一○一中学设立了理科常规、文科常规、自主创新、出国留学四种体系,然后将每个年级横向划分为若干组,再将高一、高二和部分出国方向的高三纵向对应,组合形成一个书院,有的书院既有高一学生又有高二学生,出国书院则整体包含高一至高三学生。因理科常规方向学生较多,学校设置了格物书院、致知书院、诚意书院、正心书院为文科常规单元,元培书院为自主创新单元,博雅书院为出国单元,道尔顿书院为国际部项目。作为学生自我管理的组织,书院的意义在于"学生自治,主要表现为:各书院自行制定章程,依据章程,民主产生管理机构,确定管理形式。书院内各项事务,均由学生自主管理,以此培养学生主动参与、沟通协商、承担责任、民主监督、自我管理的公民意识和相应能力。学校安排固定时间作为书院活动时间。书院活动室,是学生的公共活动空间,由各书院学生自我管理、使用。书院开展各具特色的书院活动,形成多样的书院文化。

北大附中基于学生多元自主发展模式的需要,创建了"两部、四学院、五大中心"的组织结构和相应的管理模式。在高中部取消年级班级制,建立纵向管理的单元制,根据学生发展方向设置理科单元、文科单元、出国单元、竞赛单元等六个不同单元供学生选择,每单元高一、高二各60~90人;取消集中管束的班主任制,建立个体指导的导师制,每15名学生配备一名导师;取消固定教室,建立专业教室,全面实施走班制、选课制。成立行知学院、元培学院、博雅学院、道尔顿学院四大学院,构成学生发展的四大体系,为不同发展方向的学生提供语言与文学、数学、人文与社会、科学四大领域的学科类课程；行知学院定位为常规文理，元培学院针对本科就读于国内而非单一高考途径的学生，注重培养全方位创新性人才，博雅学院针对出国留学深造的学生，注重为学生提供学习的多元选择。原国际部升为道尔顿学院，以"道尔顿制"为教学原则进行创新性教学。取消艺体部，成立体育与健康教育中心、表演与视觉艺术中心、信息与通用技术中心、综合实践活动中心、心理与升学指导中心等五大活动中心为全校提供体育与健康、艺术、技术、综合活动四大领域的活动类课程及各类俱乐部活动。

五、教学方式的完善：思维方式与行为方式有机结合

教学方式是在教学过程中，教师和学生为达到教学目的，实现教学内容，运用一定的教学手段，为完成教学任务而采取的教与学相互作用的活动方式的总称。教学方式作为师生的教学活动方式，包含师生对教学活动的认识方式和在教学活动中的行为方式，是由教学认识方式和教学行为方式构成的有机体。教学方式有广义和狭义之分，广义的教学方式是师生围绕课程在教与学的互动中，构建的关于"教与学"的价值思考及其行为方式；狭义的教学方式是在课堂教学过程中，为完成教学任务而采用的方法，包括教师教的方法和学生学的方法，是教师引导学生掌握知识技能、获得身心发展而共同活动的方法，日常人们所说的"教学方式"通常指的是后者。

根据马克思主义的基本观点，人的活动分为理论活动和实践活动，人对每一种活动必然表现出特定的处理方式，教学方式作为师生的教学活动方式，包含师生对教学活动的认识方式和在教学活动中的行为方式，是由教学认识方式和教学行为方式构成的有机体。教学认识方式是师生"反映"教学存在的方式，源于甚至决定于教学的存在方式，其核心是教学思维方式。教学行为方式是教学思维方式的外在表现，是由教学的方法、形式、手段、技术等构成的行为样式。教学思维方式指导和支配着教学行为方式，而教学行为方式检验和发展着教学思维方式。在近年来的基础教育教学改革实践中，各种新鲜的教学方式层出不穷，但被其"冲击"过的教学活动变化并不大，教学质量的提高仍然乏力。造成这种局面的原因是多方面的，其中一个深层次原因便是仅限于教学行为方式的变革，而缺少对学校文化特别是教学思维方式的深入思考，导致教学方式变革要么照搬照抄水土不服，要么从众追风流于形式，不能有效地支持教学改革。部分学校在教

学方式变革方面取得了明显成效,均归功于将教学思维方式与教学行为方式有机结合,以"教学方式"的变化体现学校特色建设。从实施路径上看,主要有两种类型:一种是基于办学理念的教学方式变革,如北京市第十九中学基于"为孩子的幸福人生奠基"这一办学理念,主张通过"选择有利于学生健康发展的教育教学内容、形式和方法,开发潜能、发挥优势、鼓励创新,实现每个学生的幸福成长,并为幸福人生打下良好基础"。学校依托"积极心理健康教育"特色,强调要全方位、全过程、全面渗透,全员参与开展积极心理健康教育活动,强调一切从"积极"出发,建设幸福课程、幸福课堂。另一种是立足全体学生全面的教学文化的形成,最具代表性的是北京市第一七一中学。该校基于"做有层次、无淘汰的教育"的办学理念,提出"有层次、无淘汰"的教学文化,主张教学要从最后一名学生开始,把握"底端统一,高端开放"的教学原则,机会均等,各尽所能,营造尊重差异的人文氛围,树立"有层次、无淘汰的教学理念"。对教学环节要素进行了科学提炼,概括为"明确目标、自学交流、展示提升、教师精讲、当堂落实""五步"要素,并以这"五步"自主高效课堂教学为内容,以"学案"为抓手,以"问题和情景"为链条,通过对学习过程的设计(目标的设定、问题的提出、情景的创设、问题的解决等),使学生养成以问题作为切入点的习惯,找到"经营好每一个学生""让每一个学生发光"的教学策略,坚持"底端统一,高端开放"的教学原则,对培养学生问题意识、探究意识起到了推进作用。此外,学校还以微课资源为载体翻转课堂教学方式,利用网络视频的形式增强了学习的选择性和灵活性,学生可以通过暂停、回放等方式有选择地攻克自己知识的薄弱之处,因人而异,更加注重学生学习的自觉性,使学生不受教学进度的限制,不受时间空间的限制,自主选择,各取所需。

总之,普通高中分类发展意味着学校办学自主权的扩大,学校将逐渐摆脱对政府的依附性,逐步形成"自主管理、自主发展、自我约束、社会监督"的机制,普通高中学校应以此为契机,充分调动广大教师、学生、家长及社会相关部门参与学校管理的积极性,加强现代学校制度建设,提升办学的科学性、专业性与自觉性。

第十章
Chapter ten

普通高中分类发展的管理评估

长期以来，我国普通高中学校过分强调甄别和选拔的功能，过多关注学校的升学率和学生的考试分数与排名，促进学校发展和学生成长的评价制度及其功能严重失调。过分关注活动结果（如学生学业成绩、教师工作业绩、学校升学率等），忽视被评价者在活动的各个时期的进步状况和努力程度，忽视对日常教学活动的评价，忽视对教育活动的发展、变化过程的动态评价。在评价主体上过于单一，没有形成学生、教师、管理者、教育专家、家长等多主体共同积极参与、交互作用的评价模式，忽视评价主体多元、多向的价值，尤其忽视普通高中学生自我评价的价值。在评价标准上机械单一，过于强调个性和一般趋势，忽略了学生、教师、学校的个性发展和个体间的差异性。在评价内容上过于注重学业成绩，对教师和学生在教育活动中体现出来的创新精神、实践能力、心理素质、行为习惯等综合素质的评价或者相对忽视，或者缺乏有效的评价工具和方法。再就是评价方法单调，过于注重量化评价和传统的纸笔测验，对体现新的评价理念的质性评价方法（如成长记录袋评价法、表现性评价法）不够重视。总之，现行的普通高中教育教学评价，最终都聚焦于学生的考试成绩，那些大量的难以量化、难以速见成效的教育工作当然也就不能引起重视。社会以高考升学率来评价普通高中的教育质量，学校以升学率和考试成绩来考核教师的工作业绩，学生和家长则视升学为学业成功的唯一或主要标志。这样的单一评价制度无疑会对人才培养模式的多样化造成非常不利的影响。

第一节 传统评估的主要局限

从政策层面来看,对于高中教育而言,传统的学校评估主要指向重点中学/示范高中制度。作为我国高中教育发展中的重要里程碑之一,重点中学/示范高中自出现以来对普通高中教育的发展,对社会政治、经济、文化的发展功不可没,为高校输送了大量的优秀生源,为社会输送了一批批合格的劳动者。但处于由精英化阶段向大众化阶段转型的高中教育,由于优质教育资源的稀缺,家长、社会对高考升学率的过度追求,乃至政府、社会、学校的单一评价,导致相当一部分普通高中迷失了方向。

一、评估目的:重验证与鉴定,轻改进与发展

完整的学校评估一般包括以下内容:对评估方案的审定、相关信息的持续收集、结果的评定、对结果的及时反馈、对不足之处的改进建议、改进后的检查与监督等。也就是说,在等级评定之后还有反馈与改进后的检查环节,以推动学校改进存在的问题,获得进一步的发展。我们不妨反思一下对"重点中学"和"示范性高中"的评估,不难发现:分层制度下的学校评估强调对学校的验证与鉴定,评估只停留在等级评定环节,对学校的改进与发展不予关注,只关注现阶段高中学校的建设与发展结果是否达到了预先设定的标准,如果达到了标准则给予等级评定,没有达到标准则不予考虑。这种评估理念,直接导致评估主体与客体双方只重视结果而忽略过程,忽视学校已有基础以及所具有的条件、优势与劣势,是一种终结性评估。同时,由于评估结果与政府提供的优惠政策相关,被评估学校往往刻意按照评估标准进行准备,有选择性地将学校的优势展示出来,而掩盖学校的劣势,评估主体很难了解到学校发展的常态,也很难有针对性地提出学校的改进意见。学校处于被动应付状态,部分学校甚至弄虚作假,严重影响评估结果的真实性。这种重鉴定、轻发展,重结果、轻过程的学校评估,从评估功能上看,体现的是一种选拔性功能,即强调的是普通高中学校之间的横向比较,忽视学校自身的纵向比较和发展增值。普通高中教育本身就存在发展不均衡的问题,高中优质资源相对不足,学校评估的选拔性,脱离了薄弱学校的实际情况,

从而加剧了学校发展的不平衡。❶ 在这种评估理念指导下，评估主体与客体之间难以协调一致，以评估促进学校发展的目标并没有得以实现。

二、评估主体：重政府主导，轻社会参与和学校自评

在分层制度下，教育行政部门在评估中处于绝对的主体地位，从评估方案的制定、评估标准的研制、评估指标的筛选、评估工作的组织实施、评估结果的鉴定等全部由教育行政部门全权负责，体现的是教育行政部门的意志，带有浓重的行政色彩，是一种自上而下的评价。评价主体的单一性、片面性对学校发展的主体性、多样性形成了制约：一方面"一把尺子"衡量导致评估标准和指标体系的统一性，所有学校为了达到政府制定的标准，放弃自主发展、特色发展，学校发展只有共性，缺乏个性；另一方面由于每所学校的办学条件、办学水平不同，基础好的学校很容易达到标准，基础薄弱的学校很难达到标准，评估失去了应有的激励功能。整齐划一的评估标准与个性化的学校发展要求不相适应，不能有效地调动学校发展的积极性和主动性。因此，为了保证学校评估的全面性、客观性、多样性，不仅需要学校在评估过程中自我认识、自我反思和自我重建，还需要第三方力量的参与，以确保评估结果的真实、可靠和有效，更有利于实现以评估促进学校发展的目标。

三、评估对象：重少数学校，轻全体学校

"以示范高中评估为例，虽然提出了要面向全体学校，以示范校带动薄弱学校发展的要求，但在实际操作中，一方面，很多省市只是直接把重点中学过渡为示范性高中，没有给一般高中跻身示范性高中的空间和机会，更强化了重点中学的概念；另一方面，示范性高中的评估往往有各种限制条件，使得示范性高中的评估演变为一种精英性评估，进入评选范围的只是少数学校。"❷ 原来的重点中学自身办学基础普遍较好，借助示范性高中评估，在办学资源上进一步抢占先机，不但得到了政府的资金和政策的扶持，能够吸引更优秀的教师和学生，拥有了更多的办学自主权，优质教育资源愈发集中，与薄弱高中的差距越来越大，从而背离了基础教育大众化的理念。

---

❶ 邬志辉. 示范性高中评估应向何处去［J］. 中小学管理，2005（4）：7.
❷ 张民生，等. 普通高中学校教育评估指标研究［M］. 北京：高等教育出版社，2014（9）：68.

四、评估方法：重外在指标，轻内涵发展

分层制度下的高中学校评估关注的是以升学率为核心的学校教学质量。由于升学率、优秀率、合格率比较容易计算，且更为直观而被看作是首要的评估指标，特级教师数、骨干教师数、教师课题论文数、学校硬件设施数等也是被关注的重点。评估依据的只是一组组数据，一串串符号，过于表面化和简单化，是一种横向比较的简单评比。忽视学校自身的办学理念、培养目标、学校历史传统、学校进步幅度等内在发展逻辑和软性指标，学校的个性、特色等更是无从谈起。这种评估方法直接导致教育行政部门和学校一味追求表面化的办学成效，而忽视学校的内涵发展与特色发展。这种评估的另一个后果是示范性高中的办学绩效被非示范性高中简单化解读、简单化模仿，是造成普通高中"千校一面"同质化现象的症结所在。

第二节 分类评估的基本理念

传统的评估方式由于评价主体单一、忽视学校的主体地位，重结果轻过程、忽视学校的改进与发展，面向少数学校而非促进所有学校的共同发展，重外在指标轻内涵发展、特色建设等而饱受诟病，是影响我国普通高中组织行为趋同的重要因素，限制了我国普通高中办学特色的形成。在普通高中分类发展背景下，需要对高中学校发展评估理念进行重新定位，以更好地适应基础教育整体改革和考试招生改革的需要。分类评估主张根据学校自我发展的内在逻辑，运用不同的尺度去评估多样化的高中，鼓励学校追求自己的发展目标，形成自己的办学特色，塑造自己的学校文化，最终形成学校自主发展的态势。在实践层面，这种评估至少应该体现三种价值取向：一是关注每一所学校的发展，评估在均衡发展背景下学校的资源配置、使用及特色发展程度；二是关注学校的发展过程，评估学校自身的发展历史和增值情况，促进学校发展能力的提升；三是关注学校教育价值的提升，评估学校的内涵发展水平，促进学校的主动发展。

一、评价功能：以促进学校发展为导向

目前学术界对学校发展有两种不同的观点，一种是绩效论，一种是变革论。

"绩效论"是指学校发展过程中输入与输出的比较，强调输出的最大化；"变革论"强调的是学校质的提高、能力的成长、价值的提升。分类发展评估追求的是变革论式的学校发展，是一种由内而外的变革，是一种以发展为导向的学校评估，看重的是学校文化与特色的形成，强调学校的内涵发展和自主发展，关注的是学校的自我成长与变化，注重学校在原有基础上的进步程度和增加值，以评估促反思，以评估促发展。既要努力缩小区域之间、学校之间的发展差距，也要注意分区规划、分类指导，让不同地区、不同学校在原有基础上办出特色。

二、评估目的：以多元价值为目标

首先，从评估主体来看，学校发展关系着多重利益相关主体，为确保学校评估结果的客观全面性，需要改变过去政府主导的评估行为，学校本身要以主体的身份参与，而不是被动地接受与应付，学校发展如何，学校干部教师学生最有发言权。学校作为评估主体首先要依据一定的标准来主导自我评估，包括学校的发展规划、现有办学水平的诊断、学校发展状态、学校发展存在的困惑与问题等。其次，是从评估标准和评估指标来看，要改变同一化的评估指标，教育行政部门要根据学校办学类型、培养目标、发展阶段等与学校及行业专家等协商确定学校的基础性指标和个性化指标，并允许学校在全面指标体系下有选择地发展，在共性中凸显个性，有利于学校形成自己的办学特色和办学文化，促进高中学校的渐进式发展，推动不同类型、不同办学水平的学校共同发展。从这种理念出发，学校在评价学生时也要使用多种评价方式来全面评价其学业水平。要承认学生的个性差异，承认学生的优势所在，承认不同学生在发展过程中发展水平有所不同，评价的作用就是为了促进每个学生在已有水平上不断发展，从评价学生的"过去"和"现在"，转向评价学生的"将来"和"发展"。要根据学生过去的基础和现实的表现，预测每个学生未来的发展，使每个学生认识自己的优势，自我激励，释放潜能，通过不断调整与完善，逐渐逼近目标。

三、评估内容：以资源整合为指向

学校的资源整合能力包括内部与外部两个方面。内部资源整合能力包括对学校资源、学校管理、教师与学生发展三个因素关系的处理，学校资源包括硬件资源和软件资源，学校的发展是这三个因素共同作用下的结果。资源是学校发展的基础与前提，管理是发展的手段，以使资源发挥最大的作用，教师是学校发展的直接动力,学生发展是学校教育的最终目的。外部资源整合能力是指学校与政府、社区、家庭、区域内同类高中之间关系的处理,形成资源共享的关系网络。内外部资源的整合协调一致,才能最大限度地促进学校的发展。因此分类发展评估绝不能只关注学校的硬件指标,或者是升学率、优秀率等,而要综合考虑影响学校发展的各方面因素,包括办学理念、培养目标、育人方式、学校文化、学校管理、资源配置、教师发展、学生发展以及社区联系、家校合作的有效性等。

四、评估过程:以形成性评估为准则

任何学校的发展都不是一蹴而就的,需要经历不同的发展阶段,一般而言,主要经历基础性、整体性、主体性三个阶段。基础性着眼于学校管理的规范化、制度化,追求的是稳定;整体性阶段着眼于学校管理的科学化、民主化,追求的是发展;主体性阶段着眼于学校管理的变革、创新,追求的是自我超越和成就特色。三个阶段是紧密联系的,表现为递进式关系。[1] 在每一阶段的学校评估过程中,不能仅仅关注评定的等级,或是学校发展的静态结果,而是要关注学校建设的过程,即学校是"怎么做"的。教育行政部门要参与学校的发展,主动收集相关信息,了解学校建设的全过程,表现为一种形成性评估。学校本身也要有动态发展的意识,不断反思办学行为,根据评估中发现的问题,修正办学方案,调整办学目标,从而推动学校持续不断地发展。

五、评估对象:以全员参与为主

传统的选拔性学校评估造成精英化的倾向,面向的只是少数教学质量高的学校,推动的也只是少数高中的发展,导致普通高中学校发展的不均衡。当前,普通高中已进入大众化发展阶段,需要关注每一所学校的发展、每一名学生的发展,要通过评估,使每一所学校都能更加明确地意识到自身的优势与不足,学会自我诊断和改进,从而提升高中整体办学能力和水平,形成各具特色的学校文化。分类发展评估激励所有普通高中参与评估,结合学校实际开展学校特色建设,缩小学校间的差距,促进优质教育资源的不断扩大。教育行政部门要以平等的眼光看待所有的学校,并善于发现一般学校或者薄弱学校的优势,明确存在的问题,引导学校自我改进与完善。学校本身也要以积极主动的心态面对评估,敢

---

[1] 赵连根. 以发展性教育督导评估促进学校主动发展 [J]. 教育发展研究, 2002 (5): 73.

于暴露学校发展的不足，以评估为契机，寻求外部智力支持，以评估带动学校的发展。

六、评估手段：以校本化评估为主

根据戴维·内沃（David Nevo）的观点，校本评估是内部评估与外部评估的结合，这种结合不是简单的组合，而是进行一种关于学校改进的具有建设性的评估对话。"校本评估兼具诊断性、形成性和总结性的功能，并以学校内部评估为主"[1]。因此，分类发展评估需要学校发挥主观能动性，承担起学校评估与发展的主要责任，在外部评估专家的指导下建立学校内部的常规评估机制，明确学校所处的位置、存在的问题，能够主动与外部评估专家探讨协商，在学校改进的具体问题上达成共识。学校内部评估机制指导学校进行自我反思和改进，外部评估提供相关信息与技术支持，并监督学校改进计划的执行。"校本评估的方法有利于充分调动学校的积极性，学校不再是被动接受评估，而是主动参与评估的全过程，督导人员能更全面地了解学校发展的真实情况，学校本身也能够充分认识到存在的问题，并主动寻求解决的方案，从而促使学校教育质量的不断提高"[2]。

第三节　分类评估的实施策略

普通高中分类发展评估是对不同类型不同层次高中学校教育教学工作，进行事实描述和价值判断的过程。这种描述与判断不是简单、随意的，而是系统的、复杂的，这就要求学校教育评估依据一定的方法技术手段、按照一定的程序进行，没有科学的学校教育评估方法，难以推动高中分类发展评估实践的顺利开展。

一、实施自我评估，建立内部评估与外部相结合的评估机制

长期以来，政府及社会对高中学校高考"升学率"的偏好，犹如一把利剑，高高悬在学校干部教师的心头。传统教育评价多是自上而下的单一的政府评价，通过下达升学指标，以一种绝对评价的方式评估高中学校的办学质量，忽视学校

---

[1] 薛海平，胡咏梅. 校本评估理论探索[J]. 外国中小学教育，2008（5）：47.
[2] 张民生，等. 普通高中学校教育评估指标研究[M]. 北京：高等教育出版社，2014（9）：72.

的生源、师资、办学条件、学校努力程度、学生成长等因素，整齐划一的评估标准与个性化的学校发展要求不相适应，不能有效地调动学校发展的积极性和主动性，对学校发展的主体性、多样性形成了制约。因此，对于规模较大的评估活动，最佳的方法是将自我评估和他人评估相结合，先进行自我评估，在此基础上，再组织适当规模的他人评估，综合发挥各自的评估优势，扬长避短，以求达到尽可能理想的评估效果。

自我评估是由评估主体根据一定的评估标准对自己进行的评估，是评估主体自我诊断、自我研究、自我完善、自我发展的过程。学校对自身的教育教学管理以及教育教学质量的自我评估；教师对于自己的教学思想、教学内容、教学方法、教学态度及教学效果的评估等；学生对于自己德、智、体、美、劳等各方面发展的评估，乃至学校领导的工作总结、教师的教学工作总结等都属于自我评估的范畴。自我评估是建立在对评估对象充分信任的基础上，评估主体与被评估对象的高度统一，有助于调动被评估者参与评估活动的积极性，满足了被评估者被尊重、被需要的心理需求，使被评估者能够自觉主动地接受评估，并积极主动地去寻找问题、改进工作。从这一点上看，自我评估对改进工作的推动作用是显而易见的。进行一次自我评估就是一次全面梳理和反思自身工作的过程，在此过程中，被评估者对照一定的评估标准，依据一定的评估原则对自身工作进行深入地剖析与研究，是自我反思、自我对话、自我判断的过程。通过参与评估，被评估者拥有了一定的评估意识，掌握了一定的评估手段，有利于其在今后工作中及时进行自我反馈与调节。

当前，我国学校自我评估的现状不容乐观，学校自我评估缺乏专业的评估方法技术的支持，制约了自我评估活动的科学性与有效性，自评活动仍停留在学校工作的总结层面。为了使自我评估更好地促进学校发展，有必要在评估活动正式开始前由教育行政部门牵头，组织学校代表和专业机构（外部专家）参与共同研制学校评估标准及细则，在广泛征询同类学校意见的基础上，作为学校自评的主要依据。

二、注重增值评估，建立学校分类评估标准

"增值"是指学生在一所学校学习一段时间后，相较于同时期的其他学校学生的相对进步程度，来定义学校的效能，并将学校进步的表现，定义为"增值"表现的进步。"增值"评估的目的，既要例行收集有关学校的工作投入、过程、

成果等资料，还要学校教职员工和校外评估者能利用这些信息，评估学校的教育政策、实践和改进过程。要测量学生在一段时间之内的学业进步情况，需要掌握学生在这段时间开始的学习能力"基线"，以及学生在这段时间结束时的学习成绩评量，还要收集那些对学生的学习成绩、学习的相对进步有影响的相关背景和情境资料，作为统计分析上的控制因素。在"增值"评估中，评估标准包括学生的学习成绩、学生的学习能力基线、背景和情境信息，以及学校教育环境信息。"增值"评估最为困难的一项任务在于信息和资料的收集，需要收集学生起点的学习资料，学生一个阶段结束时的学习成绩情况，还要取得与前两种资料有关的学生背景和情境信息，包括学校教育环境信息，即教师态度、领导能力、班级大小、组织策略、学校风气和组织架构等因素，也要被纳入分析考察的范围之内。

普通高中教育是连接高等教育和义务教育的桥梁，它所面对的学生正处于由未成年人向成年人过渡的关键时期，是不同个性和才能开始显现和发展的时期，也是学生开始准备如何选择自己不同生活道路的关键时期。通过为学生提供多样化的教育，以满足学生多样化的需求，是普通高中教育发展的选择与方向。促进高中培养模式多样化，关键是要改革政府对普通高中的评估方式，建立普通高中分类评估制度：一是培养不同方向的综合型高中；二是注重学生基本素质，培养一本、二本生源的学术型高中；三是培养美术、音乐、外语、科技特长学生的特色高中；四是培养高素质劳动者的普职融通高中。按照普通高中的类型建立各自的评估指标体系，关注普通高中发展的丰富性和多样性，引导不同区域、不同类型的普通高中找到各自办学定位，形成自主的办学理念和独特的培养模式，彰显办学特色和办学优势，是改变普通高中培养模式的单一化的重要路径。长期以来，我国普通高中评估标准的单一化导致了其在实践过程中丧失了自主地位，这对多样化人才的培养很不利，实行分类评估标准后，我国的普通高中就能够在各自的办学定位、人才培养规格上找到更加明确的方向。

三、以新高考改革为契机，建立新的学生评估标准

高考是高中教育的指挥棒，它不但决定着高中生的发展方向，还引领着高中学校的办学方向。长期以来，我国高考科目的统一性和高招模式的单一性，成为制约高中学校特色办学和高中生个性成长的主要因素，高中学校的千校一面与高中生的个性缺失成为高中教育亟待破解的重大难题。从国际上来看，尽管因历史发展和具体国情殊异，各国高校招生考试制度不尽相同，但都在一定程度上凸显了多样性、灵活性、开放性等特征。《教育规划纲要》中明确指出高考招生制度改革的方向为："克服一考定终身的弊端，推进素质教育实施和创新人才培养。按照有利于科学选拔人才、促进学生健康发展、维护社会公平的原则，探索招生与考试相对分离的办法，政府宏观管理，专业机构组织实施，学校依法自主招生，学生多次选择，逐步形成分类考试、综合评价、多元录取的考试招生制度"。2014年《国务院关于深化考试招生制度改革的实施意见》（以下简称《实施意见》）进一步明确了考试招生制度改革目标：2014年启动考试招生制度改革试点，2017年全面推进，到2020年基本建立中国特色现代教育考试招生制度，形成分类考试、综合评价、多元录取的考试招生模式，健全促进公平、科学选才、监督有力的体制机制，构建衔接沟通各级各类教育、认可多种学习成果的终身学习'立交桥'。同时，《实施意见》还指出：改革考试科目设置，增强高考与高中学习的关联度，考生总成绩由统一高考的语文、数学、外语3个科目成绩和高中学业水平考试3个科目成绩组成。保持统一高考的语文、数学、外语科目不变、分值不变，不分文理科，外语科目提供两次考试机会。计入总成绩的高中学业水平考试科目，由考生根据报考高校要求和自身特长，在思想政治、历史、地理、物理、化学、生物等科目中自主选择。根据教育部总体部署，2014年浙江省、上海市率先进入高考改革试点，2017年北京市正式进入新高考。从《教育规划纲要》到《实施意见》再到浙江、上海、北京等地的高考改革实施方案，可以清晰地看出新高考制度的改革方向，强调综合性，关注学生多元发展、全面发展已成趋势。

本次高考改革是在《实施意见》的总体要求下，各省市陆续出台考试招生改革实施方案，总体来看，文理不分科已成各地高考改革趋势，高考科目"3+3"也成众多省份未来高考的新模式；分值设置上，绝大多数省份明确统一高考的语文、数学、外语每科满分150分，学生自选3门科目每门满分100分，总分合计750分；录取机制上，逐步合并减少高校招生录取批次，探索"专业（类）+学校"的志愿填报方式，成为本次高考改革方案的重点。高考综合改革在维护"考试选拔"这一基本的价值观和方法论的基础上，确立了"分类考试、综合评价、多元录取"的基本方向，对考试的类别、内容、评价、招录等方面进行了全面丰富而又深刻细致的系统革新。特别是在扩大学生选择权方面力度空前，学生拥有了更多更大的选择考试、选择教育、选择大学的权利；不同发展取向的学生可以根据自身实际选择参加统一高考招生、高职提前招生、单独考试招生或三位一体招生；参加统一招生考试的学生除语数外三门必考科目之外，其余三门选考科目可以自行确定，并且大部分科目还有两次考试机会，可有效降低学生的考试焦虑与心理负担；参加高职提前招生的学生可以同时被多所学校录取，最终去哪所学校由考生自主决定；考生填报志愿时先专业后学校，不分批次，平行投档；等等。与此同时，高校也可自主选择招生要求和招生模式，可自主确定综合素质测试的内容和方式，这些改革举措赋予了高考招生中各相关主体更多的自主选择权，有利于建立学生和高校的平等关系，实现学生和高校的双向选择。

此次高考招生综合改革方案最大的亮点就是扩大了教育的选择性，更加突显尊重学生的自主发展权和自由选择权，更加细分和兼顾学生的差异性，不仅在考试内容上更加强调综合性、基础性，更加注重考察考生运用知识、独立思考和解决问题的能力，"考其所长""考其所好"，同时还引入了更能准确反映学生考试成绩在同龄人中位置的等级分计算方法，等等。这种选择性具体体现在两个方面：一是学生的选择权得到充分的尊重，学生根据自己的学科专长、专业志向、职业倾向，自主选择选考科目，为将来进入自己理想的高校和专业打下基础；二是高校能招收到自主选择专业的学生，最大程度避免原来高校录取中存在的"拉郎配"现象。让学生在自己的学业上、在专业和学校的选择上有了更多的自主权。比如在招考模式上，学生可以有多种选择，除统一招考外，考生还可以选择"三位一体"，选择单独考试招生等；在考试科目上，除语、数、外必考外，考生可以自主选择三门考试科目，不分文理；在考试次数上，除了语、数须统一高考外，其他科目考生都有两次考试机会，可选取最好成绩；在志愿填报上，改变了以往"先填学校后填专业"的做法，考生可根据自己喜欢的专业选择相应的学校；等等。本轮考试招生制度改革有效减少必修，全面加强选修，把更多的课程学习选择权交给学生，把更多的课程开发选择权交给老师，把更多的课程设置选择权交给学校，实现了学生在共同基础上的有差异发展。

新的高考招生制度改革的突出之处，还在于扩大学生和高校之间的双向选择权，把更多的选择权交给学生，有助于激发学生学习兴趣、挖掘学生学习潜能；有助于学生发现专业性向，合理规划学习及发展方向；同时，也有助于减轻学生学习心理负担，引导学生全面而有个性的发展。把更多的选择权交给高校，有助于高校选拔适合自身培养要求的学生，有助于高校及学科专业办出特色，实现多样化发展。

此次高考方案所体现出来的公平、科学将对基础教育产生积极的引领作用。顺应高考改革需要，需要普通高中学校进一步转变教育理念和办学行为，为学生全面个性化的发展创设更为丰富多元高质量的空间、平台、机会和资源，为学生提供更专业的生涯规划指导。基于高考综合改革总体要求，普通高中学校首先要建立起体现自身办学特色的学校评价指标体系，同时还要基于学生的个性发展差异，建立新的学生发展评估标准，从学生发展的角度实事求是地评价学校的办学水平。要从单一衡量一所学校尖子学生的升学率、优秀率等单一指标，转变为全体学生的变化状况，重点关注学校的增值发展情况和每一个学生的进步幅度，指导每一个学生正确认识自我，明确发展方向，并能够升入与自身优势相匹配的专业与学校，应是对新高考改革最好的回应。

第四节　分类评估的指标体系

通过对外省市高中特色化多样化发展历程及趋势调研发现：在探索高中特色发展实践过程中，近年来，各地普遍重视以标准引领高中特色的持续发展，如浙江省于2015年开展了特色示范高中建设，上海市于2016年开展了特色高中评估，重庆市也于2016年开展了高中特色示范学校建设，并出台了评估指标或建设标准。浙江省率先在省域范围提出了普通高中特色示范学校建设标准[1]，对普通高中特色建设进行了全面设计，包括办学理念、课程体系、育人模式、组织管理及办学绩效等5个方面、16个条目，提出了分级要求，目标清晰、体系完整、具有较强的可操作性。其中，就课程体系而言，浙江省从知识拓展类、兴趣特长类、综合实践类和职业技能类课程四个维度来衡量高中学校特色发展水平，其中职业技能类课程不能低于20%，以此来推进学校转变学生学习方式，进行"做中学""研中学"实践。上海市教委于2010年开展了"上海市普通高中学生创新素养培育实验项目"，旨在探索高中阶段拔尖创新人才早期培养的途径与方法。2014年，组织实施上海市推进特色普通高中建设项目，通过学校自主规划、项目滚动指导、建设目标引领的方式，根据特色普通高中建设三个发展阶段的建设路径，引导普通高中学校找准发展阶段、聚焦特色课程建设，提升学校特色办学

---

[1] 浙江省教育厅关于印发《浙江省普通高中特色示范学校建设标准（试行）》的通知［EB/OL］. http://www.zjedu.gov.cn/news/1420062289556993396.html.

水平。通过项目实践研究，总结提炼特色课程建设的一般经验和方法，指导其他高中学校课程建设；建设一批特色普通高中、带动一批特色普通高中项目学校、引领一批高中学校主动开展课程建设，形成高中教育特色发展的不同梯队。根据《上海市推进特色普通高中建设三年行动计划（2016—2018年）》，通过三年行动计划的实施，在全市形成一批覆盖领域广泛、特色鲜明、定位科学、水平较高、上海知名，在全国具有一定影响力的特色普通高中。通过特色办学撬动学校发展方式和育人模式转型，努力形成上海普通高中分类发展、百花齐放的局面。"上海市特色普通高中"是指能主动适应上海城市功能定位、社会和地域经济发展以及学生发展的需求，有惠及全体学生、较为成熟的特色课程体系及实施体系，并以此为基础形成稳定独特办学风格的普通高中学校（含完中、十二年一贯制、十五年一贯制学校的高中部）。"特色高中"的建立是为了推动本市高中教育改革和发展，促进高中学校错位发展、特色发展和可持续发展。目前，上海市教育委员会共命名四所"上海市特色普通高中"（上海市曹阳中学、上海市甘泉外国语中学、华东政法大学附属中学、上海海事大学附属北蔡高级中学），最终命名10所左右上海市特色普通高中学校。

  北京市经历了2010~2016年的高中特色化多样化发展实践后，高中学校普遍增强了特色发展意识，大部分普通高中学校形成了自己的办学特色，有必要通过建立特色发展评估机制，进一步推动高中教育优质多样发展。因此，研制高中多样化发展评估指标迫在眉睫。本研究结合高中学校发展实际，提炼出6项普通高中多样化发展的共性要素与关键要素，包括"理念与文化""组织与管理""课程与教学""环境与资源""成果与成效、优势与特色"等，其中前五项指标属于基础性指标，是衡量所有高中学校办学水平的通用指标。最后一项"优势与特色"属于个性化指标，围绕特色高中、一贯制特色学校、一体化特色学校、普职融通高中建设要求，设计个性化指标，作为不同类型学校认定和评估的依据，以标准引领高中学校优质多样发展。最终，形成了由6个一级指标、19个二级指标、59个评估要素构成的《北京市普通高中分类发展评估指标体系》（见表10-1）。为便于操作，列明了每一项评估要素的评估方法，即信息来源或者说是判断依据，主要包括校长陈述（汇报）、校园观察、学校宣传资料、学校发展规划（特色发展规划）、学校网站、微信公众号、学生活动资料、学校章程（或规章制度手册）、组织机构设置图、课程图谱、学校课程表、听课记录、学校课程实施方案、高考改革方案、教师教案、课题立项（结题）证书、师生获奖证书、师生座谈等。

第十章｜普通高中分类发展的管理评估

在具体实施策略上，针对不同类型的特色，拟通过选取先期试点学校，采取成熟一个批准一个，因校施策，不搞"齐步走""一刀切"。

表10-1 普通高中分类发展评估指标体系

一级指标	二级指标	评估要素	评估方法（信息来源）	赋值	得分
理念与文化	办学理念	1. 办学理念符合学校历史与发展阶段，体现时代特点，能够随着时代发展不断补充完善	校长陈述 校园观察 文本资料		
		2. 表述精练、准确、适切，具有文化的传承性，贯穿在学校各项工作之中，有高度共识			
	办学目标	3. 办学目标明确，切合学校实际，符合学校发展定位，体现学校发展愿景和使命	校长陈述 宣传材料 学校发展规划		
		4. 纳入学校整体发展规划，与学校管理、教育教学、队伍建设等有机结合，成体系、可分解，在师生中达成高度共识			
	育人目标	5. 以立德树人为学校各项工作的出发点与落脚点，与办学理念、办学目标相辅相成，符合区情、校情、学情等，形成高度共识	校长陈述 宣传材料 学校发展规划		
		6. 以学生发展为本，关注学生未来发展，具有较强的操作性和可检测性			
	校园文化	7. 因地制宜开展校园文化建设，将办学理念融入学校物质文化、精神文化、制度文化、行为文化之中。有体现学校特点的文化标识（校徽、校歌等）	学校网站 公众号 校园观察 学生活动资料		
		8. 注重校风班风学风建设，以学生为主体，组织开展丰富多彩、生动活泼的文艺活动、体育活动、科技活动			
		9. 充分利用板报、橱窗、走廊、校史陈列室、学校网站、校园广播、微信公众号等设施，营造体现主流意识、时代特征、学校特色的文化氛围			
		10. 充分利用校外文化资源，开展丰富多彩的文化活动			

续表

一级指标	二级指标	评估要素	评估方法（信息来源）	赋值	得分
组织与管理	组织机构	11. 学校常规组织机构健全，有与新课改、新高考要求相适应的机构设置，如课程研究室（中心）、学生发展指导中心、教师发展中心等	组织机构结构图		
		12. 有相对健全且独立的学术研究组织或机构（如教科研室、学术管理委员会等）			
	制度建设	13. 依法治校，各项规章制度健全，有学校章程或手册，有明确的各部门管理职责	学校章程规章制度手册师生座谈		
		14. 有完善的学生综合素质评价机制、教师绩效考核机制、课程尤其是特色课程的评价及考核机制、学校发展自我监控与评价机制等			
		15. 建立学生发展指导制度，设有导师制、学长制等，有效开展学生理想、心理、学业、生活与生涯等方面的指导			
		16. 有校本培训制度及教师专业发展机制，有课题研究与管理的规章制度			
		17. 设有家长学校，有家校沟通与合作机制。有学区或联盟管理机制			
	管理方式	18. 校长注重听取教职工、学生及家长的意见，具有统筹协调学校各项育人活动的能力	干部教师座谈		
		19. 实行民主管理，重大事项经学术管理委员会、教代会、学代会等讨论决定			
课程与教学	课程体系	20. 以育人目标为主线设计课程，有完善的深化课程改革实施方案，明确改革的具体任务和政策措施，与办学理念、学校文化相一致	课程结构示意图或课程图谱		
		21. 有体现学生核心素养和发展倾向的分类课程体系，有根据学生发展层次差异的学科分层课程体系，能够满足不同层次不同发展方向学生的选择需要，体现培养过程的多样化			

续表

一级指标	二级指标	评估要素	评估方法(信息来源)	赋值	得分
课程与教学	课程体系	22. 充分开发和利用各种社会资源，能够针对性地开发自然类、历史类、地理类、科技类、人文类、体验类等多种类型的活动课程，有明确的研学旅行课程体系，有固定的游学路线	课程实施方案（规划）各年级课程表 综合实践活动方案或手册 师生游学感受		
		23. 坚持知行统一原则，注重提升学生综合素质，开设多种职业体验与社会实践课程，有固定的社会实践活动基地及职业体验活动。注重课程的连续性与实效性			
		24. 以学生为主体，有一定数量和种类的自主性社团活动课程，能够定期开展活动			
	教学方式	25. 以办学理念为统领，充分发挥学校在教学进度安排、教学方式运用和教学评价实施等方面的自主权	高考改革方案 教师教案 随机听课		
		26. 根据课程特点选择适宜的教学方式，学生学习方式灵活、多样，形成体现本校特点的教学文化			
		27. 充分利用现代信息技术手段，改进教学方式，线上与线下相结合，虚拟与现实相结合，适应学生的个性化学习与发展需求			
		28. 根据新高考改革要求与学生个性发展需要开展分层分类走班教学			
环境与资源	办学条件	29. 有效利用现有空间，校园环境体现学校发展特色，有文化内涵，师生满意度高	参观校园 专业教室 学生座谈 校长陈述		
		30. 有足够的专业教室或场馆用于开展特色课程与活动			
		31. 有专项经费能够满足教师专业发展、学生个性化发展的需求			
	教师队伍	32. 全校教师有共同的发展愿景，教师年龄、职称、学科结构合理，注重骨干教师梯队建设			

续表

一级指标	二级指标	评估要素	评估方法(信息来源)	赋值	得分
环境与资源	教师队伍	33. 有规模适中、稳定的专兼职相结合的特色师资队伍，教师能够结合本学科、本岗位主动开展与学校特色建设相关的活动	干部师生座谈		
		34. 有为学生提供学业（选课、选考、报考）、生活、心理、生涯等方面的学生发展指导专兼职教师队伍			
		35. 大部分教师有较强的问题意识和研究能力，承担不同级别的课题，具有较强的创新意识和自主发展能力，能够主动研究解决工作中出现的实际问题	课题立项或结题证书		
	社会资源	36. 充分利用学校区位优势，合理开发教育资源，有多个不同类型的特色活动基地和职业体验基地	合作协议或合同 活动记录 活动照片 总结等		
		37. 定期邀请大专院校、科研院所的专家学者来校讲座或交流指导			
		38. 能够充分利用青少年活动中心（宫、家、站）、博物馆、美术馆、科技馆等校外活动场所和机构开展形式多样内容丰富的实践活动			
		39. 与校外民营机构合作，以购买服务的方式开展"创客"教育等创新实践活动			
成果与成效	学生发展	40. 多数学生能够升入理想的专业，所学专业与其兴趣爱好、特长发展高度相关	综合素质评价手册 学生座谈		
		41. 学生综合素质评价与学生实际表现相一致，能够反映学生的真实情况			
		42. 有体现特色建设促进学生发展的校园故事（或典型案例）、获奖成绩（荣誉类、竞赛类、展演类）、升学成绩等，学生实际获得感较强			
	教师发展	43. 教师教育教学工作能力、研究能力普遍增强。近三年来，特级教师、市级学科带头人、骨干教师人数明显增长	教师座谈 获奖证书 发表论文 出版著作等		

续表

一级指标	二级指标	评估要素	评估方法（信息来源）	赋值	得分
成果与成效	教师发展	44. 教师工作得到领导、同事、学生及家长认可，教师职业认同度和幸福感增强	教师座谈 获奖证书 发表论文 出版著作等		
		45. 半数以上的教师承担或参与课题研究，课题成果获区级以上奖励，以论文、教材、著作等成果形式发表或出版			
	学校发展	46. 学校在全面深化课程改革，落实立德树人根本任务方面受到上级教育行政部门好评或奖励	学校中高考成绩、年度工作总结、满意度调查结果		
		47. 学校加工能力不断提升，高考升学率稳中有升			
		48. 学校注重成果总结与宣传，特色成果在区域内及更大范围推广交流，有效发挥学校的示范、引领、辐射作用，社会满意度高，在全市范围内有一定的知名度、美誉度			
优势与特色	特色高中（艺术、外语、科技等）	49. 特色发展方向正确，有明确的特色发展目标，与学校整体育人目标相一致，与学校内外部发展环境相适应，与学校文化传统一脉相承，具有独特的育人价值	特色发展规划		
		50. 有完善的特色课程体系，与学校整体工作有机融合。有与本校特色相一致的优势或特色学科群（学术类、科技类、外国语类、艺术类）和特色师资队伍	特色课程 特色学科群 特色师资数量与构成		
		51. 学校特色文化氛围浓厚，活动载体丰富，注重提升学生发展核心素养，能够惠及全体学生	校园观察 校长汇报 教师座谈		
		52. 特色建设在同类学校产生较强的影响力，辐射范围较广。相关研究成果获得市区级以上教育科研成果奖或基础教育教学成果奖			
	普职融通	53. 结合学校发展实际和生源特点，秉持"普职融通"的理念，加大职业技能教育，为学生提供适宜的教育	学校发展规划 课程表		
		54. 利用区位资源优势，结合地区产业结构特点，主动与企业或专业机构合作，引入校外师资力量，开设职业技能课程，增强学生职业发展意识。			

续表

一级指标	二级指标	评估要素	评估方法（信息来源）	赋值	得分
优势与特色	普职融通	55. 日常教育教学活动中注重渗透生涯规划意识和职业知识与技能，积极开发、建设校外职业体验基地，定期开展职业体验活动	学校发展规划 课程表		
	一体化特色学校	56. 充分发挥办学主体的品牌优势，主动承担社会责任，以大学办附中、科研院所办实验学校、名校办分校等多种方式积极扩大优质教育资源覆盖范围	发展规划 校长汇报		
		57. 办学主体至少有一所实验学校或分校校区，有实质性合作，办学成效明显，有较强的社会影响力			
	一贯制特色学校	58. 学校内部不同学段之间已形成上下贯通、有机衔接、相互协调、科学合理的课程教材体系，体现学校发展特色，不同学段特色课程具有层次性、递进性、连贯性	发展规划 校长汇报		
		59. 学校教育教学及各项活动的主要环节相互配套、协调一致，一贯制育人模式初步形成	座谈		
评审意见					

参考文献

[1] 雅斯贝尔斯. 什么是教育［M］. 邹进, 译. 北京: 生活·读书·新知三联书店, 1991 (3).

[2] 联合国教科文组织国际教育发展委员会. 学会生存——教育世界的今天和明天［M］. 北京: 教育科学出版社, 1996.

[3] ［美］约翰·杜威. 民主主义与教育［M］. 王承绪, 译. 北京: 人民教育出版社, 2013 (3).

[4] 李其龙, 张德伟. 普通高中教育发展国际比较研究［M］. 教育科学出版社, 2008 (6).

[5] 徐辉, 任钢建. 六国普及高中教育政策与改革的国际比较［M］. 北京: 教育科学出版社, 2010 (1).

[6] 《教育规划纲要》小组办公室. 教育规划纲要辅导读本［M］. 北京: 教育科学出版社, 2010 (8).

[7] 中华人民共和国教育部. 普通高中课程方案（实验）, （教基［2003］6号）.

[8] 北京市国家级教育体制改革基础教育项目"开展高中特色发展试验"项目工作组. 探寻普通高中特色发展之路（全4册）［M］. 北京: 北京出版社, 2013 (11).

[9] 方中雄, 张熙. 北京市普通高中教育发展报告［M］. 北京: 北京出版社, 2015 (8).

[10] 孙孔懿. 学校特色论［M］. 北京: 人民教育出版社, 2007 (3).

[11] 瞿葆奎. 教育学文集: 美国教育改革［M］. 北京: 人民教育出版社, 1992.

[12] 杨孔炽, 等. 美国公立中学发展研究［M］. 武汉: 湖北人民出版社, 1996.

[13] 褚宏启. 中国现代教育体系研究［M］. 北京: 北京师范大学出版集团, 2014 (1).

[14] 袁振国. 中国普通高中教育发展战略研究［M］. 北京: 教育科学出版社, 2011 (5).

[15] 霍益萍, 朱益明. 普通高中现状调研与问题讨论［M］. 上海: 华东师范大学出版社, 2010 (11).

[16] 霍益萍, 朱益明. 中国高中阶段教育发展报告［M］. 上海: 华东师范大学出版社, 2014 (5).

[17] 朱益明. 普通高中学生发展指导研究［M］. 上海: 华东师范大学出版社, 2013 (3).

[18] 张东娇. 最后的图腾——中国高中教育价值取向与学校特色发展研究［M］. 北京: 教育科学出版社, 2005 (8).

［19］杨东平. 中国教育公平的理想与现实［M］. 北京：北京大学出版社，2006（12）.

［20］王向华. 对话教育论纲［M］. 北京：教育科学出版社，2009：180.

［21］张民生，等. 普通高中学校教育评估指标研究［M］. 北京：高等教育出版社，2014（9）.

［22］张熙. 学校发展的动力与路径研究［M］. 北京：北京科学技术出版社，2012（4）：9.

［23］翟博. 高中的故事——一场关于高中教育的讨论［M］. 北京：教育科学出版社，2016（3）.

［24］教育部等四部门. 高中阶段教育普及攻坚计划（2017—2020年），http：//www.moe.gov.cn/.

［25］褚宏启. 论教育方式的转变［J］. 教育研究，2011（10）.

［26］刘永武. 北京高等教育普及化对高中阶段教育的影响［J］. 北京教育（高教版），2005（4）.

［27］束晓霞. 走向优质均衡："重点高中"的发展困境与路径选择［J］. 江苏教育研究，2011（02A）.

［28］范国睿. 可持续发展战略与教育改革［J］. 华东师范大学学报（教育科学版），1998（1）.

［29］袁东敏. 大众化发展阶段普通高中教育的任务、发展方向和实现途径——英、美、芬兰高中教育发展的启示［J］. 当代教育论坛，2010（11）.

［30］潘懋元. 大众化阶段的精英教育［J］. 高等教育研究，2003（11）.

［31］中国驻日本大使馆教育处. 日本高中教育制度改革的新进展［J］. 基础教育参考，2013（5）.

［32］王凯. 主导政治经济理论模式更迭下的英国高中教育百年嬗变［J］. 经济研究参考，2007（34）.

［33］王凯. 英国普通高中课程改革的进展、困惑与对策［J］. 世界教育信息，2005（3）.

［34］柳圣爱. 韩国选择性教育的现状及展望［J］. 外国教育研究，2010（2）.

［35］中国驻美国芝加哥教育总领事馆教育组. 重新认识美国基础教育［J］. 基础教育参考，2009（6）.

［36］唐少清. 全人教育模式的中外比较［J］. 社会科学家，2014（12）.

［37］刘宝存. 全人教育思潮的兴起与教育目标的转变［J］. 比较教育研究，2004（9）.

［38］李永宁. 从IB文凭课程的设计看国际教育的教育理念［J］. 外国中小学教育，2006（5）.

［39］朱益明. 论我国普及高中阶段教育的认识问题［J］. 基础教育，2014（8）.

［40］马陆亭. 论新时期多样性的大众精英教育观［J］. 中国高教研究，2007（12）.

［41］袁桂林. 论高中教育机构和培养模式多样化［J］. 湖南师范大学教育科学学报，2015（3）.

［42］李颖. 普通高中多样化发展的价值及模式改进［J］. 中国教育学刊，2013（5）.

［43］翁燕文. 全球化背景下的国际高中课程述评——以 IB 课程、AP 课程为例［J］. 宁波教育学院学报，2008（8）.

［44］胡庆芳. 绝不让一个学生掉队——美国高中课程改革研究［J］. 全球教育展望，2002（3）.

［45］冯建军. 论高中教育机会的差异性公平［J］. 华中师范大学学报（人文社会科学版），2010（9）.

［46］王艳霞. 我国普通高中现行教育模式转换研究［D］. 西南大学硕士论文，2013（4）.

［47］陈庭来，朱潢涛. 对我国高等教育同质化问题的思考［J］. 太原大学教育学院学报，2009（3）.

［48］奚丽萍. 教育同质化现象论［J］. 教育研究与实验，2009（5）.

［49］朱忠琴. 我国普通高中学校同质化现象的新制度主义分析［J］. 教育科学研究，2015（4）.

［50］杨润勇，高慧斌. 完善政策制度，推进普通高中特色发展［J］. 人民教育，2013（9）.

［51］程斯辉，汪睿. 论高中教育的复杂性及其对高中教育改革的要求［J］. 教育学报，2011（4）.

［52］曲正伟. 普通高中多样化发展的价值取向与制度设计［J］. 东北师大学报（哲学社会科学版），2011（2）.

［53］邬志辉. 学校特色化发展的重新认识［J］. 教育科学研究，2011（3）.

［54］孟繁华，田汉族. 走向合作：现代学校组织的发展趋势［J］. 教育研究，2007（12）.

［55］张兰霞，周蓉姿，孙建伟. 竞争合作理论述评［J］. 东北大学学报（社会科学版），2002（7）.

［56］王璐. 从选拔性教育到选择性教育：英国基础教育的价值取向［J］. 教育研究，2008（3）.

［57］王铮. 学校组织结构变革：助力学生多元自主发展［J］. 中小学管理，2013（9）.

［58］潘发勤，胡乐乐. 英国新部长第一份白皮书：提升高中生的教育和技能［N］. 中国教育报，2005-04-08（6）.

［59］彭波. 论普通高中教育发展的现实樊篱及其突破［J］. 教育学术月刊，2012（11）.

［60］刘精明. 国家、社会阶层与教育——教育获得的社会学研究［M］. 北京：中国人民大学出版社，2005.

［61］曾水兵. 什么是好的教育——当前基础教育改革的几个认识误区与反思［J］. 教育科学研究，2007（4）.

［62］袁桂林. 对普通高中多样化发展的理解［J］. 人民教育，2013（10）.

［63］邢真. 学校特色建设理论的探讨［J］. 中国教育学刊，1995（5）：31.

［64］王伟. 学校特色发展：内涵、条件、问题与途径［J］. 中国教育学刊，2009（6）.

［65］乔建中，李娜，朱敏. 我国学校特色研究的现状与问题［J］. 江苏教育研究，2011（06A）.

［66］殷桂金. 普通高中学校特色的定位与类型［J］. 教育科学研究，2011（11）：13.

［67］孙锐，王战军. "自组织悖论"与社会组织进化动力辨识［J］. 清华大学学报（哲学社会科学版），2003（6）.

［68］张毅龙. 继往开来话当下普通高中教育［J］. 当代教育论坛（综合研究），2010（10）.

［69］苏纾. 文化为根，分层推进，厚积土壤：中学科学教育的整体探索［J］. 中小学管理，2016（5）.

［70］许广云. 普通高中培养模式多样化问题研究［D］. 江西师范大学教育硕士论文，2012（5）.

［71］闻侍. 论高中教育的多样化发展［D］. 华东师范大学博士学位论文，2010：56.

［72］谢维和. 从基础教育到大学预科——新时期高中教育的定位及其选择［N］. 中国教育报，2011-09-19.

［73］霍益萍. 高中：基础+选择——也谈高中教育的定位与选择［N］. 中国教育报，2012-03-09.

［74］袁桂林. 关于高中横向定位问题［N］. 中国教育报，2012-05-11.

［75］谢维和. 基础教育到大学预科——新时期高中教育的定位及其选择［N］. 中国教育报，2011-09-29.

［76］谢维和. 从教育的间断性与连续性看高中改革［N］. 中国教育报，2012-03-02（6）.

［77］石中英. 关于当前我国普通高中教育任务的再认识［J］. 清华大学教育研究，2015（2）.

［78］沈伟，曲琳. 我国普通高中课程改革的反思与展望——杭州师范大学张华教授访谈［J］. 全球教育展望，2012（12）.

［79］朱敏，高志敏. 终身教育、终身学习与学习型社会的全球发展回溯与未来思考［J］. 2014（2）.

［80］郭娜、邬志辉. 多元智能学校：理论评介与个案分析［J］. 外国教育研究，2005（12）.

［81］莫丽娟. 学术性高中公平性的质疑与反思——基于差异公平理论的视角［J］. 当代教育科学，2015（16）.

［82］刘丽群，彭李. 差异公平：我国普通高中多样化发展的价值诉求［J］. 河北师范大学学报（教育科学版），2014（11）.

［83］戚业国. 普通高中多样化发展的理念、经验与模式［J］. 人民教育，2013（10）.

［84］袁振国. 教育质量的国家观念［J］. 中国教育学刊，2016（9）.

［85］袁振国. 办有选择的教育［N］. 中国教育报，2015-06-02（9）.

［86］殷桂金. 从分层到分类：普通高中教育发展的新范式［J］. 北京教育，2016（6）.

［87］吴彤. 自组织，被组织？——一种管理方法研究，科学管理研究，1996（4）.

[88] 杨小微. 全球化进程中的学校变革——一种方法论视角［M］. 上海：华东师范大学出版社，2004：95-97.

[89] 操太圣. 在实践场域中发展学校变革能力［J］. 教育发展研究，2007（4）.

[90] 徐冬青. 高中提前"分专业"丰富了教育选择［N］. 中国教育报，2016-12-12（002）.

[91] 柳博. 选择性：高考制度改革的机遇与挑战［J］. 教育研究，2016（6）.

[92] 李桢. 高中教育如何迎接新常态［N］. 中国教育报，2016-03-12（002）.

[93] 李金碧. 生涯教育：基础教育不可或缺的领域［J］. 教育理论与实践，2005，25（4）.

[94] 宋兵波. 我国高中教育改革价值取向：综合化全人教育［J］. 中国教育学刊，2011（4）.

[95] 付建军. 从同质办平到差异办平——美国基础教育财政政策中公平理念的转变、应用与启示［J］. 外国教育研究，2011（9）.

[96] 张增田，靳玉乐. 马丁·布伯的对话哲学及其对现代教育的启示［J］. 高等教育研究，2004（2）.

[97] 余晓灵，杨丽华. 具有前瞻力、发展力和执行力的《学校发展规划》是怎么炼成的［J］. 人民教育，2015（14）.

[98] 方红峰. 建立个别化教育体系：普通高中多样化发展的核心意蕴［J］. 课程·教材·教法，2011（7）.

[99] 王占宝. "学术性高中"的生存价值［J］. 中国教师报，2014-10-24.

[100] 二四学制下的青春. 从倒数第二到保送清华，http://learning.sohu.com，2012-12-24.

[101] 浙江省教育厅关于印发《浙江省普通高中特色示范学校建设标准（试行）》的通知［EB/OL］. http://www.zjedu.gov.cn/news/142062289556993396.html.

[102] 殷桂金. 校际差异：普通高中分类发展的现实基础［J］. 北京教育（普教版），2016（12）.

[103] 陈如平. 以理念创新引领学校变革［J］. 人民教育，2007（21）.

[104] 刘长铭. 继承与创新：示范性高中的示范作用是客观形成的［J］. 中小学管理，2005（8）.

[105] 菊瑞利. 谈普通高中办学特色创建与育人模式创新——以上海市七宝中学为例［J］. 上海教育科研，2014（1）.

[106] 楚江亭. 学校发展规划：内涵、特征及模式转变［J］. 教育研究，2008（2）.

[107] 邬志辉. 示范性高中评估应向何处去［J］. 中小学管理，2005（4）.

[108] 刘启迪. 正确解读普通高中学生发展指导——基于课程文化自觉的视角［J］. 当代教育科学，2010（20）.

[109] 胡健，阮成武. 普通高中学生发展指导制度的基本架构［J］. 教育理论与实践，2011（10）.

[110] 林森. 加拿大中学的学生指导和咨询服务［J］. 比较教育研究，1993（4）.

[111] 陈桂生. "学生行为指导"简论［J］. 南通大学学报（教育科学版），2007（4）.

[112] 许小东. 日本青少年学生指导及其启示［J］. 当代教育科学，2009（14）.

[113] 张萌. 学生指导研究［D］. 华东师范大学硕士学位论文，2008（5）.

[114] 杨光富. 国外中学学生指导的实践与特色［J］. 全球教育展望，2011（2）.

[115] 黄向阳. 学生发展指导制度建设刍议［J］. 教育发展研究，2010（15-16）.

[116] 周艳玲. 导师制的理论研究与我国高中导师制的建构［D］. 湖南师范大学硕士学位论文，2005（5）.

[117] 朱益明. 审视高中导师制：学生发展指导的视角［J］. 基础教育，2011（12）.

[118] 胡健. 学生发展指导制度的现代取向与价值分析［J］. 教育科学论坛，2011（12）.

[119] 黄向阳，等. 中国普天高中学生感知的学校环境［J］. 教育理论与实践，2009（7）.

[120] 苗小军. 教育即对话——教育对话论［D］. 西南大学硕士学位论文，2011（5）.

[121] 黄志成，王俊. 弗莱雷的"对话式教学"述评［J］. 全球教育展望，2001（6）.

[122] 夏正江. 对话人生与教育［J］. 华东师范大学学报（教育科学版），1997（4）.

[123] 赵连根. 以发展性教育督导评估促进学校主动发展［J］. 教育发展研究，2002（5）.

[124] 薛海平，胡咏梅. 校本评估理论探索［J］. 外国中小学教育，2008（5）.

[125] 彭莉莉. 迈向能力取向的教育质量控制：德国国家教育标准的考察［J］. 教育发展研究，2012（24）.

[126] 杨向东，崔允漷. 关于高中学业水平考试的比较研究［J］. 全球教育展望，2010（39）.

[127] 段会冬. 创新型人才培养高中教育的应为与能为［J］. 教育探索，2013（8）.

[128] 段会冬. 废止抑或转型——普及化进程中高中精英教育的合理性及其出路［J］. 当代教育科学，2016（10）.

[129] 蒋洁蕾. 我国重点高中制度变革的路径选择［J］. 基础教育，2017（4）.

[130] 熊德雅. 普通高中发展性评估的内涵意蕴及其模型构想［J］. 教学与管理，2011（4）.

[131] 陈宛玉，叶一舵，杨军. 新高考背景下高中生涯辅导的必要性、内容及实施途径［J］. 教育评论，2017（11）.

[132] 刘静. 高考改革背景下高中生涯规划教育的重新审视［J］. 教育发展研究，2015（10）.

[133] 樊丽芳，乔志宏. 新高考改革倒逼高中强化生涯教育［J］. 中国教育学刊，2017（3）.

[134] 袁振国. 学校教育需要进行一场结构性变革［J］. 上海教育，2015（3A）.

[135] 褚宏启. 中国教育发展方式的转变：路径选择与内生发展［J］. 华东师范大学学报教育科学版，2018（1）.

后　记

2010—2013年本人作为项目核心成员全程参与了"国家级基础教育体制改革——开展高中特色发展试验项目"从立项评审、中期检查、调研指导到结题验收的各项研究活动。自2014年以来，本人连续主持了市教委委托专项《国家教育体制改革——高中特色实验》（2014年）、《北京市普通高中特色成果推广与巩固》（2015年）、《高中统筹——推进普通高中多样化发展》（2016年）、《高考改革背景下普通高中学校发展变革的研究》（2017年）、《高考改革背景下普通高中多样化发展研究》（2018年）等项目的策划与实施工作。相继承担了北京教科院院级课题《不同类型指导方式对高中学生自主发展能力影响的研究》（2011年）、两委委托课题《北京市基础教育阶段学制改革情况调研》（2013年）的研究工作，2014年承担了北京市教育科学"十二五"规划课题《普通高中分类发展模式的研究》，本书便是在上述项目、课题研究基础上形成的成果。集中反映了2010年《教育规划纲要》颁布实施以来，北京市普通高中由单一发展向多样化发展的历程，以及本人对高中教育发展的理论认识与实践思考。

本书是北京教科院基教所高中学校发展研究室几年来所承担课题与项目的成果，其中凝聚了项目组全体成员和课题研究团队的智慧。在项目推进及课题研究过程中，得到了院内外领导、专家的指导与帮助，得到了市、区教委及项目学校的重视与支持，在与他们的合作共研中，我对高中教育有了更为深刻的认识和系统的思考。专家的意见建议、学校的实践智慧、团队成员的精诚合作与相互启迪，使我受益匪浅。

特别感谢北京教科院基教所张熙所长在整个研究过程中的指导与督促，没有她的鞭策与鼓励，本书的面世可能还需要一段时日。

感谢北京教育科学研究院学术著作出版资助基金项目对本书的资助，使得本书顺利出版。

还要感谢我的家人和朋友的鼓励与支持，在我身心疲惫之时亲人们给予了我无限的关怀与体贴，让我有信心和勇气面对挑战，亲人的期待也是我孜孜以求的动力源泉。

由于水平有限，书中肯定存在不足或谬误之处，敬请读者批评指正。

殷桂金
2018年4月于北京